12/10

Feministische Theorie

Andrea Trumann

Feministische Theorie

Frauenbewegung und weibliche Subjektbildung im Spätkapitalismus

Reihe
Theorie.org

Schmetterling Verlag

Die Deutsche Bibliothek – CIP-Einheitsaufnahme

Trumann, Andrea.
Feministische Theorie: Frauenbewegung und weibliche Subjektbildung im Spätkapitalismus / Andrea Trumann. – 1. Aufl., – Stuttgart: Schmetterling-Verl.., 2002
(Reihe Theorie.org)
ISBN 3-89657-580-5

Schmetterling Verlag
GbR Jörg Hunger und Paul Sandner
Lindenspürstr. 38b
70176 Stuttgart

www.Schmetterling-Verlag.de

Zur Reihe theorie.org:
www.linke-theorie.org

Der Schmetterling Verlag ist Mitglied von aLiVe, der assoziation Linker Verlage

ISBN 3-89657-580-5
1. Auflage 2002
Printed in Germany

Redaktion und Titelbildgestaltung: Jörg Exner
Satz und Reproduktionen: Schmetterling Verlag
Druck: GuS-Druck GmbH, Stuttgart
Binden: IDUPA, Owen

Inhalt

1. Einleitung

Ist auch das Bild des «Superweibes» à la Hera Lind nichts weiter als eine schlechte Karikatur, so ist es vielen Frauen dennoch ein anzustrebendes (freilich niemals erreichbares) Ideal, an dem sie sich orientieren und sich dabei im nie enden wollenden Planen und Organisieren des eigenen Lebens aufreiben. Die Frage nach der Vereinbarkeit von Beruf und Familie scheint dabei, schenkt man den Frauenzeitschriften Glauben, immer noch eine der wesentlichen Fragen für Frauen zu sein. Nicht allen gelingt das freilich so gut wie der Bestseller schreibenden Schwangeren Hera Lind, sind doch Beruf und Familie immer noch höchst selten miteinander vereinbar. Die von vielen Frauen geteilte Ideologie, dass das Kind die Mutter in den ersten Jahren vollständig brauche, steht den Anforderungen der Arbeitgeber an die Beschäftigten entgegen, die nur erfüllt werden können, wenn die notwendigen Reproduktionsarbeiten von jemand anderem, vorzugsweise der Frau, geleistet werden. Eher selten sind jedoch die etwas kuriosen Exemplare des Hausmanns. Gerade in postmodernen Zeiten tendieren die Arbeitszeiten wieder deutlich nach oben und für qualifizierte Stellen, auf die der Begriff der Karriere noch anzuwenden wäre, sind Überstunden oftmals stillschweigende Voraussetzung. Wer Teilzeit-Arbeit machen möchte, ist hierzu meist auf die wenig sicheren «McJobs» angewiesen. Auch ist die Kindererziehung in den letzten dreißig Jahren trotz sinkender Geburtenraten nicht weniger aufwendig, sondern im Gegenteil – zumindest dem Anspruch nach – noch kosten- und zeitaufwendiger geworden.

Kein Wunder also, dass das Thema «Frau im Spannungsfeld zwischen Beruf und Familie» bis heute zu den Dauerbrennern in Frauenzeitschriften, Populärliteratur und einschlägigen Beratungsstellen sowie bei Gleichstellungsbeauftragten gehört. So findet man allwöchentlich am Kiosk Artikel zum neuen Mütterstolz, zur frustrierten oder lebensfrohen Singlefrau oder darüber, dass Kinder der Motor jeder Karriere seien. Auch wenn sich die jeweiligen Tipps und Analysen oft von Woche zu Woche ändern und die Bewertungen unterschiedlich ausfallen, so wird die Problematik doch nicht grundsätzlich in Frage gestellt. Neben alltagstauglicher Lebenshilfe – wie sind Minuten zu sparen, wie kraftraubende Depressionen und Grübeleien zu vermeiden – werden gelegentlich auch gesellschaftliche Gründe für die Schwierigkeiten und das häufige Scheitern beim Versuch der Vereinbarkeit von Familie und Karriere oder zumindest Berufstätigkeit genannt. So führt der «Spiegel» vom Juli 2001 einige dieser Gründe an: Neben der hohen Arbeitslosigkeit, die Frauen als erste zu spüren bekämen, wird kritisch auf gängige bevölkerungspolitische Argumente eingegangen, wie dem, dass Deutschland zur Standortsicherung wieder mehr Kinder brauche. So habe etwa eine arbeitslose Soziologin mit Kind auf dem Arbeitsamt zu hören bekommen, dass sie doch lieber noch mehr Kinder bekommen solle, das sei eine dringende, ehrenvolle Aufgabe, denn die Deutschen würden aussterben. (Susanne Beyer; Marianne Wellersdorf 2001; 66-76)

Der «Spiegel», der sich mit solchen genüsslich kolportierten Beispielen von der konservativen Variante der Mutterschaftsideologie und staatlich-nationalistischen Bevölkerungspolitik absetzen möchte, präferiert dagegen ein Modell, für das die Frauenbewegung lange Zeit kämpfte und das sich jetzt offensichtlich auch in der «Männerpresse», wie etwa dem «Spiegel», durchgesetzt hat: die gut planende Frau, die sich nicht einfach der konservativen, traditionellen Mutterschaftsideologie hingibt, sondern auf sich selbst hört und ihr Leben so organisiert, dass sie Beruf und Kinder unter einen Hut bekommt. Letztlich werden also auch im «Spiegel»-Artikel die Probleme der Frauen mit der Vereinbarkeit von Beruf und Familie auf eine Frage der individuellen Einstellung reduziert und das Leitbild der aufgeklärten Frau, die ihren eigenen Körper gut unter Kontrolle hat, propagiert. Diesem Ideal wird plakativ das Klischee der konservativen Frau entgegengesetzt, die noch auf alte Mythen und Traditionen höre und deswegen die rationale Entscheidung verweigere. Dabei erscheint es erstaunlich, wenn Frauen den kleinen Freiraum, der ihnen in Bezug auf das Kinderkriegen gesteckt ist, als großen Akt der Selbstbestimmung feiern. Auch von den letzten Resten der Frauenbewegung, die doch einst für die Abschaffung der patriarchalen Verhältnisse und eine Trennung von Produktion und Reproduktion kämpfte, wurden und werden Selbstbestimmung und Autonomie immer wieder als die wichtigsten Ziele angeführt. Gerade heute, wo die Frau durch die Gentechnologie angeblich im Reproduktionsbereich ersetzt werden soll, wird der staatlichen, patriarchalen Fremdbestimmung emphatisch die weibliche Selbstbestimmung entgegengehalten, als ob das schon in dieser inhaltsleeren Form ein Wert an sich wäre.

Hatten die Frauen '68 noch versucht, die Autonomiefrage kollektiv durch die Bildung von Kinderläden zu beantworten, so wurde mit der Kampagne gegen den §218 und der Parole «Mein Bauch gehört mir» auf die individualisierte Variante gesetzt. Seither orientiert man sich, ohne das je einmal zu reflektieren, an dem an die Aufklärung angelehnten Idealbild des selbstbestimmten Subjektes. Dieses enthielt in der Vorstellung der Aufklärung zumindest noch die Idee von Freiheit: Von den Naturzwängen sollte die Menschheit durch die Erkenntnis und Beherrschung der Natur in den Naturwissenschaften, von absolutistischer Herrschaft und kirchlichem Dogmatismus durch die vernunftbegabte Überwindung der selbstverschuldeten Unmündigkeit befreit werden. Enthielt dieses Befreiungskonzept zu Beginn zumindest noch die Illusion der Freiheit, so verlor sich diese im Laufe der Zeit auf Grund der im bürgerlichen Subjekt angelegten Dialektik des sich Unterwerfens um andere zu unterwerfen und führte direkt zur unmittelbaren Unterwerfung unter Kapital und Staat. Aus dem freien Unternehmer war ein Angestellter geworden und aus dem Staatsbürger der Untertan. Arbeitern, Frauen und Schwarzen wurde die Vernunftfähigkeit abgesprochen und mit ihr die Fähigkeit, ihre eigene Natur zu beherrschen. Mit dieser Begründung wurden die Frauen in die Privatsphäre verbannt, in der sie der Herrschaft des Mannes unterworfen waren.

Schon die erste Frauenbewegung um die Jahrhundertwende hatte die Motivation für ihren Kampf aus dem Widerspruch zwischen universalistischem Menschenrechtsideal und der Tatsache gezogen, dass die Menschenrechte in der bürgerlichen Gesellschaft nicht für Frauen galten und ihnen deshalb nicht die gleichen Rechte zugestanden wurden wie den Männern. Sie setzte sich für das Frauenwahlrecht, den Zugang zu Universitäten und die Professionalisierung sozialer Arbeit ein und trug somit zur Subjektwerdung der Frau bei. Berufstätigkeit blieb jedoch im Bürgertum eher eine Ausnahme und bot hauptsächlich unverheirateten Töchtern aus gutem Hause einen Unterhalt und eine Lebensaufgabe. Bis auf wenige Naturwissenschaftlerinnen waren sie meistens im sozialen Bereich tätig. Mit Forderungen nach der Kontrolle der Gebärfähigkeit oder gar nach sexueller Befreiung konnte sich der Großteil der Frauenbewegung nicht identifizieren. Solche Vorstellungen blieben auf eine radikale Minderheit beschränkt.

Die erste Frauenbewegung hatte erfolgreich für gleiche Rechte von Männern und Frauen gekämpft. Jedoch änderte die so erreichte formale Gleichstellung an der konkreten Lebenssituation der Frauen erst einmal wenig, da diese weiterhin für den Reproduktionsbereich zuständig waren und finanziell vom Mann abhängig blieben. Diesen als unsäglich empfundenen Zustand wollte die zweite Frauenbewegung Jahrzehnte später beenden. Erst sie machte ernst mit der bürgerlichen Subjektwerdung, jedoch zu einem Zeitpunkt, an dem selbst von der Idee der bürgerlichen Subjektivität im emphatischen Sinn nichts mehr übrig geblieben war. Auf diesen Widerspruch reflektierte die Frauenbewegung nur sehr selten. Nur während der Studentenbewegung gab es eine Ahnung davon, dass Freiheit auch mehr bedeuten könnte als Arbeitsfähigkeit und Kontrolle über die eigene Gebärfähigkeit.

Sicherlich ist es nicht sonderlich originell, die Frauenbewegung als Modernisierungserscheinung kapitalistischer Verhältnisse zu begreifen. Gerade marxistische TheoretikerInnen haben das immer wieder getan. Die patriarchale Unterdrückung sei ein Relikt des Feudalismus, da der Kapitalismus nicht wie jener durch persönliche Abhängigkeit gekennzeichnet sei, sondern durch subjektlose Herrschaft, den stummen Zwang der Verhältnisse: Der Einzelne wird zum doppelt freien Lohnarbeiter, der gezwungen ist, seine Arbeitskraft als Ware zu verkaufen. Vor dem Kapital sind jetzt alle gleich, ihm ist es egal, welche Hautfarbe oder welches Geschlecht der Einzelne hat. Der Kapitalismus verwirklicht diese abstrakte Gleichheit, indem er alle als bürgerliche Subjekte gleichsetzt. Seien Frauen bis Mitte dieses Jahrhunderts von dieser Subjektwerdung ausgeschlossen gewesen, so habe im Spätkapitalismus die kapitalistische Dynamik auch die Frauen erreicht. Der Kapitalismus sei jetzt endlich zu sich selbst gekommen, indem er auch vor den Sphären nicht mehr Halt mache, die bisher außerhalb seiner Durchschlagskraft standen, wie die Privatsphäre und die Familie. Denn im Spätkapitalismus sei für die Aufrechterhaltung der Konkurrenzfähigkeit der nationalen Ökonomien die totale Mobilisierung aller Arbeitskraft-Ressourcen notwendig und folglich verlören auch die Frauen ihre Sonderstellung. Die Funktion der Familie dagegen, die Erziehung der Einzelnen zu kapitalproduktiven Subjekten, werde direkt von staatlichen Institutionen und den Medien übernommen, die familiäre Vermittlerrolle falle weg. In ihrer ewigen Leier von Weiblichkeit und Männlichkeit und Patriarchat biete die Frauenbewegung hier einen Identitätsersatz für die Frauen, die sich jetzt auch der inhaltsleeren Subjektivität zu unterwerfen haben. (Jutta Willutzki 1995: 59-74; Natascha Wilting 2000: 48-52)

Zunächst scheint eine Menge für diese Überlegungen zu sprechen: Für die empirische Frau ist es nicht nur selbstverständlicher geworden, eine Arbeitsbiographie zu haben, sondern sie entspricht damit jetzt geradezu dem gesellschaftlichen Ideal. Zudem sind die ehemals strikt getrennten Sphären von Privatheit und Öffentlichkeit tatsächlich durchlässiger geworden, die konkreten Männer und Frauen nicht mehr vollkommen auf ihre jeweilige Sphäre verwiesen. Damit ändert sich auch der spezifische «Geschlechtscharakter»: Auch Männer dürfen jetzt sensibel sein und die emotionale oder physische Reproduktion übernehmen, so wie Frauen im Beruf ihren Mann stehen können. D.h. die geschlechtsspezifischen Zuschreibungen sind nicht mehr an die konkreten Menschen gebunden, wenn sie das überhaupt je waren. Weiterhin ist es gewiss zutreffend, dass die Familie im Zuge dieser Veränderungsprozesse als Vermittlungsinstanz und autonome Sphäre weitgehend abgedankt hat.

Allerdings: Diesen Funktionsverlust erfährt die Familie nicht etwa, weil ihre Abschaffung bevorstünde – wie marxistisch orientierte Theoretikerinnen annehmen – sondern vielmehr, weil das Allgemeine und das Besondere immer mehr zusammenfallen, Individuum und Gesellschaft keine Gegensätze mehr sind. Sicherlich ist es schon immer die Funktion der Familie gewesen, Arbeitsethos, Identifikation mit der Autorität und geschlechtsspezifische Sozialisation durchzusetzen. Doch hatte sie gleichsam als autonome Institution die Chance, dem Einzelnen emotionale Sicherheit zu geben, welche die Bedingung von Freiheit, Autonomie und Erfahrung ist. (Adorno 1997: 302-309) Inwieweit es also eine Transformation der Familie gegeben hat und welche Wirkung diese zeitigt, wird noch zu untersuchen sein.

Ferner ist es eine Illusion zu meinen, das Patriarchat oder geschlechtsspezifische Diskriminierung hätten sich mit dem Ende der patriarchalen Familie im alten Sinn und damit dem Verschwinden personaler Herrschaft erledigt. Hat sich nicht vielmehr patriarchale Herrschaft jetzt auch als subjektlose durchgesetzt? Und existiert das Patriarchat nicht weiterhin, als gesellschaftliches Strukturprinzip, das sich in der Aufteilung von Öffentlichkeit und Privatheit, Produktion und Reproduktion zeigt? Während patriarchale Herrschaft sich in der Familie des 19. Jahrhunderts vor allem als personale Herrschaft äußerte, waren die Familie und das Geschlechterverhältnis seither vielen Veränderungen ausgesetzt. Dies hat jedoch weder an den geschlechtsbesetzten Stereotypen etwas geändert noch zu einer wirklichen Aufhebung der Trennung von Produktion und Reproduktion geführt. Und noch immer besteht der Zwang zu geschlechtsspezifischer Identifizierung und Internalisierung kollektiver Normen. Mag die jeweilige Identität sich auch in postmodernen Zeiten flexibilisiert haben, eine Aufhebung der Geschlechtsidentität ist damit nicht verbunden. Die Subjektwerdung der Frau, so meine These, hat nicht zu einer Angleichung an die Männer, sondern zu der Entwicklung einer spezifisch weiblichen Subjektivität geführt. Die Frauen richten sich zwar jetzt auch zu Arbeitskraftbehältern her, disziplinieren und kontrollieren aber auch ihre spezifische, als weiblich gedachte Natur – ihre Gebärfähigkeit – und zwar im Sinne staatlicher Bevölkerungspolitik.

Unter Bevölkerungspolitik verstehe ich nach Foucault das staatliche Interesse, Kontrolle über Quantität sowie Qualität der Gesamtbevölkerung zu erlangen, um die «optimale» Reproduktion der nationalen Gemeinschaft zu sichern. Bevölkerungspolitische Praktiken sind sowohl Gesetze wie der §218 oder staatliche Maßnahmen wie das Kindergeld, als auch Methoden der Pränataldiagnostik, die allesamt die Entscheidung für oder gegen Kinder beeinflussen. Nach Foucault sind diese Maßnahmen Regulierungstechniken, die auf die Optimierung des Lebens der Gesamtbevölkerung zielen. Im Gegensatz dazu stehen Disziplinartechniken, die auf den Körper des Einzelnen zielen. In der Sexualität treffen Regulierungsmechanismen und Formen der disziplinierenden, individualisierten Kontrolle, die sich z.B. in der ständigen Überwachung der Masturbation, im Geständnis in der Kirche und der Psychoanalyse ausdrücken, aufeinander: Das gestehende Individuum errichtet ein spezifisches Verhältnis zu sich selbst, indem in der Praxis des Geständnisses ein Teil des Individuums als «innere» Natur gesetzt und zum Gegenstand des Wissens sowie der Beherrschung gemacht wird. So konstituiert sich das bürgerlich-männliche Subjekt, das seine Natur beherrscht, um andere zu beherrschen. (Michel Foucault 1977)

Über die weibliche Natur, das heißt die Gebärfähigkeit, wachte dagegen der Mann und der Staat, konnte sich die Frau doch angeblich nicht selbst beherrschen. Bevölkerungspolitische Praktiken waren für Frauen daher fast ausschließlich repressiv. Die Frauenbewegung, so meine These, hat demgegenüber viel dazu beigetragen, dass die bevölkerungspolitischen Ziele des Staates heute nicht mehr repressiv durchgesetzt werden müssen, weil die Frauen selbst sich diese zu Eigen gemacht haben: Die Frauen haben die Bevölkerungspolitik in die eigenen Hände genommen.

Natürlich gibt es immer noch den §218 und die Pränataldiagnostik, Kinder- und Erziehungsgeld sind nicht abgeschafft. Dabei handelt es sich aber um Praktiken, die nicht mehr mit einem schlichten Verbot arbeiten, sondern sich auf die Mitarbeit der Frauen stützen. So ist Abtreibung seit der letzten Reform des Abtreibungsparagraphen von 1995 rechtswidrig, aber nicht strafbar, sobald die Frau ein Beratungsgespräch mitgemacht hat. Pränatale Beratungsstellen argumentieren gerade mit ihrer «humanistischen» Praxis, indem sie sich strikt gegen Zwangsmaßnahmen gegen Frauen wenden und ganz im Sinne des Selbstbestimmungsrechts der Frau nur in ihrem Interesse zu handeln glauben. Das bedeutet also nicht, dass der Staat verschwunden wäre, sondern lediglich, dass sich seine Herrschaftstechniken verändert haben. Statt auf reine Repression setzt er nun verstärkt auf Kontrollmechanismen, die individualisierend wirken. Die Frauenbewegung, die Autonomie und Selbstbestimmung immer mit individueller Entscheidungsfreiheit gleichsetzte, hat nur selten reflektiert, dass es so etwas wie individuelle Entscheidungsfreiheit heutzutage gar nicht geben kann, weil Entscheidungen immer auf Grund von Reproduktionsbedingungen getroffen werden. Durch diese unreflektierte Theorie und Praxis hat die Frauenbewegung maßgeblich dazu beigetragen, dass Frauen heute ein spezifisches, den neuen Herrschaftstechniken angemesseneres Verhältnis zu sich erlangen konnten. Um das zu verhindern, wäre die Auseinandersetzung mit staats- und kapitalismuskritischen Theorien notwendig gewesen. Eine solche Praxis wurde jedoch schon bald nach dem Zerfall der Studentenbewegung aufgegeben. Nicht zuletzt deshalb war die Frauenbewegung trotz ihres kritischen Potenzials nicht mal in ihrer Theoriebildung ein Ort von Emanzipation und Befreiung, sondern affirmierte die gesellschaftlichen Verhältnisse, die sie – vermittelt durch den

Druck der Anpassung an die herrschende Ordnung – oft genug sogar zu optimieren half.

Dies soll der theoretische Hintergrund sein, vor dem ich die jeweiligen Strömungen der Frauenbewegung untersuchen möchte. Hierbei werde ich mich auf die in der feministischen Literatur übliche Einteilung von Gleichheits-, Differenz- und poststrukturalistisch geprägtem Feminismus beziehen sowie auf den eher von der Kritischen Theorie geprägten Feminismus der SDS-Frauen. Ich werde im Folgenden versuchen, verschüttetes Wissen auszugraben, das vor allem durch die breite Rezeption der Postmoderne verloren gegangen ist, wie etwa Erkenntnisse der Kritischen Theorie und der Psychoanalyse.

Bei der Auswahl der Debatten und Theoretikerinnen habe ich mich sowohl an ihrer Relevanz für die Frauenbewegung als auch ihrem kritisch-emanzipatorischen Potenzial orientiert. Anhand von Theorie und Praxis der Frauenbewegung will ich die Subjektwerdung der Frau in den letzten dreißig Jahren beschreiben. Schwerpunkte werden die «Sexuelle Befreiung», die Abtreibungsdebatte, die Selbsterfahrungs- und Untersuchungsgruppen, die Projektbewegung sowie die Institutionalisierung der Frauenbewegung und der Diskurs um Identitäten sein. Mit Foucault soll davon ausgegangen werden, dass die von der Vernunft zu disziplinierende Natur erst konstruiert werden muss. Die Debatten und Praktiken sollen darauf befragt werden, inwieweit in ihnen eine spezifisch weibliche Natur konstituiert wird und wie sie die jeweiligen Kontroll- und Disziplinierungsmechanismen darstellen, und zwar sowohl unter bevölkerungspolitischen Aspekten als auch in Bezug auf die Formierung zur Arbeitskraft. Dabei muss vor allem das Verhältnis von Natur und Vernunft beachtet werden. Konfrontiert werden sollen diese Ergebnisse mit den Vorstellungen von Natur und Vernunft zur Zeit der Aufklärung, und es wird die Frage zu stellen sein, inwiefern hier tatsächlich von einem Verfall bürgerlicher Subjektivität gesprochen werden kann.

2. *Das Private ist politisch –* Die Anfänge der Frauenbewegung in der antiautoritären Studentenbewegung

«Genossen, eure Veranstaltungen sind unerträglich. Ihr seid voll von Hemmungen, die ihr als Aggressionen gegen die Genossen auslassen müßt, die etwas Dummes sagen oder etwas, das ihr schon wißt. Die Aggressionen kommen nur teilweise aus politischen Einsichten in die Dummheit des anderen Lagers. Warum sagt ihr nicht endlich, daß ihr kaputt seid vom letzten Jahr, daß ihr nicht wißt, wie ihr den Streß länger ertragen könnt, euch in politischen Aktionen körperlich und geistig zu verausgaben, ohne damit einen Lustgewinn zu verbinden. Warum diskutiert ihr nicht, bevor ihr Kampagnen plant, darüber, wie man sie überhaupt ausführen soll? Warum lest ihr denn alle den Reich? Warum sprecht ihr denn hier vom Klassenkampf und zu Hause von Orgasmusschwierigkeiten. Ist das kein Thema für den SDS?» (Helke Sander 1975: 13)

Die sogenannte «Tomatenwurfrede» von Helke Sander gilt als der «uneigentliche»[1] Beginn der Frauenbewegung. Die Hoffnungen der SDS-Frauen, von den allgemeinen Emanzipationsbemühungen der antiautoritären Studentenbewegung und ihrem wesentlichen Repräsentanten, dem SDS, zu profitieren, hatten sich zerschlagen, als ihnen bewusst wurde, dass ihr Dazugehören dem der «Rockerbräute zur Clique ihrer Typen»[2] (Birgit Baider 1978: 460) zu gleichen schien. Als «Mamas, Geliebte oder kleine Betschwestern» (ebd.) den großen Alleswissern dienen, ein wenig Kaffee kochen hier, ein wenig tippen da, und viel bewunderndes Herumsitzen, so wurden die Frauen dann doch wieder auf die Reproduktionsarbeit reduziert. Vor allem Mütter sahen sich oft in die wenig attraktive Statistenrolle gedrängt. Bei den großen Demonstrationen blieb ihnen kaum etwas anderes übrig, als mit den Kinderwagen am Rande der Frontlinien mitzulaufen oder, als recht zweifelhafte Alternative, zu Hause zu bleiben, um die zurückkommenden Helden sowohl emotional als auch medizinisch zu versorgen. Frauen ohne Kinder mochten bei den Demonstrationen an vorderster Front mitkämpfen, bei der Planung und Strategie der politischen

Arbeit blieben sie meistens außen vor.[3] Die in der bürgerlichen Gesellschaft vorherrschende Trennung von produktivem Wirken in der Öffentlichkeit und der ins Private zurückgezogenen Reproduktion wurde scheinbar auch hier reproduziert. Das verwundert auf den ersten Blick, da zumindest eine Strömung des SDS, und zwar hier besonders die Mitglieder der beiden berühmt gewordenen Kommuneprojekte Kommune 1 und 2, gleichfalls versuchten, diese Trennung zu überwinden. Auch die selbst außerhalb der Studentenbewegung propagierte sexuelle Befreiung und das Aufkommen der Anti-Baby-Pille schienen Frauen nicht nur endlich sexuelle Lust zu versprechen, sondern auch politische Mündigkeit.[4] Warum Frauen trotz der großzügigen Einladung oft fernblieben und einige irgendwann überhaupt nicht mehr mit Männern politisch zusammenarbeiten wollten, soll im folgenden gezeigt werden.

Noch Helke Sander und mit ihr die Kinderladenbewegung konnten sich die Befreiung der Frau nur innerhalb grundlegender gesellschaftlicher Veränderungen vorstellen. Sie waren sich wie weite Teile der restlichen Studentenbewegung der Gefahr bewusst, dass ihre Forderungen in die herrschenden Verhältnissen integriert werden könnten. So wurde zum Beispiel die Hervorbringung einer neuer Form der Subjektivität befürchtet, die den sich verändernden Verhältnissen besser angepasst war. Hier seien vor allem Reimut Reiche und Frank Böckelmann zu nennen, die eine Verwandlung vom autoritären hin zum narzistischen Charakter feststellten, der konsumfixiert, keine Kritik an den Verhältnissen entwickeln kann. (Reimut Reiche 1969; Frank Böckelmann 1987) Im Nachhinein erweist sich diese Befürchtung als berechtigt. Alles revolutionäre Potential, das diese Bewegung einmal in sich trug, ist vergessen oder wird, wie momentan die damalige Studentenbewegung, mit dem Faschismusvorwurf belegt.[5] Einige Forderungen, vor allem was die sexuelle Befreiung oder auch die Kinderläden betrifft, haben sich in abgeschwächter, konformistischer und kommerzialisierter Form durchgesetzt. Die gesellschaftlichen Auswirkungen der Studentenbewegung können in diesem Rahmen nur am Rande beleuchtet werden. Ich werde mich daher auf jene Aspekte der Studentenbewegung beschränken, die auch für die beginnende Frauenbewegung von entscheidender Bedeutung gewesen sind: Vietnam, die sexuelle Befreiung und die antiautoritäre Erziehung respektive die Kinderladenbewegung. Vor allem die letzten beide Punkte sollen daraufhin untersucht werden, inwieweit die Frauenbewegung auch durch einen unreflektierten, individualisierten Begriff der Befreiung dafür gesorgt hat, ein neues Verhältnis der Frau zu sich selbst durchzusetzen, in dem diese jetzt ebenso Arbeitskraftbehälter ist wie der Mann und die Kontrolle über eine angemessene Anzahl an Kindern behält, die sie versorgen kann.[6]

2.1. Die Studentenbewegung als patriarchale Antiinstitution

Die Studentenbewegung[7] erscheint als Ort, an dem der Versuch unternommen wurde, das in der Zeit des Nationalsozialismus heruntergewirtschaftete bürgerliche Subjekt wieder aufzurichten, und zwar sowohl die im bürgerlichen Subjekt intendierte Handlungsfähigkeit, als auch das in ihm enthaltene Versprechen auf Genuss. Mit Aufkommen des «Autoritären Staates», wie Horkheimer die neue Herrschaftsform nannte, verschwand gleichzeitig das nur vom Markt abhängige bürgerliche Subjekt, und an dessen Stelle traten Befehlsempfänger und Befehlshaber. Der studentische Protest richtete sich gegen die immer größere Verbreitung der inhaltsleeren Arbeit. Lohnarbeit hatte sich im Spätkapitalismus so gewandelt, dass der Einzelne nur noch partikulare und reduzierte Arbeiten zu verrichten hatte und zwar nicht mehr nur der Arbeiter an den Maschinen, sondern auch derjenige, dessen bürgerliche Ausbildung ihn bis vor kurzem noch eine verantwortungsvolle Aufgabe hatte verrichten lassen. Mittlerweile waren jedoch auch Ärzte zu Pillenschreibern, Physiker zu Anhängseln ihrer Versuchsreihen und Unternehmer zu Managern heruntergekommen. Dadurch wurden auch sie austauschbar und erfuhren sich tendenziell als überflüssig. Damit einher ging ein Verlust an politischer Einflussnahme: Als Ohnmacht wahrgenommen wurde z.B. die Unmöglichkeit, das Leid der Menschen im Vietnam zu verhindern, dessen Zeuge man jeden Abend in den Nachrichten wurde. (Vgl. Wolfgang Pohrt 1995: 7-24)

Es war ein Protest gegen die Väter und durch die Frauenbewegung auch gegen die Mütter, die sich mit dieser langweiligen, sinnlosen und trotzdem stets geschäftigen Existenz, die sie zu gesichtslosen Angestellten und zu Hausfrauen in Vorstädten machte, abfanden und sich für ein bisschen mehr an falscher Sicherheit sogar dem Nationalsozialismus angedient hatten. Man selbst wollte da nicht mehr mitmachen und –

gerade in Deutschland – auch das Schweigen über den Nationalsozialismus nicht mehr weiterführen. Die erahnte Verstrickung der Eltern in das nationalsozialistische System, in dem neben zahllosen anderen Verbrechen auch der unfassbare Mord an sechs Millionen Juden von zum größten Teil Deutschen begangen worden war, ließ die ohnehin schon kleinlichen Moralvorstellungen, wie die Forderung nach dem Verzicht auf sexuelle Beziehungen vor der Ehe und das landläufige Leistungs- und Arbeitsethos, als vollkommen lächerlich erscheinen. Und nach der Lektüre von Reich und Adorno sah man sogar einen konstitutiven Zusammenhang zwischen diesen nun als Zeichen eines autoritären Charakters gedeuteten Vorstellungen und der Empfänglichkeit für den Nationalsozialismus. Dies schützte die Bewegung jedoch nicht davor, die Eltern oft genug doch nur wieder zu entschuldigen und die Verdrängung letztlich fortzuführen.

Die Protestbewegungen, die sich in den 60er-Jahren auf der ganzen Welt bildeten, waren vielfältig. Es waren nicht nur explizit politische Bewegungen, wie der SDS oder die amerikanischen Bürgerrechtsbewegungen, sondern auch diverse gegenkulturelle Gruppierungen, die Musik, Drogenkonsum, Kleidung und freie Liebe in den Mittelpunkt ihres Interesses rückten. Hier natürlich zuallererst die Hippies, aber auch die «Gammler» und die Fans der Beatles und Rolling Stones. Die Konsequenzen, die aus den als unerträglich empfundenen Verhältnissen gezogen wurden, waren denn auch sehr unterschiedlich. Der SDS, der auf eine politische Veränderung der Verhältnisse bestand, stellte zum Beispiel die Analyse der herrschenden Verhältnisse in den Vordergrund. Die Problematik derjenigen, denen es bevorzugt um die individuelle Entfaltung ging, war gegensätzlich. Er konnte schnell ins Esoterische abgleiten, wenn Glück und Befreiung nicht als noch zu erreichendes Ergebnis gesellschaftlicher Praxis angesehen wurde, sondern als individuell zu gestaltende Befreiung. So zum Beispiel bei den Hippies und in den Drogenszenen, die auf Bewusstseinserweiterung und innere Erleuchtung als Vorraussetzung für Befreiung setzten. Doch in den besten Momenten der Bewegung lief beides zusammen. Es gab immer wieder Überschneidungen, nicht nur bei einzelnen Personen, wie z.B. Dieter Kunzelmann[8], die in ihrem Leben nicht nur bei den verschiedensten Gruppierungen mitmachten, sondern auch bei Gruppen, die beides vereinen wollten, wie etwa die Kommunebewegung[9], die am Höhepunkt der Revolte mit dem SDS 1966/67 zusammenfiel. (Vgl. Peter Mosler 1977: 96-123).

Der SDS war bis Mitte der 60er-Jahre ein traditionalistischer Verband gewesen. Nach dem 2. Weltkrieg als Studentenorganisation der SPD gegründet, hatte er sich jedoch nach dem Godesberger Programm von dieser getrennt und vertrat seitdem traditionalistische, arbeiterbewegte Positionen. Mitte der 60er-Jahre öffnete er sich für andere außerparlamentarische Gruppen, wie zum Beispiel die «Subversive Aktion», deren ehemaliges Mitglied Rudi Dutschke zu dem bekanntesten «Führer» der Studentenbewegung avancierte. Getroffen hatte man sich hauptsächlich bei antiimperialistischen Aktionen, wie den Vietnam-Aktivitäten, die hauptsächlich aus militanten Demonstrationen bestanden. Gerade diese Aktionen hatten eine große Anziehungskraft ausgeübt und so vergrößerte sich die Außerparlamentarische Opposition/APO schnell und kontinuierlich. So hielt dann auch das «antiautoritäre» Gedankengut, dass sich sie «Subversive Aktion» in der Auseinandersetzung mit der Kritischen Theorie und der Psychoanalyse entwickelt hatte, Einzug in den SDS und setzte sich dort sehr erfolgreich durch. Dies löste einen tiefgreifenden Erosionsprozess im und außerhalb des SDS aus, so dass seit Mitte 1966 von einer antiautoritären Mehrheit im SDS und seit Sommer 1967 von der Existenz eines breiten antiautoritären Lagers – der Außerparlamentarischen Opposition – in allen größeren und kleineren Städten gesprochen werden konnte. (Vgl. Frank Böckelmann 1976: 24-28) Gerade in dieser Hochphase fielen subjektive Befreiungsmomente eng zusammen mit radikaler Gesellschaftskritik, die auf die Aufhebung der gesellschaftlichen Verhältnisse zielte und auch auf die Straße getragen wurde. Diskutiert wurde im SDS neben der Kapitalismus- und Imperialismuskritik auch über Sexualität, Familie und andere Lebensformen wie Kommunen. Am Anfang waren darin jedoch noch keine therapeutischen Maßnahmen impliziert, sondern es blieb bei der Erkenntnis, «dass die revolutionäre Produktivkraft gerade in der kollektiven Wendung der sonst einsam ausgetragenen Neurosen liegt». (Klaus Hartung; 1977: 22) Doch bald schon dividierte sich das fruchtbare Miteinander von inhaltlicher Arbeit und subjektiver Befreiung auseinander.

Innerhalb des SDS kam es zu heftigen Strömungskämpfen zwischen der damaligen Minderheitsfraktion, der traditionalistischen Strömung, die sich zumeist aus illegalen KPD- oder linkssozialistischen SPD-Mitgliedern zusammensetzte, und der antiautoritären Strömung, die auf die subjektivistische, existentialistische Befreiung setzten. Gerade die radikalsten Vertreter der antiautoritären Position, wie die Kommune 1, fanden selbst bei antiautoritären Genossen aus dem SDS, wie zum Beispiel Reimut Reiche, immer weniger Anklang.[10] Er kritisierte, dass sich die abstrakt antibürgerlichen Gruppen wie die Kommune gegen die kontinuierliche, inhaltliche Arbeit richteten, wie sie der SDS auf hohem theoretischen Niveau praktiziert hatte. Die dafür erforderliche Disziplin wurde als «bürgerlich» diffamiert. Das hatte nicht nur die Folge, dass politische Aktionen durch schlechte Vorbereitung bestachen, sondern führte auch dazu, dass intellektuelle Arbeit generell diskreditiert wurde.

Die sicherlich oft berechtigten Vorwürfen gegen den Leistungsdruck, mit dem gewiss häufig Frustrationen einhergingen, führten zum Verwerfen von Intellektualität und zum Hochhalten des unmittelbaren Lebens. Vergessen wurde bei dieser «anti-bürgerlichen» Haltung, beim Kampf gegen den «analen Charakter», dass die bürgerliche Kultur nicht nur der herrschende Ausdruck von Repression und Manipulation ist, sondern dass in ihr auch Fähigkeiten und Möglichkeiten begründet liegen, zum Beispiel die Analyse der herrschenden Gesellschaft, die über die herrschenden Verhältnisse hinausweisen können. (Vgl. Reimut Reiche 1971: 156-157)[11]

Schon im Frühjahr 1967 führten die Differenzen zum Ausschluss der Kommune aus dem SDS. Die Diskussionen über Kommunen und damit auch über die Politisierung des Privatlebens, wie dubios und sexistisch sie auch gewesen sein mögen, war damit erst einmal wieder verstummt. (Vgl. Katia Sadoun, Valeria Schmidt, Eberhardt Schulz 1970: 32)

Die Trennung von Kommune und SDS nahm schon einmal die spätere Aufspaltung in Spontis und K-Gruppen auf einer anderen Ebene vorweg, die dann 1969 mit Selbstauflösung des SDS endgültig zum Auseinanderfallen der kulturellen und politischen Auflehnung führte. Nach den Osterdemonstrationen 1968, die dem Attentat auf Rudi Dutschke folgten, setzte in der Außerparlamentarischen Opposition Ratlosigkeit ein. Man hatte den Staat herausgefordert, der Staat hatte sich provozieren lassen, doch wie konnte ernsthaft die Machtfrage gestellt werden, wenn die Bevölkerung und vor allem die Arbeiter von der Revolution nun so gar nichts wissen wollten? Überall wurde nun mit Lenin die Organisationsfrage gestellt: Ziel war jetzt die

Agitation der Arbeiter. Die Studenten versuchten direkt in die Betriebe zu gehen, um die Arbeiter von ihren wirklichen Interessen zu überzeugen. Die antiautoritäre Phase der Studentenbewegung galt von nun an, wiederum mit Lenin, als die «Kinderkrankheit der Revolution», als Phase der individuellen Emanzipation, der die erwachsene, ernsthafte und kleinschrittige Arbeit in Form des Aufbaus der Partei folgen müsse. Der Widerspruch zwischen Arbeit und Kapital galt nun als Hauptwiderspruch, alles andere als Nebenwiderspruch. Und so stellte sich heraus, dass sich weite Teile der antiautoritären Politik im Feld der Nebenwidersprüche und im Reproduktionsbereich bewegten: die Studenten- und Schülerpolitik, die Befreiung der Sexualität und der Kampf gegen die autoritäre Familie und natürlich auch die Emanzipation der Frau. (Vgl. Klaus Hartung 1977: 14-45) Die für das Geschlechterverhältnis relevanten Fragen verloren mit der Transformation der Bewegung von einer antiautoritären in eine proletarische die Bedeutung, die sie gehabt hatten.

Mit der Spaltung hatte die Studentenbewegung ihre Sprengkraft eingebüßt. Wohngemeinschaften hatten jetzt nicht mehr das Ziel der Aufhebung spezifischer bürgerlicher Individualität und der Einforderung von Solidarität über die politische Aktion hinaus, sondern waren oft nur die billigste Wohnmöglichkeit. Musik und der obligatorische Parka wurden wieder zu Modeartikeln. (Vgl. Wolfgang Pohrt 1995: 19)

2.1.1. «Wir sind die Neger aller Völker» – Die Verdrängung der Schuld durch Identifizierung mit dem Opfer

Im Januar 1968 setzten ein paar Frauen aus dem SDS-Umfeld die Frage nach dem «privaten» Zusammenleben wieder auf die Tagesordnung. Diesmal aber auf eine andere Art und Weise. Das große politische Projekt war zu der Zeit der Kampf gegen den als imperialistisch wahrgenommenen amerikanischen Krieg in Vietnam. Im Februar '68 fand der große internationale Vietnam-Kongress in Berlin statt. Zehntausende nahmen an diesem und der darauf folgenden Demonstration teil. Für die Frauen, die sich im Januar zum «Aktionsrat zur Befreiung der Frau» zusammengefunden hatten, war es die erste gemeinsame Aktion: Sie organisierten für die Tage einen Betreuungsdienst, um nicht mehr nur Zaungäste zu sein, sondern aktiv teilnehmen zu können. Hier erfuhren sie zum ersten Mal, dass ihre «Privatprobleme» nicht privat bleiben müssen: Es deutete sich eine mögliche kollektive Lösung an. Auch für die Kinder schien es von Vorteil zu sein: Sie waren nicht mehr vereinzelt und verängstigt in der großen Menge, sondern spielten gemeinsam auf ihre Weise Demonstration. (Vgl. Katia Sadoun, Valeria Schmidt, Eberhardt Schulz 1970: 32)

Es scheint nicht ganz zufällig, dass sich die Frauen während der Vietnam-Aktivitäten zusammenfanden. Die Beschäftigung mit dem Kolonialismus scheint ein Interpretationsraster hervorgebracht zu haben, mit dem auch die eigene Situation besser verstanden werden konnte. Die Frauen fühlten sich selbst als Kolonialisierte, sie identifizierten sich mit den Opfern, nicht nur mit dem Vietcong, sondern mit allen Unterdrückten. Nicht nur das «Wir sind die Neger aller Völker» von Karin Schrader-Klebert[12], sondern auch die im Kinderladenbuch beschriebene Vorstellung, sich erst von den eigenen Fesseln lösen zu müssen, bevor man sich mit den Menschen im Vietcong solidarisieren könne, zeugt davon. Karin Schrader-Klebert schreibt weiterhin, dass es für die «Neger» wie für die Frauen darum gehe, die Geschichte der Gewaltanwendung zu erkennen und diese Gewalt, deren Produkte sie sind, gegen die Unterdrücker selbst zu wenden, und ferner dass «das Ineinssetzen von Arbeitern, Frauen und Juden (oder Negern) als jenen Minoritäten, an deren Schicksal sich die Repressivität eines gesellschaftlichen Systems überhaupt ablesen läßt – grundsätzlich legitim ist». (Karin Schrader-Klebert 1981; 121) Unterschieden wurden bei ihr die diversen in eins gesetzten Minoritäten nur durch ihren Organisationsgrad, den sie bei Frauen als gering ansah, da sie mit ihren Unterdrückern zusammen lebten. Die Schwarzen hatten es in der amerikanischen Bürgerrechtsbewegung schon geschafft, sich als eine Klasse für sich zu konstituieren und somit politisches Subjekt zu werden. Für die Frauen stand dieser Prozeß noch aus, galt er doch auch als besonders schwierig, da die Frauen sowohl verschiedenen Klassen als auch verschiedenen Rassen angehörten.

«Doch ein entscheidender Unterschied zwischen anderen sich emanzipierenden Gruppen und den Frauen fällt sofort ins Auge: Die Frau hat sich noch nie mit der Frau solidarisiert. Die weiße Frau solidarisiert sich mit dem weißen Mann gegen die Neger, die bourgeoise Frau solidarisiert sich mit dem bourgeoisen Mann gegen die Proletarierfrau u.s.w.» (ebd.)

Die Solidarisierung mit den sozialrevolutionären Befreiungsbewegungen in der «Dritten Welt» war entscheidend für die Ausbildung eines antiautoritären Bewusstseins der gesamten Bewegung, schrieb auch Hans-Jürgen Krahl, und für das Bewusstsein über die Unterdrückung der Frau traf das ganz besonders zu. Sie schien von den Repressionen in ähnlicher Weise betroffen wie die Kolonialisierten, während die Männer ihre eigene Situation durch die Auseinandersetzung mit den Befreiungsbewegungen zwar eher begreifen konnten, sich mit den Befreiungsbewegungen jedoch nicht in eins setzten. Die Länder der «Dritten Welt» boten sich zur Beschäftigung mit der eigenen Situation an, so Krahl weiter, weil dort die Ausbeutung der Menschen nicht so verschleiert betrieben wurde wie in der BRD. In Anlehnung an Sartre führt er eine Unterscheidung zwischen Ausbeutung und Unterdrückung ein. Der Begriff Ausbeutung sei dem Verhältnis von Arbeit und Kapital gemäß. Sie geschähe auf der Grundlage eines Vertrages zwischen zwei Gleichen. Es scheint, als ob der Arbeiter die Arbeit aus freien Stücken annimmt, obwohl er dies doch bei Strafe des eigenen Untergangs tun muss.[13] Die Arbeit wird gekauft zu einem Preis, der notwendigerweise niedriger ist als der Wert, den der Arbeiter in seiner Arbeitszeit schafft. Diese Differenz ist der Mehrwert, den der Kapitalist einbehält. Der Zwang zur Arbeit schloss jedoch die in Arbeiterkämpfen gewonnene juristische Anerkennung des anderen als Freien und Gleichen mit ein. Unterdrückung besteht im Gegensatz dazu in der Verneinung der Subjektivität des Anderen, um seine Arbeitskraft ohne rechtliche Absicherung ausbeuten zu können, wie es zum Beispiel bei der Sklaverei der Fall ist. (Krahl 1988: 193-197)

Durch Identifikation mit den Menschen aus der Dritten Welt könnte nun die eigene Unterdrückung bewusst werden. Erkannt werden könnte, dass auch in der eigenen Gesellschaft die Menschen immer mehr «Vertieren» (Hans-Jürgen Krahl 1988: 193-197):

«Während in den ehemaligen Kolonien, in den ausgebeuteten Ländern der Dritten Welt die unterdrückten Massen auf den Status einer brutalen Animalität reduziert werden, haben sicherlich jene Analytiker und Theoretiker recht (...), daß es auch hier auf dem entwickeltsten Stand des technischen Fortschritts und auf dem fortgeschrittensten Stand der Bedürfnisbefriedigung, weit über das Maß physischer Selbsterhaltung hinaus, so etwas gibt wie eine Vertierung des Menschen. Denn nicht anders ist es zu erklären, daß selbst das bürgerliche Individuum, das unter sehr vielen Zwängen und unter sehr viel Leidensdruck sich herausbildete, im Grunde genommen durch den Prozeß des Faschismus hindurch vernichtet wurde (...) Im bürgerlichen Ich, so wie Marcuse es ausführte, immer noch die Fähigkeit zur Kritik, zur Erfahrung, zur Erinnerung und zum Begreifen enthalten war, daß aber heute im Zuge des technischen Fortschritts und der anarchischen Verwaltung des industriellen Maschinenparks durch wenige Kapitaleigentümer die Menschen auf bloße Reaktion, gleichsam nach dem Pawlowschen Reflex, reduziert werden; daß sie nur mehr reagieren, aber in keinerlei Weise mehr agieren können.» (Hans-Jürgen Krahl 1971: 19-30)

Die Frauen setzten sich dagegen ohne Umweg direkt mit den Menschen aus der «Dritten Welt» gleich. So konstatiert auch Karin Schrader-Klebert, dass den Frauen ihre Subjektivität schon immer abgesprochen worden sei. Frauen hätten bisher zwar individuell versucht, durch Demonstration ihrer produktiven und organisatorischen Intelligenz ihre Subjektivität zu beweisen, aber das hätte meistens erst recht Gewalt gegen sie hervorgebracht. Eine wirkliche Emanzipation könne erst stattfinden, wenn Frauen kollektiv um ihre Befreiung kämpften. (Karin Schrader-Klebert 1981: 122)

Durch die Identifizierung mit allen Unterdrückten wurden sich die Frauen jedoch nicht nur ihrer eigenen Benachteiligung bewusst, sondern abstrahierten zugleich von den offensichtlichen Unterschieden zwischen Frauen. In den Vordergrund traten die Gemeinsamkeiten aller Frauen, trat eine Gleichheit, die anders als oftmals später keine Gleichheit auf Grund der gemeinsamen Gebärmutter war, sondern sich auf gleiche Erfahrungen gründen sollte.

Ende der 70er-Jahre begannen schwarze und jüdische Frauen, diesen Gleichheitsbegriff zu kritisieren. Sie fühlten sich berechtigterweise vereinnahmt, hatten sich westliche Frauen doch damit in eine emotionale Nähe zu ihnen gesetzt, die die eigentliche Distanz verschleierte und ihre besonderen diskriminierenden Erfahrung unter die eigenen subsummierte. Gerade in Deutschland wirkt es abstoßend, wenn deutsche Frauen, deren Mütter zu einem großen Ausmaß selbst an der Verfolgung und Ermordung von Juden beteiligt waren, sich mit ihren Opfern in eins setzten. Der Konflikt musste so nicht mehr in der eigenen Gesellschaft und mit der eigenen Elterngeneration ausgetragen werden, sondern wurde externalisiert. Die Frauen konnten sich durch die Inszenierung als Opfer von jeder Schuld freisprechen. Schuld war in dem speziellen Fall der «böse Aggressor USA», in anderen Fällen auch die Bourgeoisie oder später die Männer insgesamt.[14] Die Herstellung eines politischen Subjekts Frau scheint eben auch negative Implikationen gehabt zu haben.[15]

Aber nicht nur die Frauen machten sich durch Identifikation zu Opfern. Dies war in der Studentenbewegung vielmehr ein weit verbreitetes Phänomen. Als Beispiel kann hier ein Flugblatt des SDS-Tübingen angeführt werden, in dem noch einmal deutlich wird, zu welch kruden Schlüssen die Identifikation mit dem Opfern, gepaart mit deutschem Nationalismus, führen kann:

«Sie arbeiten den ganzen Tag, und wenn sie nach Hause kommen, sind sie zu müde, um noch viel und lange über Vietnam lesen zu können. Und ist es verwunderlich, daß Zeitungen, die noch im Privatbesitz weniger reicher Leute sind, verschweigen, daß andere reiche Konzernherren auch in der Bundesrepublik, Chemikalien und Waffenteile für den Vietnam-Krieg der USA herstellen? Die Konzernherren verdienen gut und verdecken gegenseitig ihre Geschäftemachereien. Gerade weil wir Studenten Zeit haben und weil wir wissen, daß wir auch auf ihre Kosten leben, sind wir verpflichtet, ihnen auch solche Dinge mitzuteilen, die ihnen kein Chef gerne mitteilt. Die gleichen Herren haben schon einmal die Wahrheit ihrer Geschäfte wegen verschwiegen und uns in einen schmutzigen Krieg gestürzt. DAS WOLLEN WIR VERHINDERN – DESHALB GEHT UNS VIETNAM AN! Demokratie, Freiheit, Neutralität und friedliche Vereinigung ist nicht nur unser Ziel. Der Vietkong will das gleiche in seinem Land verwirklichen. Alles das wurde ihm einmal, 1954, versprochen. Aber die USA haben es verhindert und haben die Lüge von der kommunistischen Aggression und ihrem Terror verbreitet. Wir wollen uns nicht belügen lassen, nicht schon wieder!» (SDS Tübingen ,1966; Hervorhebungen im Original)

Besonders durch die Beschäftigung mit dem Vietnamkrieg konnte die ohnehin eher oberflächlich geführte Auseinandersetzung um den Nationalsozialismus abgewehrt werden. Oberflächlich war die Auseinandersetzung deshalb, weil sie hauptsächlich die Eliten der Wirtschaft und die Repräsentanten des Staates angriff und diese zugleich als bloße Kollaborateure des

«Aggressors USA» darstellte. Die Beteiligung der Bevölkerung wurde zwar nicht geleugnet, aber durch deren angebliche Manipulation entschuldigt. Auch die eigenen Eltern konnten so von Kritik verschont bleiben und mussten nicht als Täter benannt werden. Durch die Identifikation mit Vietnam, die eine Gleichsetzung Deutschlands mit Vietnam einschloss, konnten die USA auch noch als Besatzer eines an sich unschuldigen deutschen Volkes wahrgenommen werden. Dass mit Deutschland in Anbetracht der von Deutschen begangenen Verbrechen noch sehr glimpflich umgegangen worden ist – keine Zerschlagung Deutschlands sowie die Ermöglichung des «Wirtschaftswunders» – wurde nicht thematisiert. Die Identifizierung mit Kriegsgegnern der USA hatte in Deutschland Tradition: Bereits in den 50er-Jahren hatte es die Gleichsetzung von Deutschland und Korea gegeben, indem sich die Deutschen gleichsam zu Opfern der USA und der Alliierten stilisierten, deren Land ungerechterweise zerschlagen worden sei und die jetzt an der Wiedervereinigung gehindert würden.

So konnten die Studenten ihre autoritäre Identifizierung mit der deutschen Nation weiter aufrechterhalten. Zugleich war es eine Entlastung für die eigenen Eltern und die deutschen Proletarier, die man vor allem nach der «proletarischen Wende», in der man den Arbeiter als revolutionäres Subjekt wiederentdeckte, in Unschuld sehen wollte. Vor allem das Letzte war gar nicht immer so einfach, da sich die meisten «Proletarier» nicht gerade begeistert von dem Protest der Studenten zeigten. Das gipfelte in dem Attentat des Hilfsarbeiters Josef Bachmann auf Rudi Dutschke an Ostern 1968. Weil man aber immer noch nicht den Hass dieses Menschen sehen wollte, sondern als den wahren Schuldigen die Springerpresse ausmachte, die manipulierte und aufhetze, konnte der «Proletarier» weiterhin Hoffnungsträger bleiben.[16] Und die Frauen erkauften sich ihren Kampf um Subjektwerdung mit einer fehlenden Auseinandersetzung mit der Vergangenheit und dem fehlenden Bewusstsein der Differenzen untereinander.

2.1.2. Sexuelle Befreiung

Hat die Studentenbewegung auch wenige ihre Ziele erreicht – die gewünschte herrschaftsfreie Welt läßt noch auf sich warten – so scheint sich die sexuelle Revolution durchgesetzt zu haben. Nirgendwo anders scheint es so eklatante Veränderungen gegeben zu haben wie auf dem Gebiet der Sexualität. Wo eine nackte Hildegard Knef in den 50er-Jahren noch die Gemüter bewegte, ist heute die Sexualität omnipräsent, ohne doch wirkliche Befriedigung zu bringen.

Michel Houellebecq hat in «Elementarteilchen» die Horrorszenarien einer sexuell befreiten Welt ausgemalt: Neben sexgeilen Müttern und verwahrlosten Kindern, die im späteren Leben nicht mehr zu Liebe fähig sind, soll sie auch an de Sade orientierte Sekten hervorgebracht haben, die Kinder vergewaltigen und ermorden. Der Preis für vorehelichen Sex, Masturbation und Sado-Maso-Spiele ohne schlechtes Gewissen, erscheint in diesem Lichte betrachtet als zu groß: Leistungsdruck und der Wegfall von Liebe machen die Menschen kaputt.

Die Houellebecqsche Phantasie entpuppte sich als ein Remake der alten Klage von der schlechten menschlichen Natur, die durch Moral und Liebe schon immer nur mühsam im Zaun gehalten werden konnte. Durch die Apologeten der sexuellen Befreiung wären dann eben auch die letzten Konventionen von Moral und Liebe, perfiderweise sogar der Mutterliebe, zerstört worden, und hätten die menschliche Natur wieder zu sich selbst gebracht.

Mag man diesen reaktionären Interpretationen auch nicht folgen, so bleibt doch ein fauler Nachgeschmack zurück. Gerade seine Beschreibungen des Leistungsdrucks in der Sexualität und des schnellen Aufgebens von Beziehungen, wenn sie einem lästig werden, enthält doch eine Spur Wahrheit. Entgegen seiner eher vernichtenden Kritik an der «sexuellen Befreiung» enthalten die von Houellebecq vorgeschlagenen Lösungsmöglichkeiten dann doch wieder das ganze Repertoire der sexuellen Befreiung: Vor allem die Trennung von fortpflanzungszentrierter und lustzentrierter Sexualität. In der von ihm favorisierten positiven Utopie im Stile Huxleys, in der die schlechte Natur der Menschen ganz einfach genetisch verändert wird, ist die Trennung von fortpflanzungs- und lustzentrierter Sexualität ein wichtiger Faktor. Die sexuelle Lust wird gegenüber den bisherigen Möglichkeiten noch potenziert, indem die angeblich für das Lustgefühl so bedeutenden Krause-Endkolpen, die er an den Geschlechtsorganen gefunden haben will, auf den ganzen Körper verstreut werden. Liebe und Treue sollen dagegen abgeschafft werden, da aus dem Besitzdenken zu viel Leid entsteht; sie werden ersetzt durch ein mildes Sympathiegefühl für alle Menschen. Und schließlich wird auch die Familie, wegen ihrer unvermeidlichen Konflikte, die die Menschen unglücklich machen, abgeschafft. Endlich sind die Menschen alle, in Verwirklichung der Ideale der französischen Revolution, Brüder geworden: Sie sind Zwillingsklone, die alle eine tiefe Verbundenheit fühlen. Auch Alter und Krankheit, die zu sexueller Unattraktivität führen, werden abgeschafft und durch ewige Jugend und Schönheit ersetzt. (Michel Houellebecq 1999)

Und hier ist er nun endlich bei den durch die sexuelle Befreiung neu entstandenen Werten und Normen angelangt, bei deren Durchsetzung, anders als er suggeriert, weder Studenten- noch Frauenbewegung eine Avantgarderolle erfüllten, sondern eher das aufnahmen, was schon in die breitesten Schichten der Bevölkerung eingedrungen war. Schon 1963 bemerkte Frank Böckelmann überall barbusige Frauen. Der Kinsey-Report hatte bereits in den 50er-Jahren für einen Befreiungsschlag gesorgt, indem er nachwies, dass Masturbation und homoerotische Praktiken so weit verbreitet waren, dass nicht mehr von unnormalen oder unnatürlichen Praktiken gesprochen werden konnte. Kinsey ersetzte die bis dahin gebräuchliche Kategorie der Perversion durch die des Befriedigtseins bzw. Unbefriedigtseins. Die Beziehungen, in denen sich die Sexualität abspielte, waren nicht bedeutsam. Guter Sex war gleich orgastischer Sex. Auch die deutschen Varianten des Reports hatten ähnliche Prämissen: Sollten die Produkte Beate Uhses auch die eheliche Sexualität bedienen, so galt auch hier das Primat der Kontrolle der Fortpflanzung und der Luststeigerung, die man durch die Benutzung von Sexspielzeug zu erlangen hoffte.

Die Linke respektive die Studentenbewegung hatte Schwierigkeiten, sich gegen diese Prämissen abzugrenzen. Denn auch wenn die linken Aktivisten keine VerfechterInnen von Adolphe Kinsey und Beate Uhse waren, so schwammen sie doch nur allzu oft im Fahrwasser der kleinbürgerlichen Vorreiter. Frank Böckelmann vermutete schon in seinem 1965 geschriebenen Aufsatz «Die schlechte Aufhebung des autoritären Charakters», dass die Linke in ihrer Rezeption der Kritischen Theorie von einem veralteten Modell ausgehe und somit eine sich ohnehin abzeichnende Modernisierungstendenz des Kapitalismus nur noch verstärke. Den autoritären Charakter, der so typisch für die faschistische Epoche gewesen war, konnte Böckelmann nirgends mehr erkennen. Der heute vorherrschende Typus sei vielmehr das total vergesellschaftete Individuum, das seine Ohnmacht voll akzeptiert habe. Es gäbe objektive Veränderungen, die auch die Subjektivität des Einzelnen beträfen. Hier macht er vor allem auf zwei Punkte aufmerksam: Zunächst konstatiert er das Ende des Konkurrenzprinzips im Kapitalismus, in dem sich nun die vorherrschenden Trusts miteinander arrangierten, in den Betrieben die Hierarchien abgebaut würden und Teamgeist vorherrsche. Dies bedinge, neben der geringeren Kritikfähigkeit, auch die Abnahme von tieferen und dauerhaften Beziehungen, denn ausgehend von den neuen Anforderungen werbe der Einzelne schon als Jugendlicher um die uneingeschränkte Sympathie seiner Altersgenossen und gehe Konflikten aus dem Weg. Die familiären Beziehungen in den Peer-Groups müssen die tieferen Beziehungen ersetzen. Des weiteren verweist Böckelmann auf die objektive Überproduktion etwa in den USA, die deutlich die Konsumfähigkeit der Bürger übersteige. Diese müssten jetzt zu Zwangskonsumenten werden, sich ihre Wünsche also nicht mehr versagen, sondern erfüllen. (Vgl. Frank Böckelmann 1987: 30-43)

Böckelmanns Überlegungen galten hauptsächlich den USA, die er als prototypisch für die Entwicklung in den rückständigeren kapitalistischen Ländern begriff. Unabhängig von der Stimmigkeit seiner Darstellung im Einzelnen zeigt sich an Böckelmanns Argumentation exemplarisch, wie der Kampf der «Achtundsechziger», für deren Eltern noch der autoritäre Charaktertypus vorherrschend war, nicht wie geplant aus dem Kapitalismus herausführte, sondern sich immer tiefer in ihn verstrickte. Trotz aller kritischen Reflektion, zu der auch andere Mitglieder der «Subversiven Aktion» durchaus fähig waren[17], hat gerade diese Gruppe mit dem Konzept der Kommunengründungen dazu beigetragen, die «sexuelle Befreiung» in das Herz der Studentenbewegung einzupflanzen. Auch für die sexistische Ausprägung, die die Kommunen annahmen, gaben sie das Vorbild ab. Dass freilich auch die frauenbewegte Variante nicht außerhalb der «Macht» stand, soll im anschließenden Kapitel diskutiert werden.

Die Idee der Kommune war ein Versuch, die Unterscheidung von privat und öffentlich zu überwinden. Es sollte die Trennung zwischen politischer Betätigung und Privatsphäre, die als Auswirkung der kapitalistischen Arbeitsteilung zwischen Lohnarbeit und Familie, Arbeitsplatz und Wohnung verstanden wurde, aufgehoben werden. War die Kommune 1 aus dem Umfeld der »Subversiven Aktion» entstanden, die schon seit Beginn der 60er-Jahre an der Entstehung des «homo subversivus» arbeitete, so fand der Kommunegedanke vor allem in der antiautoritären Hochphase der Studentenbewegung großen Anklang, wurde breit diskutiert und zog überall in der BRD Kommunebildungen nach sich. Die Idee hatte deshalb so große Resonanz, weil sie mit den Erfahrungen der Studenten im Massenbetrieb der Universitäten übereinstimmte. Sie hatten bei ihren ersten Aktionen immer wieder erfahren, dass die Solidarität, die sich bei der Planung und Durchführung von Demonstrationen zu entwickeln begann, mit dem Ende der gemeinsamen Aktionen abgebrochen und durch Isolation in der Studentenbude ersetzt wurde. Nur die Kommune 1 und die Kommune 2 hatten versucht, Zusammenleben und kollektive Arbeit zu verbinden. Doch es blieb nicht bei dem durchaus sinnvollen Versuch, den äußeren Druck gemeinsam besser auszuhalten und sich gegenseitig die Kraft zu geben, dagegen anzukämpfen. So versuchte die Kommune 2, gestützt auf Wilhelm Reich, die Psychoanalyse theoretisch und praktisch zu einer Methode auszubauen, mit deren Hilfe die individuellen Arbeits- und Lebensschwierigkeiten aus der bürgerlichen Familienerziehung in der Gruppe abgebaut werden konnten, um effektiv in einem politischen Kollektiv arbeiten zu können. (Vgl. Katia Sadoun, Valeria Schmidt, Eberhard Schulz 1970: 31-32)

Aus der richtigen Einsicht in die gesellschaftliche Bedingtheit auch der privatesten Regungen sollte auf diese Weise ein Programm werden, bei dem jeder Einzelne seine als bürgerlich denunzierte Persönlichkeit abzustreifen hatte, um der neue revolutionäre Mensch zu werden. Gleichzeitig war damit die Hoffnung verbunden, kleine kommunistische Enklaven schon in der Gegenwart zu bilden, um dem eigenen Leiden ein Ende zu bereiten. Doch oft waren die Erfahrungen, die in der Kommune gemacht wurden, noch leidvoller als die außerhalb und führten nicht selten zu Zusammenbrüchen oder zumindest zu Resignation. Sabine Goede, die während der sechziger Jahre bei der »Subversiven Aktion» mitgearbeitet hat, beschreibt sehr deutlich das Gruppenklima, das sicherlich auch für die Kommunen galt, die schließlich auf denselben Postulaten aufgebaut waren:

«Unsere Gruppe versuchte über einige Jahre hinweg, ihren sozialen Lebenskontext in der Weise zu strukturieren, dass darin die Weigerung, sich im repressiven Bestehenden zu integrieren, voll zum Zuge kommen sollte und unser Leben selbst als eine Art Vermittlung von Theorie und Praxis sich rechtfertigte. Da wir zur Zeit unserer ersten Begegnung alle angeschlagene bürgerliche Individuum waren (vielleicht noch sind), die sich mit großem Energieaufwand dem familiären Zwangszusammenhang entwanden, standen wir in einem doppelten Angriffsfeld. Da war ein jammerndes geschichtliches Kontinuum – Vater, Mutter etc. – und hier eine bis aufs Messer sich zerfleischende Gruppe. Jeder kontrollierte jeden mit Argusaugen, ob er offen genug war und radikal sich der Gruppe auslieferte, um mit ihr die Denk- und Verhaltensweisen des homo subversivus zu internalisieren und langfristig auf die Veränderung des falschen Ganzen hinzuwirken. Freundlich, lieb und zärtlich sind wir nicht miteinander umgegangen. Wir waren argwöhnisch auf der Lauer, ob der Verzicht, zu dem man selbst bereit war, auch im anderen sich bestätigte.» (Sabine Goede 1976: 465-466)

Als nahezu wichtigstes Ziel für den neuen Menschen wurde die Befreiung der Sexualität aufgefaßt. Die Unterdrückung der Sexualität galt nicht nur als Quelle des persönlichen Leids, sondern wurde auch für Aggression und letztendlich für den Faschismus verantwortlich gemacht. Wo sich die Sexualität in der bürgerlichen Gesellschaft auf die monogame Ehe beschränkte, wo Langeweile regierte und Impotenz im ehelichen Schlafzimmer vorherrschte und auch die Abwechslung durch Untreue dem Einzelnen verwehrt war, da sollte sich die Hoffnung auf Glück und Genuss in der Sexualität in der Kommune erfüllen.

Hier sollte jeder ganz unverkrampft alle seine sexuellen Wünsche und Bedürfnisse ausleben, und seine «Orgasmusschwierigkeiten» (Rainer Kunzelmann) in den Griff bekommen, ganz ohne repressive Treueschwüre und Liebesgeflüster. Mit viel Trara wurde das bürgerliche Ideal von romantischer Liebe und Zweierbeziehung entsorgt. Übrig blieb nur der nackte sexuelle Trieb, der möglichst oft die Entspannung sucht und findet. Dahinter steckt sicherlich eine berechtigte Kritik an Ehe und Familie. «Häusliches Glück» und die «Freuden der Liebe» bedeuteten in der Realität oft ökonomische Abhängigkeit von Frau und Kindern, die dem Mann die uneingeschränkte Macht über seine Familienangehörigen bescherte. Die Forderungen, die der vielgelesene Wilhelm Reich zur Beendigung dieser unsäglichen Missstände aufstellte, könnten – nicht nur auf Grund der Thematik, sondern auch wegen ihres Tenors – in feministischen Zeitschriften stehen:

«Die wirtschaftliche Unterjochung von Frauen und Kindern soll vernichtet werden. Die autoritäre Unterjochung ebenso. Erst wenn dies verwirklicht ist, wird der Mann seine Frau, die Frau ihren Mann lieben. Sie werden keinen Grund mehr haben einander zu hassen. Was wir also zerstören wollen, ist der Hass, den die Familie erzeugt, und die liebevolle Vergewaltigung.» (Wilhelm Reich 1971: 50)

Die Ursache, dass Sexualität oft nicht lust-, sondern leidvoll ertragen wird, sah Reich in der Struktur der kleinbürgerlichen Familie, die er als den vorherrschenden Typus in der bürgerlichen Gesellschaft ausmachte. Deren Funktion beschränke sich mittlerweile darauf, autoritäre, bürgerliche Ideologie zu produzieren, nachdem sie die ökonomische Funktion, die der Familie im Frühkapitalismus als Wirtschaftsunternehmen zukam, weitestgehend verloren habe. Damit einhergehend habe auch der Vater seine ökonomisch starke Position verloren: Im Produktionsprozess hat dieser nach Reich nur eine untergeordnete Funktion, kann die damit verbundene Demütigung aber in der Familie als Herr kompensieren. Als «Trittbrettfahrer» übernimmt er von oben alle Ideologie und gib sie autoritär an die Familie weiter.

Diese Vorstellung entspricht im Wesentlichen dem Konzept des autoritären Charakters, wie es auch die Studentenbewegung in Auseinandersetzung mit der kritischen Theorie entwickelte und das Frank Böckelmann als veraltet bezeichnet hatte. Dieses Konzept war den Studenten, die im repressiven Klima der 50er- und 60er-Jahre aufgewachsen waren, wohl auch unmittelbar einsichtig.

Wichtigstes Moment der autoritären Erziehung war für Reich jedoch nicht die direkte Indoktrination des Kindes mit bürgerlicher Ideologie, sondern die Unterdrückung der kindlichen Sexualität: Das Kind entwickele durch die Fixierung auf die Partialtriebe, z.B. durch übertriebene Reinlichkeitserziehung und der gleichzeitigen Unterdrückung der Genitaltriebe, sadistische Triebe aus. Oder vielmehr: Es finde eine Verschiebung von den natürlichen und damit guten Sexualtrieben hin zu sekundären, gesellschaftlichen Trieben statt, die für Vergewaltigung und Kindesmissbrauch, letztlich auch für den Faschismus verantwortlich seien. Das macht den eigentlichen Clou der Reichschen Theorie aus: In einer Gesellschaft, in der der genitale Sexualtrieb ausgelebt werden darf, gäbe es solche moralischen Verwerfungen nicht mehr.

Als naturgegebene Triebe gelten bei Reich also die genitalen Triebe, deren Unterdrückung durch Masturbationsverbot und Verdrängung während der ödipalen Phase am heftigsten sei. Doch auch in der genitalen Phase laufe nicht alles nach Plan: Gleichzeitig mit der Verdrängung des ödipalen Liebesobjekts wird notwendigerweise die ganze genitale Sexualität entsorgt. Ein Entkommen ist innerhalb der Kleinfamilie nicht möglich, da die problematische Ausschließlichkeit der kindlichen Liebesbeziehungen nur durch den Ausgleich durch Gleichaltrige, z.B. das Kinderkollektiv, zu erreichen wäre. Dieser Überlegung verdanken sich dann auch die Ideen von Kommune und Kinderladen.

Diese Vorstellungen sind teilweise bis zur Lächerlichkeit einfach und mechanistisch, was die Studenten größtenteils nicht davon abbringen konnte, ihnen zumindest in der Praxis häufig zu folgen, denn hauptsächlich Männer schienen ebenfalls Freunde an der orgastischen Feier zu finden. Allerdings in ganz anderer Weise als Reich sich das vorgestellt hatte. Sein Konzept zielte sicherlich auch schon auf eine männlich konnotierte, leistungsbezogene Form der Sexualität, aber ohne die in der Studentenbewegung so wichtigen wechselnden Sexualpartnerinnen. Die notwendigen orgastischen Freuden hatten bei Reich ihren Ort in der sexuell gut funktionierenden Partnerschaft. Klappte es sexuell, blieb das Paar zusammen. Klappte es nicht, trennte man sich wieder. Doch so lange beide befriedigt wurden, konnten sie überhaupt kein Interesse an jemand anderem haben. So die Theorie. Diese Logik fällt in ihrer Schlichtheit sicherlich eng zusammen mit Alltagsvorstellungen über Beziehung und Sexualität. Nur fehlen hier nicht nur sämtliche andere Gründe, weswegen eine Trennung in Betracht gezogen werden kann, sondern auch die Möglichkeit, dass Anziehung von anderen Menschen nicht unbedingt damit einhergeht, ob das «sexualökonomische Prinzip» in der aktuellen Beziehung ins Recht gesetzt wird. In seiner ganz eigenen

Art hatte Reich jedoch auf diese Weise Beziehung und selbst Familie, ganz im Gegensatz zur Studentenbewegung, noch nicht völlig abgeschrieben. (Wilhelm Reich, 1970)

Auch wenn Reich Homosexualität noch als pervers ablehnte und die Ehe noch aufrechterhalten wollte, läßt sich bei ihm schon die Verschiebung von der fortpflanzungszentrierten Sexualität hin zur orgasmuszentrierten finden. Auch setzte er sich stark für die Verbreitung von Verhütungsmitteln unter Arbeitern ein.

Die Studentenbewegung machte ernst mit den Theorien Wilhelm Reichs und entsorgte den ganzen Familienschnickschnack erst einmal. Vor allem die «Subversive Aktion» und die Kommunen können hier als Vorreiter gelten. Die Theorien der «Subversiven Aktion» sind meiner Meinung nach eng angelehnt an die Wilhelm Reichs, sowohl in ihrer Rezeption der Psychoanalyse als auch in ihrer Lesart der Kritischen Theorie, wenn sie auch oft elaborierter erscheinen als Reichs Werke. Dabei müssen freilich die ganz anderen Zeitumstände berücksichtigt werden. Sah Reich in den 20er-Jahren berechtigterweise viele Zeichen eines nahen sexuellen Erwachens, so konnte die «Subversiven Aktion» in den 60er-Jahren schon die Erfahrung machen, dass auch die allgegenwärtige Sexualisierung nicht zu einer Erfüllung führte. Mit der allgegenwärtigen Werbung, in der mit sexuellen Reizen der Frau Autos und Zigaretten verkauft wurden, mit Zeitschriften wie «Bravo» und «Twen», die vorehelichen Sexualverkehr priesen, mit dem Minirock und natürlich der Einführung der Anti-Baby-Pille schien die sexuelle Revolution bis in die kleinbürgerlichen Haushalte transportiert zu werden. Von sexueller Befreiung konnte dabei nach Meinung der «Subversiven Aktion» nicht die Rede sein. Durchaus plausibel stellte sie dar, dass die gesellschaftlich produzierten Triebregungen in einer rationalisierten Gesellschaft nicht ausgelebt werden können. Sie müssen verdrängt werden und kommen auf diese Weise der Gesellschaft entweder als sublimierte Arbeitskraft zugute oder werden auf Konsumgüter projiziert, die einem das echte Leben, welches einem vorenthalten wird, vorgaukeln. (Kunzelmann 1976: 185) Diese Position, soviel Wahres sie auch enthält, kann leicht in eine schlechte Konsumkritik umschlagen, wenn der falschen scheinhaften Konsumsphäre, eine echte natürliche Welt entgegengehalten wird. Jedoch auch die Bedürfnisse und Triebe sind nicht die wahre Natur, sondern immer nur die abgespaltenen Anteile einer durchrationalisierten Gesellschaft, die notwendigerweise als ihr Gegenteil erscheinen, und wie Kunzelmann ganz richtig erkennt, mit dieser dialektisch vermittelt sind. Bei der «Subversiven Aktion» genauso wie bei der Kommune scheint jedoch teilweise wider besseren Wissens, die Suche nach dem echten Genuss nicht aufgegeben worden zu sein.

Und so führte der sicherlich berechtigte Wunsch, nicht mit Scheinbefriedigungen abgekanzelt zu werden und das richtige Leben in der falschen Gesellschaft antizipieren zu wollen, schließlich zu dem Versuch, die wirkliche sexuelle Befreiung im Sinne Reichs zu realisieren. Dies wurde das Konzept der «Subversiven Aktion» und dann auch der Kommunen: Neben der neu eingeführten Norm der orgasmuszentrierten, leistungsbezogenen Sexualität sollte dazu, wie schon angedeutet, die als bürgerlich-repressiv angesehene Liebe, sollten Beziehung und Familie abgeschafft werden, da diese in ihrem Ausschließlichkeitsanspruch sich gegen die neu zu bildende Gruppenidentität richteten. «Wer zweimal mit derselben pennt gehört zum Establishment»: Man schickte seine Freundin auf den Strich, machte Nebenbeziehungen zum Pflichtprogramm oder zerstörte jede sich anbahnende Zweierbeziehung durch ständige Diffamierung auf den Gruppensitzungen. (Vgl. Sabine Goede und Birgit Daiber 1976: 465-473 und 460-463)

Gerade am Beispiel sexueller Dauerbeziehungen wurde für Reimut Reiche klar, wie reaktionär alle Utopien werden können, wenn sie konkretistisch positiviert werden: Um den befreiten Zustand zu beschreiben, stehen nur Kategorien der Verdinglichung und Unterdrückung bereit und darum müssen auch in die Freiheitskonstruktionen Elemente der Unterdrückung einfließen. Die antiautoritäre Bewegung verkehrte sich so in ihr Gegenteil: Auf autoritäre Weise wurden neue Normen und Werte aufgestellt, an denen der Einzelne – und Frauen ganz besonders – scheitern mussten, da sie für diese Form der Sexualität nicht sozialisiert waren. (Reimut Reiche 1971: 150-161)

Einher ging das mit einer Abwertung der dem Weiblichen zugeschriebenen Zuständigkeit für Familie und Emotionen und einer Aufwertung der männlich konnotierten mechanistischen Triebregung, deren Auslebung zwar nicht unbedingt als natürlich, jedoch als dem freien Menschen gemäß erschien, was im Endeffekt keinen großen Unterschied macht. Da die geschlechtsspezifische Sozialisation noch nicht aufgehoben war, verwundert es kaum, dass die Frauen sich minderwertig fühlten und anfingen sich zu hassen. Denn die ihnen ansozialisierte Fähigkeit zur Empathie, ihre Bindungsbereitschaft und ihre Bedürfnisse nach Liebe und Beziehung galten jetzt als bürgerlich, während der ungezügelte Trieb, nicht weniger eine Erfindung bürgerlicher Vergesellschaftung, nun als wahrhaft sozialistisch eine neue Aufwertung erfuhr. (Reimut Reiche 1968)

Das Projekt Kommune scheiterte auf der ganzen Linie. Die Familie ließ sich so nicht überwinden, da auch die Studenten einen Ort brauchten, an den sie sich vor dem Konkurrenzdruck und Leistungszwang im Studium und im SDS, zurückziehen konnten, um sich emotional und körperlich wieder aufzubauen. Diese Rolle fiel traditionell der Familie zu, in der die Frau die Reproduktionsaufgaben für ihren Mann übernahm. Die Kommunen waren da ein schlechterer Ersatz zur Familie, da sich in ihnen das Leistungsprinzip bis in die Beziehungen und die Sexualität hinein fortsetzte, im Wettkampf um die meisten Orgasmen, und der antibürgerlichsten Persönlichkeit. Fiel die emotionale Reproduktion weg, kam es zu Zusammenbrüchen. Doch waren das eher die Ausnahmen. Nicht-Kommunarden verzichteten kaum auf die Reproduktion, auch wenn sie «antibürgerliche» Sexualität praktizierten. Für sie war weiterhin die Frau für die Reproduktion da, und zwar in jeglicher Hinsicht: von der sexuellen Triebbefriedigung bis zur emotionalen Versorgung, vom Flugblattabtippen bis hin zur Betreuung der Kinder. Der Unterschied zwischen dem Ehemann, der nach der Arbeit zu Hause oder bei der Prostituierten endlich alle abgespaltenen Bedürfnisse ausleben kann, und dem Genossen aus der «Subversiven Aktion» oder später dem SDS lag lediglich darin, dass der Ehemann noch durch Liebe und Versorgungspflicht an die Frau gebunden war oder gleich bezahlen musste, während diese Jungs nach dem Leistungs- und Konkurrenzkampf um die Spitzenpositionen auf den Ranglisten der theoretischen Wunderjungen ihre Bedürfnisse ohne lästige Pflichten auf eine größtmögliche Anzahl von Frauen delegieren konnten.

Die Utopien der sexuellen Revolution, die die Kommunen als neu und revolutionär proklamierten, also freie Liebe, Gruppenidentität und Wegfall von Zwang durch Ehe und Liebe, hatte Böckelmann schon 1965 als Anpassung an die veränderten gesellschaftlichen Bedingungen beschrieben. Eine ausführliche Darstellung seiner Thesen kann hier nicht geleistet werden. Nur soviel: Gegenüber dem klassischen autoritären Charakter, wie ihn das Institut für Sozialforschung in den 30er-Jahren untersucht hatte, sieht Böckelmann einen neuen Typus heraufziehen. Dieser bekomme seine Bedürfnisse permanent erfüllt, jedoch auf unbefriedigende Art und Weise. Er jage gehetzt dem Neuen nach und verlange ständig nach neuen Befriedigungen, die sich durch Konsum und ständig wechselnde oberflächliche sexuelle Kontakte aber immer nur kurzzeitig erfüllen ließen. Der neue Charaktertypus müsse keine Konflikte austragen, besitze eine niedrige Frustrationstoleranz und sei immer seltener dazu in der Lage, Triebaufschübe auszuhalten. (Vgl. Frank Böckelmann 1987: 51) Er ist zu einer Kritik an den Verhältnissen nicht mehr fähig, da die dazu notwendige Differenz zwischen dem Einzelnen und der Wirklichkeit nicht mehr existiert, beide vielmehr in eins gesetzt sind. Zwar sei er viel mehr mit sich im Gleichgewicht, da die Frustration bei ihm nicht traumatisch sei, dies aber nur um den Preis der Hörigkeit gegenüber den Verhältnissen. Während in einer freien Gesellschaft gerade die Einheit zwischen Innen und Außen die Bedingung für Glück sei, so führte sie unter den gegenwärtigen Bedingungen zu einer vollkommenen Indifferenz gegenüber Menschen und Dingen, zu Trägheit und Konfliktunfähigkeit. Äußere Disziplinierungs- und Unterdrückungsmaßnahmen seien so nicht mehr notwendig, da der Einzelne viel zu sehr mit den Verhältnissen in Einklang sei, um wirklich aufrührerisch zu werden. (Vgl. Frank Böckelmann 1987: 77)

Was Böckelmann in seiner ansonsten doch sehr aufschlussreichen Analyse über das spätbürgerliche Subjekt, oder besser gesagt Nicht-Subjekt, wenig beachtet, sind die Momente der Disziplinierung und Kontrolle, die weiterhin existieren, wenn auch nicht mehr als äußere, so doch als innere, als eine neue Form des Selbstverhältnisses. Er nimmt diese Momente wahr, wertet sie aber als Übergangsphänomen:

«Die Lösung der Probleme wird vorwiegend technisch-mechanisch versucht, so dass sich am Ende Mann und Frau als Sexingenieure und wie zwei Ringer gegenüberstehen. Beim Versagen in dieser Situation – die Schreckgespenster Impotenz und Frigidität – oder bei mangelnder Befriedigung stellt sich dabei eine neue Kategorie des Schuldgefühls ein, den hedonistischen Leitzielen nicht zu entsprechen. (...) Seine ökonomische Parallele zu wenig zu besitzen und rückständig zu sein, ist eine Erscheinung, die jenes sexuelle Schuldgefühl an Häufigkeit wohl übertrifft. (...) Vor der objektiven Sinnlosigkeit der Konkurrenz ohnmächtiger Objekte aber entschärft sich auch der Wettbewerbscharakter der erotischen Beziehungen.» (Frank Böckelmann 1987: 63)

Böckelmann unterschätzte, in welchem Ausmaß die Einzelnen untereinander immer noch Konkurrenten sind, denn Teamwork und schlanke Hierarchien können nicht darüber hinwegtäuschen, dass der Einzelne leicht arbeitslos werden kann und der tendenziell überflüssig Werdende eine Arbeit braucht, um seine Identität als Konsument ausfüllen zu können – das Einzige, worin er sich noch als nützlich erweisen kann. (Gerhard Scheit 2000) So scheint denn die durch die Technisierung weniger werdende Arbeit keineswegs entwertet, scheinen Konkurrenz und Leistungsdruck nicht verschwunden, sondern bloß verschleiert zu sein. An die Stelle des unmittelbaren Zwangs zur Arbeit sind Leistungsanreize und Überidentifikation der Lohnabhängigen mit ihrer Arbeit getreten. Frank Böckelmann konnte auch nicht wissen, dass es nicht zur Drei-Tage-Woche kommen würde, sondern zu Arbeitslosigkeit auf der einen und Überstunden sowie Mehrarbeit für solche, die noch Arbeit haben, auf der anderen Seite. Wenn die Arbeitszeit nicht radikal verkürzt wird, liegt dies sicherlich daran, dass es im Kapitalismus eben nicht auf die Bedürfnisse der Menschen ankommt, sondern auf Gewinn durch Mehrwertproduktion. Da spielt es keine Rolle, dass zur Befriedigung der Bedürfnisse der Menschen eigentlich nur noch drei Tage in der Woche gearbeitet werden müsste, wie Böckelmann behauptet.

Auf die Fortpflanzungsfunktion in der Sexualität und die inzwischen seit rund 35 Jahren zur Verfügung stehende Anti-Baby-Pille, die die Möglichkeit der Empfängniskontrolle deutlich erhöhte, geht Böckelmann in seiner Argumentation überhaupt nicht ein. Hätte er das beachtet, wäre ihm sicherlich aufgefallen, dass «sexuelle Befreiung», anders als er suggeriert, nicht unbedingt weniger Kontrolle bedeuteten muss. Michel Foucault hat in seinem Werk «Sexualität und Wahrheit I», das eine Auseinandersetzung mit der «sexuellen Befreiung» bzw. «sexuellen Revolution» ist, gerade herausgearbeitet, dass die Kontrolle der Sexualität nicht mit ihrer Unterdrückung gleich gesetzt werden kann.

Die Vorstellung, dass Sexualität in der bürgerlichen Gesellschaft unterdrückt und zum Schweigen gebracht wird, und die damit einhergehende Suche nach dem authentischen Sex bleiben seiner Meinung nach eng mit der Macht verbunden, der auf diese Weise doch gerade zu entfliehen gehofft wird. Foucault geht es nicht darum zu bestreiten, dass in der bürgerlichen Gesellschaft Sexualität unterdrückt wird, als vielmehr um eine Kritik an der falschen Verallgemeinerung dieser gerade in der Linken beliebten These. Denn weniger als um reine Unterdrückung gehe es um die Kontrolle der alltäglichen Lust, und das funktioniere sowohl durch Verweigerung und Unterdrückung als auch durch Diskursanreize und Intensivierung. Doch gerade das ständige und fanatische Behaupten einer sexuellen Unterdrückung führe zu einem permanenten Gesprächsanreiz, durch den sich die Macht[18] entfalte bis hinein in die innerste Begehrensstruktur des Menschen, hinein in das, was er sich als sein Allereigenstes denkt. Das Projekt der «Diskursivierung», wie er es nennt, hatte sich im 17. Jahrhundert über die Kirche schon formiert, konnte aber erst zum alles bestimmenden Faktor werden, als es im 18. Jahrhundert ein öffentliches Interesse an der Art und Weise gab, wie der einzelne Bürger seine Sexualität gebrauchte. In der Medizin, der Psychiatrie und im Strafvollzug gab es eine Explosion der Diskurse, die die Sexualität insgesamt, und nicht nur die Perversionen im Besonderen, zu unterdrücken, zu klassifizieren und zu verwalten trachteten. So wurde das Alles-über-den-Sex-Sagen für jeden zum Imperativ. Als Gründe für die Kontrolle der Sexualität nennt Foucault das staatliche Interesse an der Regulierung der Bevölkerung sowie die Disziplinierung der Körper. (Michel Foucault 1977: 9-49)

«Eine der großen Neuerungen in den Machttechniken des 18. Jahrhunderts bestand im Auftreten der Bevölkerung als ökonomisches und politisches Problem: die Bevölkerung als Reichtum, die Bevölkerung als Arbeitskraft und Arbeitsfähigkeit, die Bevölkerung im Gleichgewicht zwischen ihrem eigenen Wachstum und dem ihrer Ressourcen. Die Regierungen entdecken, dass sie nicht nur mit Untertanen, auch nicht bloß mit einem Volk, sondern mit einer Bevölkerung mit spezifischen Problemen und eigenen Variablen zu tun haben wie Geburtenrate, Sterblichkeit, Lebensdauer, Fruchtbarkeit, Gesundheitszustand, Krankheitshäufigkeit, Ernährungsweise und Wohnverhältnisse. [...] Im Zentrum des ökonomischen und politischen Problems steht der Sex: Man muss die Geburtenrate und das Heiratsalter analysieren, die Geschlechtsreife und die Häufigkeit der Geschlechtsbeziehungen [...]» (Michel Foucault 1977: 37-38)

Foucaults Verdienst war es aufzuzeigen, dass sich die von ihm unbestrittene Zurichtung des Einzelnen auf seine Funktion als Ware Arbeitskraft und die für deren Reproduktion notwendige Kleinfamilie nicht erst über die Unterdrückung von Sexualität vollzieht, sondern schon bei der Konstituierung von Sex als zu kontrollierendem natürlichem Trieb ansetzt. Jede Vorstellung von sexueller Befreiung ist demnach eine Befreiung der Individuen von gesellschaftlich produzierten Trieben, die die mühsam durch Moral und Konvention zurückgehaltenen Zwänge abstreifen und, wie in der harmloseren Variante[19] hier, ihre «Haremsbedürfnisse» ausleben – ungefähr das, was die SDS-Frauen als «bürgerliche Schwänze» titulierten.[20] So führt sexuelle Befreiung in dieser Gesellschaft ganz im Gegensatz zur Annahme Reichs keineswegs zu gewaltfreien Beziehungen, sondern verhindert diese vielmehr. Die Fehleinschätzung Reichs rührt daher, dass er zwar eine revolutionäre Perspektive hatte, doch seiner Auffassung nach mit der sexuellen Befreiung schon innerhalb dieser Verhältnisse begonnen werden sollte. Insofern hat auch Houellebecq recht, auch wenn er es im Gegensatz zu Foucault reaktionär wendet und diese Sexualität nicht als produziert, sondern als naturgegeben begreift. Die von ihm beschriebene Sekte, die bezeichnenderweise in Haight-Ashbury, dem Synonym für Hippie-Lebenskultur schlechthin[21], residiert, dort bei okkulten Partys kleine Kinder umbringt und diese vorher vergewaltigt, ist sicherlich eine seltene Extremform. Doch gerade diese literarische Überspitzung enthält ein Körnchen Wahrheit, das nur falsch wird, weil der Autor solche Enthemmung als Erfindung der Linken ausgibt und diese dadurch diskreditieren will, das Geschehen jedoch zugleich – weil so die Natur des Menschen eben ist – als unabänderbar begreift. Ein Widerspruch, der ihm auch hätte auffallen können.

Foucault hat die Form der Disziplinierung und Kontrolle, wie sie sich im 18. Jahrhundert und 19. Jahrhundert herauskristallisierte, gut und durchaus richtig beschrieben: Sexualität als Ort der Disziplinierung, in dem Sexualität erst sozial hergestellt wird, um Kontrolle auf sie auszuüben, und in dem sich Heterosexualität in Abgrenzung zu den unreglementiert sich ausbreitenden Perversionen als Norm durchsetzt. Dennoch kann mit Böckelmann argumentiert werden, dass sich diese Vorstellung an einem etwas veralteten Modell orientiert. Foucault bleibt mit seinen Analysen und Beispielen folglich auch im 18. Jahrhundert stecken und scheint sich um die gesellschaftlichen Veränderungen seit dem Zweiten Weltkrieg nicht zu kümmern. So beschreibt er etwa, wie der Sex des Ehepaares im Gegensatz zu den Jahrhunderten vorher in ein diskretes Schweigen gehüllt wird und sich die Diskurse zunehmend um die Perversionen ranken.[22] Das aber ändert sich mit Kinsey, dem es hauptsächlich darum geht, die normale Bevölkerung zu befragen, und alles das, was bis dahin als Perversion galt, nun als normal und natürlich darzustellen. Auch und gerade die Homosexualität gilt bei Kinsey als normal und natürlich, weil sie jeder praktiziere. Wie schon gesagt vollzieht sich die Unterscheidung jetzt nicht mehr über Kategorien wie «normal» und «unnormal», sondern über das Kontinuum der Bedürfnisbefriedigung. Masturbation bei Kindern, der 200 Jahre lang versucht wurde den Garaus zu machen, gilt auf einmal als o.k., wenn auch die direkte Förderungen der kindlichen Sexspiele, wie in der Kommune 2 praktiziert, eher selten gewesen sein mag.

Das alles macht deutlich, dass die Rede von der sexuellen Befreiung nicht einfach wieder nur irgendein neuer Diskurs über die Sexualität gewesen ist, der die Gesellschaft als unterdrückerisch geißelt, um sich selbst – angeblich die zukünftige Freiheit antizipierend – als sexy und revolutionär vorzukommen. Das ist sicherlich ein Aspekt, aber mehr noch geht es darum, dass eine neue Form der Kontrolle und Disziplinierung sich durchsetzt und zwar auf Grund der veränderten gesellschaftlichen Verhältnisse. Disziplinierung wird nicht mehr darüber ausgeübt, dass der Einzelne Kontrolle über seine normale Sexualität ausübt, sondern über eine neue Norm. Bei dem Run auf den tollsten Orgasmus geht es nicht mehr allein um die Konstitution als Arbeitskraft, sondern auch um die als Konsument. Die Verschiebung betraf, wie wir noch sehen werden, auch die Kontrolle über die Bevölkerung, also das, was Foucault Regulierungstechniken nennt.

2.2. Sexuelle Befreiung der Frau

«***B***eim ersten Mal lief das wie vorher mit allen Jungen: Ich ließ ihn mal machen. Ihm fiel gar nicht auf, daß er so aktiv war, weil das für ihn normal war. Er hat also den Schwanz reingesteckt, einen Orgasmus gekriegt, ich nicht. Ich hab' nichts gesagt, weil ich den Abend nicht verderben wollte. Ich hab' mich erst mal so verhalten, dass es gut für ihn war, denn ich wollte ihn ja wiedersehen.

Als es dann nach einigen Tagen klar war, daß es lief, da habe ich dann auch gewagt Wünsche anzumelden. Ich hab' gesagt, daß ich keinen Orgasmus hatte. Was? Wie? Hmmmmmm... Was machen wir denn da? – Ja, hab' ich gesagt, das mit dem Schwanz reinstecken, das klappt bei mir nicht, das mußt du anders machen. Er war unheimlich verknallt in mich und hat das sofort gemacht. Er hat mich mit dem Mund berührt und ich ihn – er fand das auch ganz toll.

Aber trotzdem kriegte er am Anfang nur einen Orgasmus, wenn er auch seinen Schwanz bei mir reinstecken konnte. Aber im Laufe der Zeit habe ich das dann so gemacht, daß wir das gar nicht mehr praktiziert haben. Ich habe entdeckt, daß es mich erregt, wenn ich auf ihn lag und sein Schwanz meine Klitoris berührte. – Nach dem vierten Mal hat es dann geklappt: Ich habe so einen Orgasmus gekriegt. Und er auch.» (Verena in Alice Schwarzer 1975: 162-163)

Die sexuelle Befreiung wurde in der Frauenbewegung ambivalent aufgenommen. Einerseits enthielt sie ein Glücksversprechen, weil nun auch Frauen ein Orgasmus zugestanden werden sollte, andererseits fühlten sich die Frauen unter Leistungsdruck gesetzt. War ihnen im 19. Jahrhundert die sexuelle Lust abgesprochen worden, so wurde in der Psychoanalyse die Lustfähigkeit der Frau wieder angenommen. Im idealtypischen Fall bedeutete das weibliche Triebschicksal eine Entwicklung vom klitoralen Orgasmus in der Kindheit hin zum reifen, vaginalen nach der Pubertät. Dieses Postulat wurde von vielen Vertreterinnen der Frauenbewegung heftig angegriffen, für sie war es die gesellschaftlich durchgesetzte Norm, in der sich die Unterdrückung der Frau sowohl manifestierte als auch konstituierte. Mag man den von Alice Schwarzer interviewten Frauen glauben (und es gibt keinen Grund das nicht zu tun), schliefen sie mit ihren Männern aus Pflichtgefühl oder aus Angst und hatten den berühmten vaginalen Orgasmus noch nie gehabt. Die Männer, auch der hier beschriebene linke Mann, schienen auf die Bedürfnisse der Frau nicht viel Rücksicht zu nehmen. Kein Wunder bei der Genital- und Orgasmuszentriertheit der von Reich geprägten Studentenbewegung:

«Ja, und in der Sexualität, da war am Anfang viel Hoffnung: Zum ersten Mal in meinem Leben hatte ich nicht das Gefühl mich zu prostituieren. Aber letztlich hat er sich dann doch nur wieder maßlos männlich verhalten... Es ging immer sehr schnell, er hat seine Nummer abgezogen und gepennt. Ich habe oft geweint – was ihn nicht am Schlafen gehindert hat. Ich bekam wieder das Gefühl nur Objekt zu sein.» (Sonja in Alice Schwarzer 1975: 158)

Alle fühlten sich der neuen Norm folgend unter Druck gesetzt, in einem gewissen Alter mit jemanden geschlafen zu haben und dabei einen Orgasmus zu bekommen. Um nicht als unnormal zu gelten, spielten viele Frauen ihren Männern einen Orgasmus vor. Für Alice Schwarzer sind die Probleme seit der angeblichen «sexuellen Befreiung» für Frauen nur noch größer geworden:

«Frauen müssen die nicht vorhandene Lust nun auch noch vorspielen. Früher konnten Frauen sich aus Prüderie oder Angst vor unerwünschter Schwangerschaft wenigstens verweigern, wenn sie keine Lust hatten, heute haben sie, dank Aufklärung und Pille, zur Verfügung zu stehen. Nach ihren Bedürfnissen fragt niemand. Auch sie selbst nicht. Sie verschweigen sie schamhaft, verbergen ihre sexuelle Verstümmelung und Ohnmacht, als hätten sie Angst, damit zu den Aussätzigen einer sexbesessenen Gesellschaft zu werden.» (Alice Schwarzer 1975: 179)

Die schneidende Kritik an der sexuellen Befreiung hat Alice Schwarzer nicht daran gehindert, die Postulate feministisch gewendet wieder aufzunehmen. Der verworfene vaginale Orgasmus wurde jetzt einfach durch den klitoralen ersetzt, doch das Ziel, die orgastische Lust, blieb dasselbe. Jetzt wurden eben die Frauen, die Penetration befürworteten, als ideologisch verkorkst dargestellt:

«Ich glaube, daß die Abschaffung des Schwanzfickens unheimlich schwer sein wird. Ich hab's ja oft genug selbst erlebt, wie die Frauen selbst sagen: Aber ein vaginaler Orgasmus ist doch toll! Oder aber zumindest: Es ist doch ein schönes Gefühl, einen Schwanz drin zu haben. – Da mußt du natürlich fragen, wie kommt die überhaupt darauf, so etwas zu erzählen? Der Mann hat einen Orgasmus, sie nicht. Hinzu kommt für die Frau noch das ungeheuer schwerwiegende Problem der Verhütung. Das kann doch für eine Frau gar nicht schön sein!» (Christa in Alice Schwarzer 1975: 173)

Angelehnt war das Konzept des klitoralen Orgasmus an den Kinsey-Report. Dieser hatte ein mechanistisches Orgasmuskonzept populär gemacht, in dem sowohl männliche als auch weibliche, homosexuelle und heterosexuelle Liebespraktiken genauso wie Masturbation gleichwertige Befriedigungsmöglichkeiten boten. Der Mensch reagiere gleich dem Tier auf ein Reiz-Reaktions-Schema, das bei jedem Lebewesen identisch sei. Orgasmus gleich Orgasmus gleich Orgasmus. Darauf aufbauend konzipiert Alice Schwarzer das Recht auf den spezifisch weiblichen Orgasmus, der jedoch eigentlich wiederum ein männlicher Orgasmus ist, denn «die Klitoris ist das weibliche Pendant zum männlichen Penis». (Alice Schwarzer 1975; 200) Die jetzt auch von Frauen eingeforderte Lust, mit der die Frauenbewegung endlich ernst machen wollte, wurde auch bei ihr männlich konnotiert, ebenso wie Aktivität, Vernunft und Berufstätigkeit, die nun auch die Frau, trotz des Vorbehalts gegenüber der «Doppelbelastung», ergreifen sollte.

De facto hieß das eine vorher noch nie da gewesene Trennung zwischen fortpflanzungsorientierter und orgasmuszentrierter Sexualität. Denn konsequenterweise sollte Penetration nur noch im Falle des Kinderwunsches praktiziert und ansonsten die Klitoris stimuliert werden, in welcher geschlechtlichen Kombination auch immer. Dies galt auch als eine gute Praktik zur Verhütung von Schwangerschaften. Um das Kinderkriegen oder den Umgang mit Kindern geht es in dem Buch ansonsten äußerst selten. Ziel und Bestimmung der Frau ist erst einmal das neue Postulat der Lust und nicht mehr ihre Rolle als Mutter.

«Der Koitus, der bis heute als unentbehrlichste und zentrale Praxis in der Heterosexualität gilt, ist zwar unentbehrlich zur natürlichen Zeugung von Kindern, aber durchaus entbehrlich zur Zeugung von Lust» (Alice Schwarzer 1975: 203)

«Das ganze Grauen der ungewollten Schwangerschaften und Abtreibungen, die Nebenwirkungen der Pille und die Entzündungen durch Pessare – alles wäre mit einem Schlag überflüssig, wenn Frauen Sexualität ihren natürlichen Bedürfnissen entsprechend leben könnten: Die Penetration in der Heterosexualität wäre dann keine Liebespraktik mehr, sondern der Zeugung vorbehalten. Ungewollte Schwangerschaften wären nicht mehr möglich.» (Alice Schwarzer 1975: 204)

Der Geschlechtsunterschied ist für sie kulturell erzeugt. Den einzigen natürlichen Unterschied, den sie noch gelten lässt, ist die Fortpflanzungsfähigkeit der Frauen, die es zu kontrollieren gilt durch schwangerschaftsvermeidende sexuelle Praktiken. Die sexuelle Lust dagegen ist die allen Menschen von Natur aus (Kinsey war Naturwissenschaftler) auf die gleiche Art, durch einen Penis oder ein penisähnliches Organ, die Klitoris, zukommende biologische Funktion. Gleichheitsfeminismus heißt auf den Punkt gebracht: Alle Menschen können gleichermaßen Lust empfinden und Frauen können auch noch Kinder bekommen. Gerade der Penis, den Schwarzer als den «kleinen Unterschied» ausmacht, soll als Unterscheidungsmerkmal wegfallen. Und wenn es richtig ist, dass Disziplinierung jetzt über die Lust erfolgte und nicht mehr über Unterdrückung der Sexualität, dann forcierte eben Alice Schwarzer, und mit ihr die Frauenbewegung, die Durchsetzung dieses Leistungsprinzips auch für Frauen. Dazu passt auch, dass sie Berufstätigkeit von Frauen als die wichtigste Grundlage für die weibliche Emanzipation ansieht, auch wenn ihr die Nachteile der Doppelbelastung von Frauen sowie deren Benachteiligung im Berufsleben durchaus bewusst sind und sie auch schon mal erwähnt, dass die Forderung nach Berufstätigkeit von Frauen, wie sie aus der Wirtschaft und der Politik zu hören sind, nicht aus Liebe zu den Frauen, sondern aus wirtschaftlichen Gründen erfolge.

2.3. Kapitalistische Modernisierung oder Ausweitung der Normalisierungsgesellschaft: Andrea Bührmann und Gerburg Treusch-Dieters Kritik an der sexuellen Befreiung

Andrea Bührmann und Gerburg Treusch-Dieter, die sich in den 90er-Jahren mit der Frauenbewegung auseinandersetzten, maßen der sexuellen Befreiung einen wichtigen Stellenwert bei. Sie sind in ihrer Analyse über die Sexualitätsdebatte in der Frauenbewegung zu ähnlichen Ergebnissen gekommen, haben aber den Schwerpunkt jeweils anders gelegt.

Andrea Bührmann, die die Sexualitätsvorstellungen der viel gelesenen Autorinnen Germaine Greer, Kate Millett, Shulamith Firestone und Alice Schwarzer analysiert hat, glaubt, dass die Frauenbewegung mit der authentischen weiblichen Sexualität eine neue Norm gefunden hat, die «sich als zutiefst mit den Machtwirkungen einer Normalisierungsmacht verbunden erweist». (Andrea Bührmann 1995: 212) Alice Schwarzer und Kate Millet hätten in der Klitoris das natürliche weibliche Lustzentrum gesehen, während die sozialrevolutionäre, sich auf Marcuse beziehende Variante von Germaine Greer und Shulamith Firestone dies als zu normativ empfunden habe und dagegen den ganzen Körper als Lustquelle betrachtet wissen wollte. Für Andrea Bührmanns Normierungsthese macht das jedoch konsequenterweise keinen Unterschied. Für sie standen Theorie und Praxis der Frauenbewegung insgesamt nicht außerhalb gesellschaftlicher Verhältnisse. Sie haben diese affirmiert, anstatt sie wenigstens in der Theorie zu überwinden. Dies arbeitet sie detailreich auf, doch bleibt der gesellschaftliche und historische Kontext, in dem die Frauenbewegung stand, ein wenig schwammig. Bührmann spricht hier von einem «Baustein zur Ausweitung der Normalisierungsgesellschaft». (ebd.: 212) Doch auch wenn sie eine Verschiebung der Norm sieht, hat diese kein weiteres Ziel als die Ausweitung der Normalisierungsgesellschaft. Das ist selbst eine Verkürzung gegenüber Foucault, für den die Normierung und Disziplinierung nicht gesellschaftlicher Endzweck sind, sondern der die Disziplinierung in der Regulierung und Optimierung der Bevölkerung und der Herstellung von Arbeitskräften begründet sieht. Weil Bührmann diesem Aspekt bei Foucault nur wenig Beachtung schenkt, kann sie nur zu dieser doch eher unbefriedigenden Begründung kommen. Dies rührt auch daher, dass sie, Einsichten marxistische Theoriebildung missachtend, keine Veränderung gesellschaftlicher Verhältnisse wahrnehmen kann.

Die ebenfalls mit Foucault argumentierende Gerburg Treusch-Dieter bezieht diese Momente mit ein und kommt dadurch zu einer viel umfassenderen Kritik an der Frauenbewegung, auch wenn ich nicht in allen Punkten mit ihr übereinstimmen kann. Weitaus klarer sieht sie meiner Meinung nach die Frauenbewegung als Modernisiererin kapitalistischer Vergesellschaftung. Die Disziplinierung, die auf den Körper der Frau zielt und die über den Sexualitätsdiskurs läuft, dient ihr zufolge nicht mehr der Produktion der Bevölkerung, sondern passt sich einer nach dem Zweiten Weltkrieg veränderten Produktivkraftentwicklung an, die nicht mehr allein auf Produktion, Konsumverzicht und Bevölkerungswachstum ausgerichtet ist, sondern in der die Konsumtionssphäre ökonomisch wichtiger geworden ist, und die Erfolge in der Gentechnologie die bevölkerungspolitische Reproduktion nach eugenischen Kriterien auch außerhalb und ohne die Frau zumindest theoretisch möglich gemacht haben. Für Treusch-Dieter hat die Frauenbewegung diese Bewegung mitvollzogen und die Bereitschaft zum Mitmachen gestärkt. Für sie ist es ein Paradox, dass die Frauen zwar im Kampf um den §218 für Selbstbestimmung auf die Straße gegangen seien, aber gerade dadurch die Entkoppelung von

Sexualität und Fortpflanzung propagiert hätten. Diese Entkoppelung ist für sie konstitutiv für Gen- und Reprotechnologien, die die Frauen tendenziell überflüssig machten. Die Ausschaltung der Frau sei letztendlich schon immer das implizierte Ziel gewesen, aber erst jetzt stünden dafür auch die technischen Mittel zur Verfügung.

Dies begründet Treusch-Dieter damit, dass schon das antik-christliche Denken eine Differenz zwischen Frau und Mutter impliziere, in der die Mutter das aus der Frau herausgenommene Zeugungsorgan, die institutionalisierte Gebärmutter sei. Alle Begriffe, die zur Bezeichnung Mutter und Gebärmutter benutzt würden, setzten diese schon immer im Unterschied zur Frau. Dieser blieben immer nur zwei Möglichkeiten: sich entweder ihrem biologischen Schicksal zu unterwerfen, wobei sie immer nur Leihmutter für ein Leben sein könne, über das sie nicht verfüge, oder sich von der Mutterrolle und der Gebärmutter zu emanzipieren. Emanzipation könne heute immer nur heißen, diesen für die Moderne endgültig konstitutiv gewordenen Zwiespalt weiter auszudehnen, bis der Bruch unabänderlich geworden sei. Dies sei durch die sexuelle Rebellion der Frauenbewegung eingetreten. Die Frauen hätten einen Bruch mit der jahrhundertlangen Gleichsetzung von Frau und Mutter vollzogen. Sie wetterten gegen heterosexuelle Beziehungen, gegen die Familie und die fortpflanzungszentrierte Sexualität und setzten dagegen die weibliche Sexualität, die der Tendenz und dem Ideal nach immer die lesbische Liebe gewesen sei. Zudem machte die Frauenbewegung aus dem privaten Bauch einen öffentlichen und stieß so den Türspalt auf, in den der Staat seinen Fuß hineinstellen konnte. Immer mehr gab die Frauenbewegung den anfangs intendierten Kampf gegen die «Komplexität der männlich bestimmten Verhältnisse» (ebd.) mit auf, um über die Befreiung der eigenen Sexualität zu sinnieren. Dies hat zu einer Normverschiebung geführt, in der Homosexualität und Masturbation zu Normen schlechthin geworden sind. Diese Festschreibung der «Entkoppelung der weiblichen Sexualität von ihrer Fortpflanzung» (Treusch-Dieter; 1990: 150) hat dazu geführt, dass die Frauen heute ihrer Degradierung zum Behälter des Kindes nichts entgegenzusetzen haben. Die Frau sieht sich, obwohl auf Grund ihres unreflektierten Machtbegriffs teilweise selbst daran schuld, am Ende ohnmächtig, als Abtreiberin und Rechtsbrecherin gegenüber dem Staat. Sie ist de jure, aber nicht de facto, abgeschafft. Der Staat übernimmt nach

Treusch-Dieter eine immer größere Kontrolle über die Reproduktion und die Familie als Vermittlungsfunktion wäre quasi abgeschafft. Die Familie wird nur noch gebraucht, um weiterhin das Auge des Gesetzes auf das künftige Menschenmaterial zu richten und diesen Einfluss nicht durch Kommerzialisierung der Bioforschung an die Wirtschaft zu verlieren oder, wie es in einem neueren Text heißt, der Staat ist darauf aus, die Familie vollkommen zu ersetzen. (Treusch-Dieter 1990; 168-216; Treusch-Dieter 1993)

Auch wenn Treusch-Dieter immer wieder Foucault zitiert und die sexuelle Befreiung als Katalysator einer neuen Form der Bevölkerungspolitik betrachtet, in der diese – endlich zu sich selbst kommend – am effektivsten sich ausbreiten kann, so taucht merkwürdigerweise am Ende doch wieder die Frau als Gegenspielerin zum Staat auf. Sicherlich ist die Vorstellung zutreffend, dass die Frau immer schon als «Leihmutter» fungierte und entgegen aller Mütterlichkeitsideologie ihre Kinder für die Gesellschaft herrichten sollte und es auch tat. Fundiert ist auch ihre These, dass die Familie als Vermittlungsinstanz zwischen Staat und Kind tendenziell überflüssig wird. Das deckt sich im Übrigen mit den Analysen der kritischen Theorie. Doch funktioniert das nicht unbedingt dadurch, dass Frau und Familie wirklich verschwänden oder nur benutzt würden, damit der Staat juristisch weiterhin die Kontrolle über das Menschenmaterial hat. Treusch-Dieter greift zwar den Machtbegriff der Frauenbewegung an, da dieser Macht nur als Unterdrückung fassen könne («der Kopf des Königs ist noch immer nicht gefallen» [Gerburg Treusch-Dieter]), doch kann sie sich selber kaum eine andere Macht vorstellen als die staatliche, die über das Verbot und das Gesetz funktioniert. Nicht anders kann es gedeutet werden, wenn sie die Diskriminierung weiblicher Homosexualität als Diskriminierungsmythos abtut:

«Von Diskriminierungsmythos ist deshalb die Rede, weil historisch von einer strafrechtlichen Verfolgung der weiblichen Homosexualität nicht die Rede sein kann. [...] Ab 1851 kann von einer Straffreiheit der weiblichen Homosexualität gesprochen werden, die sich auch gegenüber dem zweiten Versuch, die weibliche Homosexualität im Zuge einer geschichtlichen Krisenzeit – in der Zeit um die Wende des 19./20. Jahrhunderts – in das StGB aufzunehmen, durchsetzt. Selbst die Bemühungen des Nationalsozialismus, die Homosexualität strafrechtlich zu codieren scheitern. [...]» (Treusch-Dieter 1990; 166)

Foucault hat jedoch darauf hingewiesen, dass die Veränderung im 17./18. Jahrhundert gerade darin bestand, dass homosexuelle Praktiken seitdem nicht mehr hauptsächlich juristisch bekämpft werden, sondern Homosexualität als Identität durch die Produktion von Diskursen hervorgebracht und pathologisiert wird und versucht wird, Sexualität in ein Kontinuum von normal und unnormal einzuordnen. Dass Treusch-Dieter Diskriminierung nur als staatliche begreifen kann, ist symptomatisch und widersprüchlich zugleich. Denn obwohl sie davon ausgeht, dass durch die Frauenbewegung ein gesellschaftlich funktionaler Kulturcharakter der Frau geschaffen worden ist, sei dieser gerade so bestimmt, dass er seine Macht und Selbstbestimmung in Bezug auf das Kind vollkommen verliere:

«An die Stelle des Sexualobjekts Frau, deren Frauenrolle, in die dieses Objekt noch immer gehüllt war, geschichtlich verschlissen war, trat – als das Pathos der Rede verhallt war – das Sexualsubjekt Frau, die konkurrenzfähige Partnerin, abgekoppelt von der Fortpflanzungsfunktion.» (Treusch-Dieter 1990: 157)

«Der Staat hat sich zwischen das Mutter-Kind-Verhältnis geschoben, wodurch dieses de jure aufgelöst ist unter dem Aspekt, dass die Frau als Mutter zur potenziellen Bedrohung des Staates und seines Rechtsgutes geworden ist. Während sich das Grundrecht der Mutter als Frau um eben diese Dimension einer potenziellen Vorverurteilung eingeschränkt hat.» (Treusch-Dieter 1990: 205)

Dieser Kulturcharakter setze sich eben genau dann durch, wenn es theoretisch möglich zu sein scheint, Fortpflanzung außerhalb der Frau zu praktizieren (Es fehlen nur noch 24 Wochen, in denen der Embryo im Bauch der Mutter sein muss). Die Frau wird so durchgängig als Gegnerin des Staates begriffen. Sie spiele dem Staat in die Hände, weil sie sich von einer Sexualität befreien will, die der Staat immer schon am liebsten direkt unter seiner Kontrolle gehabt hätte. Sie lasse sich auf den Staat ein, erhoffe etwas durch die Streichung des §218 oder durch ein Müttermanifest, aber letztendlich wird der Staat immer auf der anderen Seite sein. Dass die Frauen der Frauenbewegung das nicht sehen ist gerade ihr Fehler. So ist die Selbstbestimmung verspielt worden.

Ich möchte dagegen im Folgenden gerade das Gegenteil aufzeigen; durch die Frauenbewegung ist staatliche Bevölkerungspolitik in die Hand der Frauen selber gelegt worden. Die

Frauen entscheiden jetzt selbstbestimmt, wann sie wie viele Kinder haben und dass sie gesunde Kinder haben wollen. Sie machen selbst das gesellschaftlich Erwünschte. Der Staat wirkt also durchaus unmittelbarer auf das Menschenmaterial ein, aber eben nicht dadurch, dass die Frau überflüssig gemacht würde, sondern weil es kaum mehr eine Differenz zwischen der Frau sowie der Familie, die ja auch noch nicht abgeschafft ist, und dem Staat gibt. Auch und gerade in den Gen- und Reprotechnologien bedarf es der Mitarbeit der Frauen: Solche, die sich darauf einlassen, ihre Kinder durch In-Vitro-Fertilisation zu bekommen, und solche, die das Kind austragen. Denn die Wünsche einer Shulamith Firestone, dass die Frau durch Reproduktionstechnologien von der Entbindung befreit werde, sind nicht in Erfüllung gegangen. (Immerhin muss der Embryo noch mindestens 24 Wochen in der Gebärmutter der Frau sein) Und zu guter Letzt bedarf es noch immer der Familien, die die Kinder aufziehen. Wenn das auch nicht mehr notwendig die Kleinfamilien der 60er-Jahre sein müssen, so läuft es am Ende aber meistens doch wieder auf eben diese hinaus.

Die Konstituierung des Selbst oder die Subjektwerdung der Frau, die Gerburg Treusch-Dieter konstatiert, verlief ganz anders, als sie sich das denkt. Um zu ihrer Auffassung zu kommen, muss sie einige wesentliche Punkte in den Vorstellungen der frühen Frauenbewegung ausblenden. So verwundert es nicht, wenn sie zwar zutreffend beschreibt, dass zu Beginn der Frauenbewegung die Natur der Frau, das heißt ihre Gebärfähigkeit, als das Grundübel angesehen wurde, dabei aber vergisst, dass die Gebärfähigkeit dennoch als der letzte verbleibende Geschlechtsunterschied gehandelt wurde. Erst in den postmodernen Diskursen verschwindet diese Natur immer mehr. Von der Entkoppelung von Fortpflanzung und Sexualität zu sprechen ist eben nur die halbe Wahrheit. Eher handelt es sich um eine Verlagerung vom Primat der Fortpflanzung hin zu dem des Orgasmus und zur selbstbestimmten kontrollierten Fortpflanzung. Die leistungsbezogene Sexualität, die für den Mann schon immer galt, hat sich auch für die Frau durchgesetzt. Dies bedeutet eine Disziplinierung des Körpers, der nun einerseits geschlechtsneutral ist und sich auch auf dem Arbeitsmarkt durchsetzen muss, andererseits die eigene Fortpflanzung so gut im Griff zu haben, dass Kinder wirklich nur noch kommen, wenn man es wirklich will.

2.4. Die Kinderladenbewegung

Bevor die Frauen Geburtenkontrolle, Abtreibung und sexuelle Lust in den Vordergrund stellten, also eine eher individualistische Lösung zur Befreiung der Frau suchten, hatten einige Frauen aus dem SDS es mit einer kollektiven Anstrengung versucht: Sie gründeten Kinderläden. Zu fragen wäre, ob dieses in eine revolutionäre Bewegung eingebettete Projekt davor gefeit war, ungewollt die Modernisierung des Kapitalismus voranzutreiben.

Von den Genossen war, wie schon angesprochen, nicht allzu viel zu erwarten. Die spezifische Unterdrückung von Frauen wurde zwar auch von ihnen wahrgenommen, doch sollte daraus kein spezifischer Kampf folgen. Dieser galt sogar als reaktionär, denn die Gleichberechtigung der Frau mit dem Mann schien nur noch eine Frage der Zeit zu sein. So schrieb zum Beispiel der SDS-Vorsitzende Reimut Reiche 1968:

«Der Mann, auch der sozial und sexuell unterdrückte, ist in unserem traditionellen Kulturgefüge sexuell stets der Inhaber von Herrschaftspositionen gewesen. Er hat an die Frau, speziell an seine Frau und seine Töchter, die ihm selbst zugefügte soziale und sexuelle Unterdrückung weitergegeben. Solche Schlüsse [...] treffen für die große Zahl der derzeitigen heterosexuellen Verbindungen wohl auch zu. Allein es wäre ein Rückfall in die Sexualreformation der zwanziger Jahre, wollten wir uns auch heute in unserem eigenen sexuellen Kampf für die Aufhebung von derlei Mißständen begeistern. Würden wir doch auf dieser Ebene der Argumentation zunächst mit den Frauenzeitschriften Brigitte und Eltern zusammentreffen, wenn nicht mit ihren Ausgaben von 1968, so bestimmt mit denen von 1975. Es gibt einige Anzeichen dafür, daß selbst das nachfaschistische, scheinbar egalitäre, jedoch unter der Oberfläche repressive Frauenbild, wie es von der Massenmanipulation, besonders von den Illustrierten, erzeugt wird, derzeit einem nachhaltigen Wandel unterzogen wird.» (Reimut Reiche 1976 (1968): 52)

Eine Frauenbewegung konnte demnach nur als nachholende Modernisierung begriffen werden, in der die Frau auf Grund der ökonomischen Entwicklung immer mehr zur gleichberechtigten Partnerin des Mannes werde. Sexismus ist demnach nicht konstitutiv für den Kapitalismus. Der Grund für Herrschaft über Frauen bleibt eine den Verhältnissen äußerliche Ideologie oder wird, wie auch bei Reiche, personalisierter Herrschaft zugeschrieben. Daran ist soviel richtig, als dass die Frauenbewegung in der Tat zur Modernisierung kapitalistischer Verhältnisse beigetragen hat, falsch ist nur dies als zwingende Notwendigkeit zu begreifen. Die marxistisch-leninistischen Gruppen waren demgegenüber nicht wesentlich besser. In ihrer Haupt- und Nebenwiderspruchstheorie wurde die Frau nur in ihrer Funktion für das Kapital betrachtet. Frauen galten als doppelt ausgebeutet: durch Lohn- und Hausarbeit. Theoretisch kann jedoch die spezifische Unterdrückung der Frau solange nicht gefasst werden, wie sich der politische Blick nur auf «das System», «den Kapitalismus» oder Ähnliches richtet, alles Institutionen und Funktionszusammenhänge, die man sich als dem Individuum äußerlich vorstellte. Übersehen wird bei all diesen Theorien, dass die Unterteilung in männlich und weiblich ein Strukturprinzip darstellt, welches konstitutiv für kapitalistische Verhältnisse ist und notwendigerweise entlang der Gegensätze von privat und öffentlich, Natur und Kultur, Vernunft und Emotionalität verläuft. Die Einsicht, dass auch das Private gesellschaftlich vermittelt ist, für die der Slogan der frühen Frauenbewegung «das Private ist politisch» steht, bleibt solange nicht wirklich verstanden, wie dieses Einwirken als reines Gewaltverhältnis gedacht wird, wenngleich es das sicherlich auch ist. Verstanden werden muss, dass diese Struktur unser Handeln und Fühlen weitestgehend bestimmt und es sich eben im Wesentlichen um die Internalisierung von kollektiven Normen handelt. Für Helke Sander, die als Delegierte der Kinderladenbewegung auf der Bundesdelegiertenkonferenz in Frankfurt sprach, war klar, dass die Trennung von Privatsphäre und Öffentlichkeit im Kapitalismus notwendigerweise auf Kosten der Frauen geht.

Die Kinderladenbewegung war Teil der Studentenbewegung. Die Frauen, die sie initiierten, kamen alle aus dem Umfeld des SDS. Sie wollten sich nicht theoretisch, aber praktisch gegen die Politik beider Strömungen des SDS stellen. Nicht Arbeiter, Schüler oder Lehrlinge, wie es in der Rede von Helke Sander auf der Bundesdelegiertenkonferenz des SDS hieß, sollten die Adressaten politischer Agitation werden, sondern Frauen mit Kindern. In ihnen sahen sie ein großes Potential, da sie am meisten unter Druck stünden.

Als in den 60er-Jahren auch Frauen als Arbeitskräfte gebraucht wurden, konnten mehr Frauen als jemals zuvor ein

Studium aufnehmen. Dies verdankten sie also nicht einer bürgerlichen Emanzipationsbestrebung, sondern schlicht einer ökonomischen Notwendigkeit. Doch sobald sie Kinder bekamen, wurden auch diese Frauen wieder auf ihre alten Verhaltensweisen zurückgeworfen, die sie doch eigentlich durch eigene Emanzipationsbestrebungen überwunden geglaubt hatten. Viele brachen ihr Studium ab und hatten kaum noch Zeit, sich geistig weiterzuentwickeln, wenn sie den Ansprüchen von Mann und Kind genügen wollten.

Diese Frauen, so Helke Sander vom «Aktionsrat zur Befreiung der Frau» in der Rede auf der Bundesdelegiertenkonferenz des SDS, seien die ersten, denen der bürgerliche Weg der Emanzipation als unzureichend erscheine, denn Karriere sei nur machbar, wenn sich die Frauen unter das männliche Leistungsdiktat stellten und ihre Bedürfnisse genauso abspalteten wie die Männer. Da sie selten Männer fänden, die sie unterstützen und auffangen könnten, und obendrein weitaus besser sein müssten als die Männer, seien sie dem Konkurrenzprinzip noch stärker ausgeliefert. So sähen sich die Frauen vor die traurige Wahl gestellt, sich entweder den Männern anzugleichen oder sich auf Hausarbeit und Kinder zurückzuziehen. Im SDS sähe das nicht anders aus: Auch hier hätten sie – formal gleichgestellt – in der Theorie die Arbeit des SDS praktisch und theoretisch bestimmen können, was sie jedoch nur in den seltensten Fällen auch tatsächlich täten. Am ersten Tag der Bundesdelegiertenversammlung in Frankfurt habe nur eine Frau gesprochen und auch der Bundesvorstand sei ausschließlich von Männern besetzt. Nach den Ursachen dafür werde nicht gefragt. Das bliebe das Privatproblem der Frauen. Die Frauen, die es dann doch geschafft hätten, eine wichtige Position zu erreichen, hätten dies durch die Versagungen erkauft, die der Kampf um die Spitzenpositionen mit sich brächte.[23] Individuell sei das Problem nicht lösbar. Denn die Lösung könne nur in der Aufhebung der Trennung von privat und öffentlich liegen, die erst nach der Umwälzung der Produktionsverhältnisse und damit der Machtverhältnisse möglich sein werde. (Vgl. Helke Sander 1975: 10-15)

Dieser Analyse ist Helke Sander sicherlich nur zuzustimmen. Herauskristallisiert hatte sich dieses Strukturprinzip mit der Durchsetzung der bürgerlichen Gesellschaft und der hier spezifischen Trennung von privater und öffentlicher Sphäre und der damit korrespondierenden geschlechtsspezifischen Arbeitsteilung. Nirgendwo sonst setzte sich die Trennung von Privatem und Öffentlichem so durch wie hier, wo sie zum grundlegenden gesellschaftlichen Merkmal wurde und alles, was zum privaten Bereich gerechnet wird, notwendig als das Gegenteil des Gesellschaftlichen erscheint. Was als das vermeintliche «Wesen» der Frau erscheint, ist nur der an die Frau delegierte soziale Bereich, der nicht in der Arbeitskraft aufgeht. Alles was in der abstrakten Wertform nicht an sinnlichem Inhalt aufgeht, aber trotzdem Vorraussetzung gesellschaftlicher Reproduktion bleibt, ist somit weiblich konnotiert. Emotionalität, Natürlichkeit, Körperlichkeit, Passivität, Mütterlichkeit und dergleichen gehörten in ihrer Minderwertigkeit ins Private. Hier hatte sich – ganz liberale Tradition – der Staat rauszuhalten. Hier ist alles persönlich, und somit werden die hier ausgestandenen Probleme schnell zum individuellen Problem. (Vgl. Roswitha Scholz 1992: 23-25)

Politisierung der Frauen sollte für den «Aktionsrat zur Befreiung der Frau» heißen, dass die Frauen den systemsprengenden Widerspruch ihrer Forderungen erkannten und sich somit der revolutionären Bewegung anschlössen. Die politische Praxis, die sie dazu wählten, war der Aufbau von Kinderläden. Damit waren sie in der Geschichte der Frauenbewegung die Einzigen, die nicht versuchten, die «Kinderfrage» individuell zu lösen, sondern den Schwerpunkt ihrer politischen Arbeit in die Kollektivierung der Kindererziehung zu legen. Mit diesem Konzept hatten sie großen Erfolg; die Menge der Frauen, die sie im ersten halben Jahr für ihre Arbeit gewinnen konnten, war organisatorisch kaum zu fassen. Im September hatten sich schon fünf Kinderläden gegründet, und weitere, unter anderem der FU-Kindergarten, waren in Planung. (Vgl. Helke Sander 1975: 10-15)

Allerdings verbesserte sich dadurch die Situation der Frauen nicht grundlegend. Mehr Zeit für Aktivitäten außerhalb des Kinderladens hatten sie selten, weil sie stark in die praktische Arbeit des Kollektivs eingebunden waren. Wieder waren so hauptsächlich Frauen für die Erziehung verantwortlich, was sich noch dadurch verstärkte, dass die eingestellten Kindergärtnerinnen fast ausschließlich Frauen waren. (Katia Sadoun, Valeria Schmidt, Eberhard Schultz 1970: 231) Nachdem auch die Kinderläden nicht mehr Teil einer revolutionären Bewegung waren, änderte sich auch ihr Anspruch. Heute ist es nicht mehr der Anspruch von Kinderläden, dass Frauen mehr Zeit für die politische Arbeit aufbringen können, auch wird die Kinderladenarbeit nicht mehr theoretisch begleitet durch Arbeitsgruppen in denen Adorno, Marcuse, Freud oder Reich gelesen wird. Kinderläden sind heute für Frauen eine Möglichkeit, der geforderten Vereinbarung von Familie und Berufstätigkeit nachzukommen.

Ziel der Kinderläden war neben Emanzipation der Frauen eine andere Erziehung der Kinder; eine andere Erziehung, als sie in den herkömmlichen Kindergärten üblich war. Die Kinder sollten nicht mehr nach den Prinzipien des Konkurrenzkampfs und des Leistungsprinzips erzogen werden, da darin die Voraussetzungen zur Erhaltung des System ausgemacht wurden. Als Ziel wurde proklamiert:

«Die Hauptaufgabe besteht darin, daß unsere Kinder nicht fernab jeglicher gesellschaftlicher Realität gedrängt werden, sondern darin, den Kindern durch Unterstützung ihrer emanzipatorischen Bemühungen die Kraft zum Widerstand zu geben, damit sie ihre eigenen Konflikte mit der Realität zugunsten einer zu verändernden Realität lösen können.» (Helke Sander 1975: 10-15)

Ob das gelungen ist, lässt sich heute schwer sagen, denn es gibt kaum ernsthafte Literatur oder gar wissenschaftliche Untersuchungen darüber, was später aus den Kindern geworden ist. Außer den in schöner Regelmäßigkeit immer wieder auftauchenden populärwissenschaftlichen Behauptungen in «Spiegel» oder «Stern», die die antiautoritäre Erziehung für das verstärkte Aufkommen von militanten Neonazis verantwortlich machen oder ihr zumindest eine Verrohung der Gesellschaft insgesamt zuschreiben und denen das autoritäre Ressentiment deutlich anzumerken ist, fand ich nur etwas bei Ilse Bindseil. Sie kritisiert vor allem die dominanten Vorstellungen von «sexueller Befreiung» Reichscher Prägung, in denen auch die Kinderladenbewegung zumindest am Anfang gefangen blieb. Ganz in der Tradition der Subversiven Aktion und Reimut Reiches glaubt Bindseil, dass im Spätkapitalismus nicht mehr der anale Zwangscharakter, der sich durch Konsumverzicht auszeichnete, von Bedeutung sei, sondern die Menschen vielmehr lernen müssten zu konsumieren. So werde die gesellschaftlich produzierte Triebenergie nicht mehr ausschließlich unterdrückt, um einen disziplinierten Menschen hervorzubringen, der noch weiß, dass erst die Arbeit und dann das Vergnügen kommt. Vielmehr muss die sexuelle Energie teilweise freigelassen werden, freilich nicht um ihrer Befreiung willen, sondern um auf den Wunsch nach dem Kauf von Produkten umgeleitet zu werden, die alle mit sexueller Energie besetzt sind. Auch die Studentenbewegung der 60er-Jahre wird in dieser Hinsicht als Modernisierungserscheinung interpretiert, ebenso wie die in ihr entstandene Kinderladenbewegung:

«Ich unterrichte in einer Schule, an der nicht nur sämtliche Minoritäten vertreten sind, sondern wo auch die Kinder der ehemaligen akademischen Revolutionäre zusammenkommen. Großgeworden sind sie in Kinderläden, kleinen Kollektiven, die eine antiautoritäre Erziehung praktizieren, die, wie ich ausführlich studieren konnte, keineswegs die Revolutionäre der zweiten Generation, ganz im Gegenteil vielmehr moderne Subjekte hervorbringen, die nicht nur die traditionelle rigide Moral, sondern zugleich und unter der Überschrift ‹ Lustprinzip› all das überwunden haben, was einen schrankenlosen Konsum und Gebrauch der modernen Stimulanzien behindern mag, von einfachen Drogen bis hin zu abstrakteren und ein wenig komplizierten Genüssen, wie die elektronische Industrie sie dem Verbraucher anbietet.» (Ilse Bindseil 1991: 107)

Selbst wenn man Ilse Bindseil nicht überall zustimmen mag, so kann ihrer Schilderung ein gewisser Wahrheitsgehalt nicht abgesprochen werden, der sich vielleicht noch nicht einmal unbedingt auf die Kinderladenkinder im Speziellen, sondern vielmehr auf die Avantgardeposition bezieht, die die Kinderläden für den gesamten Erziehungsbereich gehabt haben. Allerdings hört man bei ihr auch ein wenig schlechte Konsumkritik heraus, in der der schrankenlose Gebrauch von Drogen und elektronischen Gütern selbst kritisiert wird und nicht die Verhältnisse, unter denen die Konsumtion stattfindet.

Kinderläden und Elterninitiativen gehören heute vor allem in Berlin zum Stadtbild, sie sind zur Betreuung von Kindern ein Angebot unter vielen geworden. Auch inhaltlich unterscheiden sie sich nicht sonderlich von staatlichen oder konfessionellen Kindergärten. Es fand eine Angleichung statt. Viele Momente der antiautoritären Erziehung sind von den Kindergärten in abgeschwächter Form übernommen worden, ohne dass die Kinder später zu Revolutionären geworden sind.

Auch die Autoren des ersten und beinahe einzigen Kinderladenbuches sahen schon 1970 die Gefahr der staatlichen Integration. Skeptisch wurden sie, als der Berliner Senat anfing, Eltern-Kind-Projekte zu unterstützen, und in der Mainstreampresse wie dem «Stern» immer mehr Kritik an autoritären Erziehungsmodellen laut wurde, die sich vor allem gegen die Untertanenmentalität des anal-sadistischen Charakters wendeten. Die Autoren wollten darin nicht die auf einmal aufkeimende humanitäre Gesinnung ihrer einstigen Gegner sehen, sondern vermuteten berechtigterweise, dass das plötzliche Interesse einer wirtschaftlichen Entwicklung zuzuschreiben war, in der es die Tendenz zu mehr Teamarbeit und größerer Eigenverantwortlichkeit gab, die bei der Arbeitskraft Fähigkeiten zu größerer Selbstständigkeit, Kooperationsbereitschaft und höherer «emotionaler Intelligenz» voraussetzte. Eine Möglichkeit, dem sozialdemokratischen Reformismus zu entgehen, sahen sie nur, wenn die Kinderläden in eine revolutionäre Bewegung eingebunden wären. (Katia Sadoun, Valeria Schmidt, Eberhard Schulz 1970: 17-24) Diese war allerdings zur der Zeit bereits zerfallen. Nur die Kinderläden blieben. Der Gefahr der Integration konnte so nicht begegnet werden, vielmehr müssen die Kinderläden durch den Einfluss, den sie heute auf den gesamten Bildungs- und Erziehungsbereich ausüben, hauptsächlich als Avantgardebewegung der kapitalistischen Modernisierung gesehen werden, auch wenn für die Kinder die antiautoritäre Erziehung oft weniger qualvoll ist als die autoritäre.

3. «Mein Bauch gehört mir» — Selbstbestimmung als Disziplinierungsmechanismus

3.1. Von den Weiberräten zur Abtreibungsdebatte

Die Rede von Helke Sander auf der Bundesdelegiertenkonferenz hatte zur Folge, dass sich in mehreren Städten Deutschlands Weiberräte bildeten. Die Ignoranz der Männer schien eine separate Organisation notwendig zu machen. Von einer wirklichen Trennung konnte jedoch nicht gesprochen werden, auch wenn das die Männer immer wieder behaupteten: Sie unterstellten den Frauen, sich gegen Männer zu stellen und damit die Arbeiterbewegung zu spalten; frauenpolitische Forderungen seien reformistisch, eine wirkliche Befreiung nur im Kampf gegen das ökonomisch-politische System möglich. Im Nachhinein wurde der Vorwurf des Reformismus berechtigterweise als Moment der Machtsicherung gedeutet. So gab es einen rationalen Grund, sich nicht mit patriarchalen Verhältnissen auseinander zu setzen und der Freundin weiterhin die Hausarbeit und die Kindererziehung aufbürden zu können.

Am Beispiel des Frankfurter Weiberrats lässt sich zeigen, dass auch die Frauen eine revolutionäre Bewegung anstrebten und deshalb eng mit der Linken verbunden blieben, nur wollten sie dabei auch die spezifische Sicht der Frau thematisieren. Sie hielten sich eng an die Konzepte der linken Gruppen, machten auch die proletarische Wende mit ihren Kuriositäten brav mit und fielen schnell hinter die schon gewonnenen Erkenntnisse von 1968 zurück.

Die Umbenennung des «Aktionsrates zur Befreiung der Frau» in «Sozialistischer Frauenbund Westberlin« stellte eine bewusste Abgrenzung gegenüber den Positionen von 1968 dar. Das Ziel war hoch gesteckt: Der Zusammenhang zwischen Kapitalismus und Patriarchat sollte analysiert werden. Problematisch war, dass die Aktivistinnen dafür ihre Adorno- und Freud-Lektüre verwarfen und sich jetzt auf den Arbeiterbewegungsmarxismus bezogen, der jedoch wenig hergab: Eine historisch-materialistische Analyse der Situation der Frau gab es nicht. So blieb das Problem der Vermittlung zwischen der marxistischen Lektüre und den wenigen Texten, die die Unterdrückung der Frau thematisierten, wie zum Beispiel Texte von Simone de Beauvoir. Unter dem Einfluss der vorherrschenden Linie entschied frau sich wie alle anderen Gruppen für eine Schulung in der Kritik der politischen Ökonomie, die eine marxistisch-leninistische Rezeption erfuhr. Der Marxismus-Leninismus (ML) kritisierte am Kapitalismus die Aneignung des Mehrwerts durch die Kapitalisten, d.h. die Ausbeutung der proletarischen Klasse durch die bürgerliche. Ausgebeutet wurde demnach hauptsächlich die Proletarierin, diese auch noch doppelt durch Haus- und Lohnarbeit.

Die Frauen des Frankfurter Weiberrates, die eher aus bürgerlichen Schichten kamen, beeilten sich, um nicht als konterrevolutionär zu gelten, einen Interessengegensatz zwischen den Frauen aus bürgerlichen und proletarischen Schichten festzumachen. Bestritten wurde teilweise eine allen Frauen gemeinsame Erfahrung der Unterdrückung. Das Private blieb eben weiterhin privat. Agitiert werden sollten dank des neuen Interpretationsschemas nun auch nicht mehr die Frau mit Kind, sondern die Proletarierin, weil natürlich jetzt davon ausgegangen wurde, dass sie durch ihre Unterdrückungserfahrung ein besonderes Interesse an der Revolution und durch die Möglichkeit des Streiks auch das größte Machtpotential habe. Das Objekt der Agitation war das Einzige, was den Weiberrat von anderen linken Gruppen unterschied: Im Gegensatz zu den Männern hielt er die Frauen nicht für besonders schwer zu politisieren. (Eine Frau aus Frankfurt; 1975: 19-30) Wie von einigen anderen Feministinnen wurde die Rolle der Frau für das herrschende System darin gesehen, zu einer Art Sicherheitsventil für den Mann zu werden, der seine Konflikte zu Hause ablädt und so die Ursache für seinen Frust nicht in der zu bekämpfenden Ausbeutung seiner Arbeitskraft zu sehen braucht. Zudem würde die Arbeiterfrau durch ihre ansozialisierten Ängste die Kampfbereitschaft des Mannes schwächen und nicht zuletzt ihm gegenüber die Funktion der Lohndrückerin übernehmen. (Jutta Menschik, zit. nach Marie-Theres Knäpper 1984)

Der marxistische Feminismus hat bis heute kaum mehr zu bieten als diese Analyse. Als Hauptkritikpunkt an der Marxschen Theorie blieb, dass Marx die Hausarbeit nicht als produktive Arbeit verstehe. Dies ist meiner Ansicht nach jedoch eine ungerechtfertigte Kritik, denn bei Marx ist der Begriff keine wertende, sondern eine analytische Kategorie. In der Marxschen Kapitalismusanalyse verweist der Begriff der produktiven Arbeit darauf, dass innerhalb der kapitalistischen Ökonomie nur solche Tätigkeiten als «produktive Arbeit» gelten, die mehrwertschaffend sind, die also einen Mehrwert schaffen, welcher sich in Geld ausdrückt. Der Arbeiter oder die Arbeiterin bekommen für ihren arbeitsvertraglich fixierten Dienst für das Kapital einen Lohn, der den Preis für ihre am gesellschaftlich-kulturellen Standard gemessenen Reproduktionskosten darstellt. Und dazu gehört für den lohnarbeitenden Mann eben auch der Unterhalt für seine Familie samt Frau, die seinen Haushalt führt. Für die Frau wurde und wird überwiegend der Lohn dagegen immer nur als Zuverdienst für die Familie betrachtet, da sie nie als Familienvorstand galt. Hausarbeit gehört innerhalb der bestehenden kapitalistischen Verhältnisse sicherlich zu den notwendigen Tätigkeiten der Reproduktion der (männlichen) Arbeitskraft – wenn nun aber die Forderung erhoben wird, dass auch Hausarbeit als produktive Arbeit für die kapitalistische Ökonomie zählen soll, so würde das bedeuten, dass sie in Lohnarbeit umgewandelt werden soll. Damit würde Lohnarbeitstätigkeit ausgedehnt, anstatt diese mitsamt dem kapitalistischen Arbeitsbegriff auch in der Realität abschaffen zu wollen. (Roswitha Scholz 1992)

Lange Bestand hatten diese Ansätze nicht. Als die §218-Gruppen sich formierten und Frauen aus nicht-linken Zusammenhängen dazukamen, setzten sich die meisten Frauen vom Marxismus ab. Zufrieden waren die meisten Frauen in den Weiberräten nie gewesen, ihre eigenen Erfahrungen konnten sie mit ihren Analysen über das Kapital nicht zusammenbringen. Dazu kam noch, dass die sozialistischen Genossen ihnen immer skeptisch gegenüberstanden und sie der Konterrevolution verdächtigten, weil sie angeblich die Arbeiterbewegung spalteten und nur auf ihre individuelle Befreiung aus wären. (Eine Frau aus Frankfurt 1975: 19-39)

Der Marxismus-Leninismus (ML) blieb die gesamten 70er- und 80er-Jahre über die bevorzugte Auslegung der marxistischen Theorie und wurde in den Schulungen der diversen K-Gruppen verbreitet. Es ist nachvollziehbar, dass Frauen wenig Lust hatten, sich auf einen Nebenwiderspruch reduzieren zu lassen, wie es der ML impliziert. Doch dadurch, dass sie den Marxismus-Leninismus mit der marxistischen Theorie insgesamt identifizierten und mit ihm jeglichen Bezug auf Marx ablehnten, hatten sie sich wichtiger Analysemöglichkeiten beraubt. Vielleicht wurde die Frauenbewegung deshalb doch zu der reformistischen Bewegung, wie es die Männer vorhergesagt hatten, wenn auch aus ganz anderen Gründen. Der ML hatte für eine Analyse der Kategorie Geschlecht noch weniger zu bieten als die antiautoritären Vorläufer. Alle frauenspezifischen Themen wurden entwertet und wieder in der Privatheit verortet, deren Gesellschaftlichkeit jetzt wieder bestritten wurde. Es ist sehr gut nachvollziehbar, warum die Frauen sich mit ihrer spezifischen Problematik darin nicht wiederfinden konnten. Es blieb weiterhin ein diffuses Gefühl der Unterdrückung, das aber nicht gefasst werden konnte.

Das änderte sich erst mit dem Kampf gegen den §218. Die Abtreibungsdebatte war lange Zeit nicht auf sehr großes Interesse gestoßen, da die Frauen sich selbst vom Abtreibungsverbot kaum betroffen fühlten und dieser Bereich als unpolitisch und liberalistisch galt. Nur widerwillig machten sie bei der Kampagne mit und der erste Appell trug noch alle Zeichen ihrer sozialistischen Herkunft. In der von Alice Schwarzer initiierten Selbstbezichtigungskampagne, die im August 1971 die Titelseite des «Stern» zierte und es so vermochte, eine breite Gruppe von Frauen zu erreichen, wurde angeprangert, dass es finanziell gut abgesicherten Frauen möglich sei, eine Abtreibung vornehmen zu lassen, während proletarische Frauen auf Kurpfuscher angewiesen seien. Doch schon wenig später wurde die Forderung nach der ersatzlosen Streichung des §218 wesentlich umfassender kritisiert (siehe Kapitel 3.3). Der §218 wurde zum Symbol einer umfassenden Kontrolle über den Körper und das Leben der Frau.

3.2. Simone de Beauvoirs Subjektbegriff

Auch alle zu dieser Zeit rezipierten Theoretikerinnen machten das selbstbestimmte Kinderkriegen zur Voraussetzung weiblicher Emanzipation. Als Beispiel sei hier Simone de Beauvoir angeführt. Deren schon in den 40er-Jahren erschienenes Buch «Das andere Geschlecht», entwickelte sich gerade zu Beginn der 70er-Jahre zu einem der meist gelesenen Bücher der Frauenbewegung. De Beauvoirs existenzialistische Auseinandersetzung mit der «Frauenfrage» habe ich jedoch nicht nur wegen der anhaltenden Popularität des Werkes[24] und seines Rufs als «Klassiker» der Neuen Frauenbewegung ausgewählt, sondern weil «Das andere Geschlecht» als Beispiel für den Gleichheitsfeminismus sowie als besonders gelungener Vorläufer des Modells der Trennung von Sex und Gender angesehen werden kann. Auch wenn der Text später, in den 70er- und 80er-Jahren, als veraltet angesehen wurde, vor allem wegen der biologistischen Implikationen, sind de Beauvoirs Vorstellungen von Feminismus bis heute gesellschaftlich am erfolgreichsten gewesen: Der Gleichheitsfeminismus hat sich institutionalisiert in Gleichstellungsstellen an der Uni und beim Staat. Zudem ist es durch die genauen Ausführungen ihrer Vorstellungen von der Natur von Männern und Frauen sowie die Bedeutung, die sie diesem Verhältnis für die Stellung der Frau zumisst, möglich, die Problematik, die in dieser Konzeption liegt und im poststrukturalistischen Feminismus oft kritisiert wurde, besonders gut nachzuvollziehen.

In «Das andere Geschlecht» verortet sie die ursprüngliche Unterdrückung der Frau in ihrer «Natur», genauer gesagt in ihrer Gebärfähigkeit. Durch diese verbleibe die Frau in der Immanenz, das heißt der Naturverfallenheit, «sie fühlt sich als Spielball dunkler Mächte». (Simone de Beauvoir; 1994: 88) Die eigentliche Bestimmung des Menschen sei jedoch die Transzendenz, die Befreiung aus der Naturverfallenheit durch Beherrschung der Natur und Individualisierung, wie es seit jeher Aufgabe und Bestimmung der Männer gewesen sei. «Um sich die Reichtümer der Welt anzueignen, bemächtigt er sich der Welt selbst. In diesem Handeln empfindet er seine Macht; er setzt sich Ziele, er entwirft Wege zu ihnen: er verwirklicht sich als Existierender. Um zu erhalten schöpft er; er geht über die Gegenwart hinaus, er eröffnet die Zukunft.» (ebd.: 89), schreibt sie zum Beispiel über den steinzeitlichen Mann.

Die Frau sei im Gegensatz zum Tier ihrer Natur jedoch nicht ausgeliefert. De Beauvoirs mißt der Natur zwar eine wichtige Bedeutung für das Verständnis der Situation der Frau bei, aber aus ihr wäre keine Inferiorität abzuleiten. Die Ursache der entstehenden Abweichung, das was sie als «das andere Geschlecht» begreift, sieht sie auf der gesellschaftlichen Seite. (ebd.: 50-62) Denn auch Frauen könnten den männlichen Subjektstatus erlangen. Die Nachteile der Natur könnten ausgeglichen oder unwichtig werden in einer Gesellschaft, die nicht mehr so viele Schwangerschaften verlangt und in der die Körperkraft an Bedeutung verliert. Technischer Fortschritt könne zur Erfindung halbwegs sicherer Verhütungsmittel beitragen und die Zuhilfenahme von technischen Hilfsmitteln in der Hausarbeit lasse die Frauen der Monotonie der Hausarbeit entkommen und eine Berufsarbeit ausüben. Der Grund dafür, dass Frauen trotz der objektiven Möglichkeit bis heute nicht den gleichen Anteil gesellschaftlicher Macht innehaben, sieht de Beauvoir in den Vorteilen, die die gegebene Situation sowohl für Männer als auch für Frauen mit sich bringe. Die Vorteile des Mannes lägen auf der Hand: Durch die bestehende Geschlechterhierarchie kann Konkurrenz relativ leicht ausgeschaltet werden. Obendrein erhalten Männer jegliche Unterstützung ihrer Arbeit durch die Ehefrau. Auch erfahren, so de Beauvoir, gerade in ihrer Männlichkeit verunsicherte Männer durch ihre vermeintliche Überlegenheit über Frauen Selbstbestätigung, indem sie diese nicht anerkennen und sie zu beherrschen versuchten. Selbstsichere Männer könnten dagegen die Selbstbestätigung der Frauen anerkennen und daher grundsätzlich ein Interesse an deren Emanzipation entwickeln, litten doch auch sie unter der parasitären Art, zu der Frauen in der bestehenden Gesellschaft gedrängt würden:

«Durch ihre eigene Souveränität werden Männer gefesselt. Weil sie allein Geld verdienen, verlangen die Frauen Schecks, weil sie allein einen Beruf ausüben, zwingen die Frauen sie zum Erfolg, weil sie allein die Transzendenz verkörpern, wollen die Frauen sie darum berauben, indem sie sich die Entwürfe, die Erfolge der Männer zu eigen machen.» (Simone de Beauvoir 1994: 610)

Überraschenderweise hat jedoch auch der frauenspezifische Weg laut Simone de Beauvoir Vorteile: Die Frauen lassen sich durch die Bequemlichkeit reizen, die ein Leben als Ehefrau oder auch als ausgehaltene Frau verspricht und nehmen so gerne die Nachteile in Kauf, die das abhängige Dasein mit sich bringt. Das selbstbestimmte Leben, mit dem die eigenen Bedürfnisse am ehesten befriedigt werden könnten, erscheint voller Gefahren und mühseliger Arbeit. Während der Mann von frühester Kindheit an dazu gezwungen werde, diese Freiheit anzunehmen, erhalte die Frau weder durch die gesellschaftlichen Normen noch konkret durch die Familie Unterstützung. Sie könne sich Träumereien und dem Nichtstun hingeben und müsse keine Verantwortung für ihr Leben übernehmen. Sie werde zwar in die Rolle der Parasitin hineingedrängt, aber allzu oft gefalle sie sich auch in dieser Rolle. Dann spiele sie die selbstverliebte Narzisstin, die Heilige oder die Liebende. Sie beschäftige sich oft genug nur mit sich selbst, und wenn sie doch einmal künstlerisch oder politisch tätig sei, dann dies allein in der Hoffnung auf narzisstische Bewunderung. Hausfrauen mit Kindern spricht de Beauvoir ihren harten Arbeitstag nicht ab, sieht aber darin keine ernsthafte Tätigkeit, sondern nur eine Beschäftigung, die niemals eine Erfüllung bringe. Durch die stumpfsinnige und sich ständig wiederholende Arbeit entwickelten manche Frau besondere Manien, etwa was die Einrichtung der Wohnung und die Hygiene betreffe. Um sich einen Sinn im Leben zu schaffen, überhöhen sie ihre Tätigkeit.

Doch auch die Frau, die tatsächlich versucht, einen unabhängigen Weg zu gehen, und deshalb einen ernsthaften Beruf erlernt, findet sich nach de Beauvoir noch lange nicht in der gleichen Situation wie der Mann. Sie ist anders sozialisiert und wird von der Gesellschaft mit anderen Augen betrachtet. Der Mann hat den Vorteil, dass es keinen Widerspruch gibt zwischen seiner Bestimmung als Mann und der als Mensch. Durch die Gleichsetzung von Phallus und Transzendenz verleihen ihm soziale und geistige Erfolge männliches Prestige, während für die Frau genau das Gegenteil gilt: Um ihre Weiblichkeit zu erfüllen, wird verlangt, dass sie sich zum Objekt und zur Beute des Mannes macht und darauf verzichtet, autonomes Subjekt zu sein. Aber es hilft ihr auch nichts, sich äußerlich und innerlich zu vermännlichen, hätte das doch ihre sexuelle und gesellschaftliche Entwertung zur Folge. Die meisten Frauen wollen daher gleichzeitig wie ein Mann und eine Frau leben. Wie die Männer streben sie nun Erfolg im Beruf an, was freilich dazu führt, dass sie doppelt so viel Arbeit leisten müssen wie jene. Andererseits ist ihnen aber daran gelegen, im vollen Sinne Frau zu sein, weil ihre Erfolgsaussichten beim anderen Geschlecht sinken, wenn sie sich allzu männlich geben. Diese zusätzlichen Anstrengungen und Benachteiligungen zusammen mit den geringeren Erfolgsaussichten, die Frauen in der Konkurrenz auf dem Arbeitsmarkt haben, führe dazu, dass viele Frauen den eingeschlagenen Weg wieder aufgeben, sobald sich ihnen die Möglichkeit dazu bietet, oder sich mit einer durchschnittlichen Stelle zufrieden geben. Im Gegensatz zum Mann bliebe ihr also die Wahl, sich durch einen Mann aushalten zu lassen oder die Anstrengungen der Selbstständigkeit auf sich zu nehmen Doch auch diese Wahl gereiche ihr noch zum Nachteil. Denn mit dem Hintergedanken zu heiraten oder zumindest Geliebte zu werden, würde sie, anstatt ihren Weg zielbewusst zu gehen, sich oft genug aufhalten lassen, zum Beispiel von Liebschaften, die auf einmal ihr Leben ausfüllten oder sie wird schwanger und ist so einige Jahre außer Gefecht gesetzt. (Simone de Beauvoir 1994)

Die de Beauvoir hat sehr ausführlich und nachvollziehbar die gesellschaftlichen und psychosozialen Gründe herausarbeitet, die dazu führen, dass Frauen deutlich weniger erfolgreich im Berufsleben sind als Männer, sowie in ihren ureigensten Bereichen, der Familie und der Liebe, oft benachteiligt sind. In der oft brillanten Analyse, die in vielen Fällen kaum ihre Aktualität eingebüßt hat, kann sie deutlich machen, warum – trotz oftmals vorhandener formaler Gleichheit – die Unterschiede zwischen Männern und Frauen noch immer gravierend sind, Frauen so selten gesellschaftliche Spitzenpositionen erreichen und weiterhin hauptsächlich für Kindererziehung und Haushalt zuständig sind. Es wird deutlich, warum trotz formaler Gleichheit keine faktische Gleichheit erreicht wurde, die auch die ökonomische Unabhängigkeit mit einschließen würde. Ihre Analysen waren genauer und aufschlussreicher als die des Marxismus-Leninismus, den sie im feministischen frauenbewegten Diskurs der BRD Anfang der 70er-Jahre ablöste. Die große Resonanz de Beauvoirs lag vor allem daran, dass sie die Frauen nicht nur als doppelt ausgebeutet betrachtete und den Unterdrückungsprozess in einer ihnen rein äußerlichen Sphäre verortete, sondern die psychosoziale Dimension von Weiblichkeit mit einbezog, in der das Mädchen zu einem Mädchen und schließlich zu einer Frau gemacht wird. Sie wird von der Gesellschaft, die die Gesellschaft des Mannes ist, zur Anderen konstituiert, und füllt diese Rolle dann auch aus:

«Die Frau wird weder durch ihre Hormone noch durch geheimnisvolle Instinkte bestimmt, sondern durch die Art und Weise, wie sie ihren Körper und ihre Beziehung zur Welt über das fremde Bewusstsein der anderen wieder erfasst. Der Abgrund, der zwischen dem jungen Mädchen und dem jungen Mann liegt, ist seit der frühesten Kindheit im allseitigen Einvernehmen begraben worden. Später ist dann nicht mehr zu verhindern, dass die Frau das ist, wozu man sie gemacht hat. Ihr Leben lang wird sie diese Vergangenheit hinter sich her schleppen, und wenn man deren Gewicht ermisst, wird endgültig klar, dass das Schicksal der Frau nicht in der Ewigkeit geschrieben stehen kann.» (Simone de Beauvoir 1994 : 892)

Allerdings: Mag ihre Analyse auch noch so treffend sein, so stellt sie doch kein einziges Mal das ihrer Meinung nach für

Frauen zu erreichende Ziel des autonomen Subjekts in Frage.[25] Freiheit, Selbstbestimmung und Autonomie, unhinterfragte Ziele auch der Autonomen Frauenbewegung, werden affirmiert und in keiner Weise auf den gesellschaftlichen Zusammenhang bezogen, in dem sie erscheinen. Die Frau soll dem Mann nacheifern, mit allen Rechten und Pflichten, die das mit sich bringt. Mühen und Qualen der Arbeit sind auszuhalten, Existenzängste zu ertragen, aber zur Belohnung winkt die Freiheit und ein dem Menschen gemäßes Leben. Doch diese Freiheit, von der sie spricht und die sie idealistisch verherrlicht, ist nichts anderes als die Freiheit entscheiden zu können, an wen der zum Arbeitskraftbehälter reduzierte Mensch seine Arbeitskraft verkaufen muss – oder auf Selbsterhaltung und Existenzsicherung überhaupt zu verzichten. Wer nicht arbeiten will, soll auch nicht essen, ist die in der bürgerlichen Gesellschaft wahr gemachte Drohung. Simone de Beauvoir idealisiert nun diese Pseudofreiheit als die Bedingung für schöpferisches Handeln, und so ist es nur konsequent, wenn sie für Frauen Zwangsarbeit fordert. Dass die Möglichkeit, den Zwang zur Arbeit mit schöpferischem Handeln zu verbinden, in der bürgerlichen Gesellschaft immer nur für sehr wenige möglich war und ist, weiß auch Simone de Beauvoir. Genauso gut weiß sie, dass nicht alle Professorin oder Schriftstellerin werden können. Daher genügt es ihr schon, wenn die Arbeiterinnen mehr gesellschaftliche Einflussmöglichkeiten bekommen, damit sie den Zwang zur Arbeit nicht nur hinnehmen, sondern sich mit Enthusiasmus in ihn fügen.

«Gewiß, sie erreichen ihre ökonomische Unabhängigkeit nur innerhalb einer ökonomisch unterdrückten Klasse. Und außerdem entbinden die in der Fabrik erfüllten Aufgaben sie nicht vom Fron der Hausarbeit, die, wie gesagt, für die außerhalb arbeitenden Frauen besonders hart ist. Hätte man ihnen aber vorgeschlagen, zwischen vierzig Wochenstunden Arbeit in der Fabrik oder im Haushalt zu wählen, wären ihre Antworten sicher anders ausgefallen. Vielleicht würden sie [die Fabrikarbeiterinnen; Anm. A.T.] sogar die Doppelarbeit leichten Herzens akzeptieren, wenn sie als Arbeiterinnen in eine Welt hineinkämen, die ihre Welt wäre, an deren Gestaltung sie freudig und stolz mitwirken könnten.» (Simone de Beauvoir 1994: 842)

Um was es Simone de Beauvoir also hauptsächlich geht, ist nicht eine Veränderung der gesellschaftlichen Verhältnisse, sondern eine Anpassung der Frauen an das fordistische System, das zu jener Zeit ein Mehr an Arbeitskräften bedurfte. Deshalb legt sie auch so viel Wert auf die Einstellung der Frauen zur Arbeit, die ihrer Meinung nach ein Hauptproblem für die Emanzipation der Frauen war. Hergestellt werden muss eine neue Frau, eine Frau mit einem spezifischen Verhältnis zu sich selbst, die sich sowohl zum Arbeitskraftbehälter als auch zur Kontrolle über die Gebärfähigkeit eignet. Das ist die Anstrengung, die die Frau ganz besonders leisten muss: Die Anpassung an den Mann auf ganz frauenspezifische Weise. Diese Subjektwerdung der Frau vollzog sich jedoch genau zu dem Zeitpunkt, an dem der Fortschritt, der sich im Subjekt ausdrückte, eliminiert wurde. Von der gesellschaftlichen Kraftanstrengung, dem Zwang und der Herrschaft, die in den Prozess der Subjektwerdung mit eingehen, wie es Horkheimer und Adorno in der Dialektik der Aufklärung beschreiben, weiß die de Beauvoir nichts:

«Furchtbares hat die Menschheit sich antun müssen, bis das Selbst, der identische, zweckgerichtete Charakter des Menschen geschaffen war, und etwas davon wird auch noch in jeder Kindheit wiederholt.» (Adorno/Horkheimer 1987: 56)

Für de Beauvoir ist das Subjekt kein historisches Produkt bürgerlich-kapitalistischer Vergesellschaftung, sondern eine dem Menschen bzw. dem Mann innewohnende natürliche Eigenschaft, die sich im Steinzeitmenschen ebenso zeigt wie im Ingenieur des Atomkraftwerkes. In diesem unreflektierten Subjektverhältnis spiegelt sich meiner Ansicht nach die historische Form der Subjektivität wider, wie sie Mitte der 40er-Jahre Gestalt angenommen hatte. Horkheimer und Adorno sprechen hier vom Verfall bürgerlicher Subjektivität. Um noch einmal deutlich zu machen, was damit genau gemeint ist, möchte ich einen kurzen historischen Abriss geben, was bürgerliche Subjektivität zu Beginn hieß und inwieweit sich das Subjektverständnis der de Beauvoir und des Existenzialismus insgesamt davon absetzte. Besondere Bedeutung soll auch die Auswirkung des jeweiligen Subjektverständnisses auf Frauen haben.

Die Durchsetzung bürgerlich-kapitalistischer Vergesellschaftung war kein Honigschlecken. Marx hat dies im Kapitel zur «ursprünglichen Akkumulation» des Kapitals beschrieben. Das mit den diversen Religions- und Bürgerkriegen des 17. Jahrhunderts einhergehende Chaos – Morden und Plündern waren an der Tagesordnung – sollte nach Hobbes mit Vernunft eingedämmt werden. Es war ein bewusster Akt, der erst einmal emanzipatorische Züge trug, insofern hier die Verhältnisse geplant und eben nicht als naturgegeben begriffen werden sollten. Indem jedoch Hobbes aus dem historisch ableitbaren Handeln ein überhistorisches, aus der menschlichen Natur erklärbares Verhalten machte, war der erste Schritt hin zum «So ist der Mensch eben» getan. Denn die Ursache für Mord und Totschlag sieht Hobbes in den menschlichen Leidenschaften, dem sprichwörtlichen «Kampf aller gegen alle». Die menschlichen Leidenschaften haben bei Hobbes zwei Seiten: Zum einen ist in ihm das menschliche Recht auf Selbsterhaltung enthalten, zum anderen durch hemmungslosen Egoismus des Menschen im Naturzustand das Moment der Zerstörung. Diese aus der Natur abgeleitete Zweiteilung führte bei Hobbes zu der Vorstellung, dass es sowohl einen Natur- als auch einen Gesellschaftszustand gibt.

Im Naturzustand herrscht das Chaotische, das Böse, die zerstörerischen Kräfte, während der Gesellschaftszustand Ordnung, Schutz und Sicherheit bieten soll. Dies wird als antagonistisches Prinzip verstanden. Der Gesellschaftszustand verspricht das Herauskommen aus dem Naturzustand, Sicherheit vor den mörderischen Leidenschaften. Die Einzelnen schließen zum eigenen Schutz den Gesellschaftsvertrag: im Naturzustand sollen alle Einzelnen Souveräne ihres Lebens gewesen sein, so dass die Gewalt entschied, wer sich durchsetzte; mit dem Gesellschaftsvertrag gaben alle Einzelnen alle ihre Rechte, einschließlich des Rechts auf Selbsterhaltung, an den einen Souverän ab, der dafür allgemeines Recht und Gesetz setzt, dem sich alle unterordnen müssen; und der es notfalls auch mit Gewalt durchsetzt, denn alle Gewalt ist jetzt in dem einen Souverän monopolisiert. Gewaltsame Aneignung von Eigentum heißt nun Diebstahl und wird gesetzlich bestraft. Gedacht wird der Souverän als derjenige, der alle Willen auf sich vereinigt und somit zum allgemeinen Menschen wird, zum Menschen an sich, dem Menschen, wie er eigentlich zu sein hat: zum Menschen im Gesellschaftszustand. Dazu müssen die mörderischen Leidenschaften, die als das Andere, «als bloße Natur» gedacht werden, diszipliniert werden. Diese Disziplinierung war laut Hobbes nur durch den Staat möglich. Im Laufe der Zeit wurde der Souverän, den Hobbes als Oberhaupt des absolutistischen Staates bestimmt, jedoch immer mehr verinnerlicht: Der Stellvertreter des Staates wird die Vernunft, mit der der Mensch seine Leidenschaften selbst kontrollieren kann.

Die Vernunft ist also aus dem natürlichen Recht auf Selbsterhaltung abgeleitet genauso wie die einzelnen Rechte, die dem Menschen vom Staat zugesprochen werden und als Menschenrechte bekannt sind. Ein Tribut an die natürliche Selbsterhaltung. Die Vernunft wird als eine Abstraktion vom empirischen Menschen gedacht. Mit ihr wird von der Verschiedenartigkeit der Menschen abgesehen, um sie als Menschen abstrakt gleich zu machen, um sie vor dem Gesetz zu vergleichen. Dass vor dem Gesetz alle gleich sind, ist eben auch Herrschaft: Die staatliche Durchsetzung und Durchführung des als Naturrecht des Menschen (= Menschenrechte) aufgefassten. Das Abwenden von Mord und Totschlag sollte sich um den Preis der Herrschaft über und der Ausgrenzung der als bloße Natur begriffenen Seite des Menschen vollziehen.

Die bloße Natur, also die mörderischen Leidenschaften zur Selbsterhaltung, sollen nicht vollkommen ausgegrenzt werden, sondern bleiben in transformierter Form erhalten. Denn die Leidenschaften sind nicht nur zerstörend, sondern gelten auch als Arbeitsantrieb. Hier hat sich auch die Mündigkeit des autonomen Subjekts unter Beweis zu stellen: Im Umgang mit seinen körperlichen und geistigen Kräften. Die Leidenschaften bleiben im mechanistischen Denken Hobbes' auch in der kontrollierten Form immer dieselben: Der Kampf aller gegen alle äußert sich jetzt in der allgemeinen Konkurrenz und das Recht des Stärkeren kehrt in der anonymen Macht der Pleite wieder. In diesem Kampf sind die Menschen verschieden. So gleich die Einzelnen vor dem Gesetz auch sind, um so ungleicher sind sie im Bereich der Ökonomie. Das Versagen wird entweder im unvernünftigen Umgang mit den eigenen Kräften gesehen oder mit der natürlichen Schwäche der Kräfte begründet. Die Gesellschaft erscheint somit als Naturzusammenhang, ohne Chance des Entkommens. Herrschaft und Staat sind eben nicht nur als Initialzündung für die Etablierung der zivilisierten Gesellschaft notwendig, sondern müssen weiter aufrecht erhalten bleiben, da die Natur des Menschen es weiterhin verlangt. So ist der Mensch eben! Die Vernunft wird in den Dienst der Aufrechterhaltung der gesellschaftlichen Ordnung gestellt, indem sie auf ein bloßes Mittel der Verausgabung von Arbeitskraft, auf reine Zweckrationalität, reduziert wird. (Vgl. Rudolf zur Lippe 1975: 33-70)

Grundlegend dafür ist eine Trennung von Natur und Vernunft, denn wenn die Vernunft auch als naturgegeben galt, so war sie doch auch das Andere zur Natur. Diese Trennung, in der eben auch die Möglichkeit der Freiheit steckt, ist bei Simone de Beauvoir nahezu aufgehoben. War ein mimetisches Verhältnis zwischen Vernunft und Natur auch in frühbürgerlichen Vorstellungen schon angelegt, so sind Vernunft und zumindest männliche Natur bei de Beauvoir überhaupt nicht mehr unterscheidbar. Die Natur des Mannes ist bei de Beauvoir nicht mehr das triebhafte, zerstörerische Ich, das unter Kontrolle gehalten werden muss, damit seine Energie als Arbeitskraft genutzt werden kann, sondern bei ihr ist diese Natur ganz ohne Disziplinierung schon der arbeitswütige, leistungsbezogene Körper, der mit allen Fähigkeiten ausgestattet ist, die der Arbeitsmensch braucht. Die Natur ist bei de Beauvoir vernünftig geworden.

Was sie als männliche Natur begreift, lässt sich relativ schnell als existenzialistische Projektion auf die Natur entlarven: Überall wo sie hinschaut, in die Welt der Tiere und auf die menschliche Natur, überall entdeckt sie ihre existenzialistische Idee vom Menschen.

Schon bei den Insekten will sie festgestellt haben, dass das Bienen- und Spinnenmännchen «die Leichtlebigkeit, in der sich seine Unabhängigkeit äußert, mit dem Leben» (Simone de Beauvoir 1986: 35) bezahlt. Auch bei den Gottesanbeterinnen, die gern einmal als Beispiel für den Mythos der alles verschlingenden Frau herhalten müssen, entlarvt sie diesen, nur um gleich wieder einen neuen, vom autonomen, individualisierten Gottesanbeterinmännchen aufzumachen:

«Das Weibchen lebt länger und scheint eine größere Rolle zu spielen; aber es besitzt keinerlei Autonomie; Eierlegen, Trächtigkeit, die Aufzucht der Larven bilden ihr ganzes Geschick; alle anderen Funktionen sind vollständig oder teilweise verkümmert. Im Männchen hingegen finden wir Züge einer individuellen Existenz. Sehr oft bekundet es bei der Befruchtung mehr Initiative als das Weibchen; das Männchen sucht das Weibchen auf, greift es an, betastet es, faßt es und zwingt ihm die Paarung auf; manchmal muss es mit anderen Männchen kämpfen. Dementsprechend sind die Bewegungs-, Tast- und Greiforgane bei ihm besser entwickelt.» (Simone de Beauvoir 1994: 43)

Dieses Schema dekliniert sie noch bei diversen weiteren Tierarten durch, bei denen die männlichen Tiere ihrer Meinung nach immer zu Selbstständigkeit und Beherrschung tendieren, während die Weibchen leider alle Autonomie für die Gattung aufopfern müssen. Simone de Beauvoir ist zwar weit davon entfernt, aus ihren vermeintlichen Fakten im Tierreich irgendwelche Schlüsse auf die menschliche Welt zu ziehen, aber deutlich wird schon, dass sie ihre existenzialistische Theorie auch auf die Tierwelt projiziert und dadurch ihre Vorstellung, dass die menschlichen «Männchen», wie sie Männer auch gerne einmal nennt, schon von Natur eher zur Freiheit und Individualität geschaffen seien als Frauen. Die vermeintliche Autorität der Natur legitimiert auf diese Weise auch die existenzialistische Theorie insgesamt, ist doch die männliche Natur identisch mit der existenzialistischen Idee des Menschen. Zudem ist die Natur des Mannes, wie weiter unten zu zeigen sein wird, bei de Beauvoir identisch mit der wahren Natur des Menschen, die deshalb auch ein ethisches Konzept impliziert, das die Individuen auf die Verwirklichung der eigenen (männlich konnotierten) Freiheit verpflichtet.

Denn selbst wenn sie ihre Philosophie als Ethik angelegt hat und den Menschen als historische Idee, findet sie die Ideale des Existenzialismus überall in der Natur wieder. Zudem wird der Wunsch nach Freiheit als innerer Drang des Menschen beschrieben, der bei denen, denen er versagt bleibt, Frustrationen und Bedrückung auslöst, wie zum Beispiel bei den Frauen.

Das ontologische Moment der Argumentation wird besonders deutlich in ihrer Analyse des Geschlechterverhältnisses der Steinzeitmenschen:

«Auf biologischer Ebene erhält sich eine Art nur, indem sie sich neu erschafft. Aber diese Schöpfung ist nur eine Wiederholung des gleichen Lebens in verschiedenen Gestalten. Indem der Mensch das Leben durch die Existenz transzendiert, sichert er die Wiederholung des Lebens: durch dieses Überschreiten schafft er Werte, die der bloßen Wiederholung jeden Wert absprechen. Beim Tier bleiben die Grundlosigkeit, die Vielfalt der männlichen Aktivitäten vergeblich, weil ihm kein Entwurf innewohnt. Wenn es nicht der Art dient, ist das, was er tut, nichtig. Der männliche Mensch dagegen dient der Art, indem er das Antlitz der Welt gestaltet, neue Werkzeuge erschafft, die Zukunft erfindet und formt. Wenn er sich als souverän setzt, findet er das Einverständnis der Frau selbst: denn auch sie ist ein Existierendes, die Transzendenz wohnt ihr inne und ihr Entwurf ist nicht die Wiederholung, sondern deren Überschreitung auf eine andere Zukunft hin; sie findet im Innersten ihres Wesens die Bestätigung der männlichen Ansprüche: Bei den Festen, die die Erfolge und Siege der Männer feiern, schließt sie sich ihnen an. Ihr Unglück ist, daß sie biologisch zur Wiederholung des Lebens bestimmt ist, obwohl doch in ihren eigenen Augen das Leben seine Seinsgründe nicht in sich trägt und diese wichtiger sind als das Leben selbst.» (Simone de Beauvoir 94; 90)

Freiheit kann somit nach Simone de Beauvoir als eine historische Idee verstanden werden, in der sich die wahre Natur des Menschen verwirklicht, und diese wiederum ist identisch mit der Natur des Mannes:

«Die Entwicklung des Mannes ist vergleichsweise einfach. Von der Geburt bis zur Pubertät wächst er ungefähr gleichmäßig. Im Alter von fünfzehn oder sechzehn Jahren setzt die Spermatogenese ein, die bis ins hohe Alter anhält. Mit ihrem Auftreten geht die Produktion von Hormonen einher, die die männliche Konstitution des Somas verdeutlicht. Von da an hat der Mann ein Sexualleben, das im Normalfall in seine individuelle Existenz integriert ist: im Begehren, im Koitus verschmilzt sein sich Überschreiten auf die Art hin mit dem subjektiven Moment seiner Transzendenz: Er ist sein Körper.» (Simone de Beauvoir 1994: 50)

Wie hier schon angedeutet wird, ist auch die traditionell als das Gegenteil der Vernunft gedachte Sexualität bei Simone de Beauvoir selbst ein Ausdruck jener. In der Sexualität des Mannes zeigt sich seine naturgegebene Autonomie und Unabhängigkeit. Galten noch für den bürgerlichen Mann des liberalistischen Zeitalters die Leidenschaften als zerstörerisch und aggressiv, weshalb sie mit Hilfe der Vernunft unter Kontrolle gebracht werden mussten, so ist diese Form der Selbstkontrolle bei Simone de Beauvoir gar nicht mehr nötig: Die Aggressivität, die in der Sexualität des Mannes liegt, ist geradezu notwendig für seine Transzendenz. Dadurch erfährt Aggression, sofern sie nicht in sinnlose Brutalität und Vergewaltigung ausufert, eine positive Bewertung. In ihr stecken die Freuden der Aktivität, die der Frau leider verwehrt sind:

«Die Situation des Mannes ist anders, sowohl in biologischer als auch in sozialer und psychologischer Hinsicht. Der Übergang von kindlicher Sexualität und Reife ist für den Mann relativ einfach: Es erfolgt eine Objektivierung der erotischen Lust, die nicht mehr in ihrer immanenten Gegenwärtigkeit realisiert wird, sondern sich auf ein transzendentes Sein richtet. Die Erektion ist Ausdruck dieses Bedürfnisses. Mit seinem Glied, seinen Händen, seinem Mund, mit seinem ganzen Körper strebt der Mann zu seiner Partnerin, aber er bleibt stets im Zentrum dieser Aktivität, wie er ganz allgemein das Subjekt gegenüber den Objekten, die er wahrnimmt, und den Werkzeugen, die er handhabt, bleibt. Er entwirft sich auf den anderen hin, ohne seine Autonomie zu verlieren.» (Simone de Beauvoir 1994: 452)

Für de Beauvoir benötigt die Natur des Mannes nicht die Notwendigkeit der Disziplin und der Kontrolle. Das was sie als ontologische Eigenschaft der männlichen Natur sich denkt, entpuppt sich jedoch viel eher als zeitgenössische Variante von Natur und Vernunft, in der die Herrschaft über die Natur schon so dermaßen internalisiert ist, dass die Bedürftigkeit der Natur ebenso wie die Vernunft den gesellschaftlichen Ansprüchen entspricht und nicht mehr darüber hinausweist: Weder im Denken noch im Wünschen darf irgendetwas über die Selbsterhaltung hinausgehen. Freiheit im Sinne der Aufklärung zielte zwar darauf, mehr Herrschaft über die organische Natur ausüben zu können, doch implizierte das zumindest den Anspruch, der äußeren und der inneren Natur nicht mehr ausgeliefert zu sein: Die Menschen können ihre Geschichte selber machen und jeder soll sich seines eigenen Verstandes bedienen. Richteten sich diese Postulate auch hauptsächlich gegen den absolutistischen Staat und dessen Einmischung in die Geschäfte der Bürger – und waren sie somit maßgeblich daran beteiligt, dass sich bürgerlich-kapitalistische Herrschaftsverhältnisse durchsetzten – so steckten in den Ansprüchen nach Gleichheit, Glück und Selbstbestimmung trotz allem Ideale, deren Erfüllung für alle noch auf sich warten ließ und die immer wieder gegen die schlechten realen Verhältnisse eingefordert werden konnten. (Vgl. Rudolf zur Lippe 1975: 70-132; vgl. Max Horkheimer 1985: 93-153) Diese anfängliche Illusion von Freiheit verlor sich freilich im Laufe der Zeit auf Grund der im Subjekt angelegten Dialektik des sich Unterwerfens um andere zu unterwerfen und führte schließlich zur unmittelbaren Unterwerfung unters Kapital. Die Begriffe «Freiheit» und «Autonomie» werden zwar noch benutzt, wie hier von Simone de Beauvoir, aber diese haben ihren ursprünglichen Sinn vollkommen verloren. Freiheit wird mit Arbeit gleichgesetzt und so etwas wie Glück ist gar nicht mehr vorgesehen.[26]

Die Abschaffung von Herrschaft setzt jedoch die Aufhebung des strikten Gegensatzes von Vernunft und Natur voraus, in der die zweite Natur des Menschen als egoistisch und zügellos gedacht wird (was sie durch die Herrschaft des Wertes auch ist), hin zu einer Gesellschaft, in der auch die Natur des Menschen von Natur durchdrungen ist und es deshalb keiner Herrschaft mehr bedarf. (Vgl. Rudolf zur Lippe 1979: 111) Die Aufhebung dieser Trennung im Sinne von Simone de Beauvoir ist demgegenüber wenig emanzipatorisch, da sie Gewalt und Herrschaft nicht abzuschaffen vermag. Der Aufklärung war die Herrschaft über die äußere und innere Natur noch durchaus bewusst, wurde aber als leider notwendige Voraussetzung von Freiheit bejaht. Heute ist diese Herrschaft, die mit der Subjektkonstituierung verbunden ist, immer noch vorhanden, aber nicht mehr bewusst und in die Natur des Mannes hineingelegt. Max Horkheimer beschrieb die Gleichsetzung von Natur und Vernunft als einen typischen Trugschluss des Zeitalters der Rationalisierung:

«Die Gleichsetzung von Vernunft und Natur, wodurch die Vernunft erniedrigt und die rohe Natur erhöht wird, ist ein typischer Trugschluß des Zeitalters der Rationalisierung. Die instrumentelle subjektive Vernunft preist entweder die Natur als pure Vitalität oder schätzt sie gering als brutale Gewalt, anstatt sie als einen Text zu behandeln, der von der Philosophie zu interpretieren ist und der, richtig gelesen, eine Geschichte unendlichen Leidens entfalten wird. Ohne den Fehler zu begehen, Natur und Vernunft gleichzusetzen, muss die Menschheit versuchen, beide zu versöhnen.» (Max Horkheimer 1985: 122)

Die Einzige, die den Verhältnissen noch nicht angepasst zu sein scheint, ist die Frau, und so gilt ihre Natur jetzt als kontrollbedürftig, ja der Kontrolle würdig. Denn der männliche Subjektstatus (im doppelten Sinne von Handlungsfähigkeit und Unterwerfung) war Frauen in der bürgerlichen Gesellschaft immer abgesprochen worden. Frauen galten als nicht vernunftbegabt, weshalb ihnen die Fähigkeit, die eigene Natur zu beherrschen, abgesprochen wurde. Diese gesellschaftliche Zuschreibung, die ideologisch dazu diente, die Gebärfähigkeit der Frauen von außen zu kontrollieren, wird bei de Beauvoir nur insoweit abgewandelt, als dass diese «innere Natur» der Frau jetzt nicht mehr von außen kontrolliert, sondern von der Frau selbst beherrscht werden soll. Zwar mussten Frauen auch vorher schon Selbstbeherrschung üben, mussten treu gegenüber ihrem Ehemann sein und aufpassen, dass sie nicht vor der Ehe schwanger wurden oder sich einen schlechten Ruf durch leichtfertiges Verhalten erwarben, aber diese Tugenden standen immer im Verhältnis zum Mann: Ihnen war die Mäßigung durch ihren Abhängigkeitsstatus gegenüber der Familie und ihrem Gatten sowie durch ihre Fortpflanzungsfunktion auferlegt. Darüber hinaus war die ihnen so aufgezwungene Struktur «männlich». Die Frauen mussten ein spezifisch «männliches» Verhältnis zu sich selbst errichten, so dass ihr Subjektsein dementsprechend stets gebrochen und fragil blieb. (Michel Foucault 1989: 110-111)

Simone de Beauvoir, die diese Problematik sicherlich auch erkennt und demgegenüber eine selbstbestimmte, ganz eigene weibliche Subjektwerdung fordert, stellt sich passend dazu die Frau als zweigeteilt vor. Sie stellt der eigentlichen Natur der Frau, die genauso auf Transzendenz bedacht sei wie die des Mannes, eine weibliche parasitäre Natur gegenüber, die sich ihrer bemächtige und sie von ihrem eigentlichen Ziel, dem arbeitsamen Leben, entferne. Ihre Geschlechtlichkeit belaste die Frau ungleich mehr als jedes Tier und widerspreche ihrer Individualität. Es herrsche ein Kampf zwischen den individuellen Bedürfnissen der Frau und der Spezies, die Besitz von ihr ergreifen wolle. Menstruation und Geburt werden bei de Beauvoir als durchweg negativ beschrieben; sie verursachen Schmerzen, stehlen der Frau wertvolle Lebenszeit, bringen ihren Organismus durcheinander und machen ihn anfällig für nervöse Zustände und Stimmungsschwankungen. Aber nicht nur das: Der Körper wird der Frau entfremdet. Sie ist nicht mehr sie selbst, «ihr Körper ist etwas anderes als sie». Denn wenn die wirkliche Natur des Menschen der des nach Freiheit strebenden Individuums entspricht, dann kann, was als die Natur der Frau festgemacht wird, ihr nur von einem ominösen Außen, eben der Spezies, aufoktroyiert worden sein. Besonders deutlich wird das an ihren Ausführungen zur Menstruation:

«In dieser Zeit empfindet sie ihren Körper am quälendsten, als ein opakes, fremdes Ding: Er ist einem eigensinnigen, fremden Leben ausgeliefert, das sich allmonatlich ein Nest in ihr baut und wieder abbaut; allmonatlich bereitet ein Kind sich darauf vor, geboren zu werden, und geht mit dem abgestoßenen roten Gewebe wieder ab. Wie der Mann ist die Frau ihr Körper: Aber ihr Körper ist etwas anderes als sie.» (ebd.)

Abgesehen davon, dass de Beauvoir noch früher als der Papst die Zellklumpen als Kinder bezeichnet, sollen diese auch noch parasitär sein und den Körper der Frau zerstören! Sie ist das Andere, auch in der Biologie. Doch der eigentliche Wille der Frau sei das alles nicht, und so bekämpfe sie ihre parasitären

Anteile. Schon der weibliche Embryo akzeptiert laut de Beauvoir seine Weiblichkeit nicht und der Teenager reagiert mit Krankheit auf die Menstruation. Auch die Frau hätte lieber einen männlichen, eigentlich erst wahrhaft menschlichen Körper, aber der Tribut an die Gattung ist eben hoch.

Frauen müssten, auch wenn es so nicht explizit ausgesprochen wird, um der Unterdrückung zu entgehen eine Schwangerschaft verhindern und folglich war das Kein-Kind-Modell eine Zeit lang in der Frauenbewegung auch ziemlich angesagt, wobei sich Mütter oft ausgegrenzt fühlten, weil ihre Situation kaum mitbedacht wurde. Bis heute gilt die berufstätige, sich selbst versorgende Frau als die emanzipierte und die Hausfrau als die unemanzipierte.

Hausfrauen, eigentlich alle Frauen, die sich nicht selbst versorgen und Geld von ihren Männern bekommen, gelten bei Simone de Beauvoir als parasitär. Sicher, sie sind nicht allein schuld an ihrer Rolle, die Gesellschaft drängt sie auch da hinein, aber die Frau trägt zumindest eine Mitschuld, wenn sie dem gesellschaftlich Gewollten zu sehr nachgibt, wenn sie die parasitäre Rolle nur allzu gerne annimmt. Auch wenn das von der Frauenbewegung immer wieder skandierte «Mädchen-werden-nicht-als-Mädchen-geboren – sondern-zu-Mädchen-gemacht» etwas anderes vermuten lässt, so gibt es in im klassischen Sex-Gender-Modell der de Beauvoir ein nahezu mimetisches Verhältnis zwischen beiden. Die seit den 70er-Jahren eingeführten Begrifflichkeiten von «Sex» und «Gender», also von biologischem und sozialem Geschlecht, sollten der in der bürgerlichen Gesellschaft aufkommenden Vorstellung begegnen, wonach die sozialen Unterschiede der Geschlechter aus ihren biologischen Unterschieden resultierten – ein auch heute noch beliebtes Argumentationsmuster, zum Beispiel in der Auffassung, dass Frauen, weil sie die Kinder bekommen, auch besser mit ihnen umgehen könnten. Das soziale Geschlecht wird hier als Ausdruck des biologischen Geschlechts gedacht. Demgegenüber wird im Sex-Gender-Modell darauf bestanden, dass zwischen beiden kein kausaler Zusammenhang besteht. Seit einiger Zeit wird die Sex-Gender-Trennung in der feministischen Theorie kritisiert, z.B. von Donna Haraway, Judith Butler oder Barbara Duden. Kritisiert wird an diesem Modell, dass es die traditionelle Dichotomie zwischen Natur und Kultur reproduziere und so der biologische Körper der Geschichte entzogen bleibe. (Vgl. Andrea Maihofer 1995: 19-21) Hinzuzufügen wäre noch, dass der kausale Zusammenhang zwischen Sex und Gender hinterrücks dabei doch wieder eingeführt wird und die Möglichkeit zur Veränderung sich nicht als das Ausprobieren neuer Möglichkeiten erweist, sondern als Angleichung an das zu übernehmende männliche Modell. Das impliziert weiterhin, dass das Männliche Maßstab bleibt und das Weibliche als defizitär beschrieben wird. Darüber hinaus wäre zu überlegen – was in postmodernen, poststrukturalistischen oder dekonstruktivistischen Theorien oft vernachlässigt wird – was die Sex-Gender-Trennung über diese Festschreibung der Kategorien «männlich» und «weiblich» hinaus für weitere Implikationen hat. Könnte sie nicht auch als Reaktion auf gesellschaftliche Entwicklungen angesehen werden, die auch die Frauen zu Arbeitskraftbehältern gemacht hat und ihnen daher abverlangt, ein neues, dieser Funktion gemäßes Verhältnis zu sich selbst aufzubauen? Simone de Beauvoir ist dem gesellschaftlichen Arbeitsfetisch nur allzu sehr aufgesessen. Über die sicherlich richtige Erkenntnis, dass in der bürgerlich-kapitalistischen Gesellschaft nur über Arbeit halbwegs ökonomische Unabhängigkeit erreicht werden kann, verherrlicht sie Arbeit an sich als dasjenige, was den Menschen zum Menschen mache. Dass das heutzutage Lohnarbeit ist und diese mit den vor ihr gut beschriebenen Strapazen einhergeht, nimmt sie dafür in Kauf. Alle Eigenschaften, die für die Arbeit nicht gebraucht werden oder für diese als hinderlich gelten und daher der Frau zugeschrieben wurden – lieben, träumerisch sein, in den Tag leben – soll die Frau sich abgewöhnen. Sie werden als Eigenschaften schlechthin verworfen. Damit wird jedoch auch das preisgegeben, was im romantischen Sinne zumindest der Idee nach immer auch im Gegensatz zur durchrationalisierten Welt stand und sich, in welcher verzerrten und unverstandenen Form auch immer, als widerständiges Moment hätte erweisen können. (Ulrike Prokop 1977: 160-161) Horkheimer schreibt dazu:

«Die Mutter, die von der Gemeinschaft der Männer abgeschnitten ist und trotz ihrer Idealisierung in eine abhängige Situation gezwungen war, repräsentierte ein anderes Prinzip als das der Realität; sie konnte wahrhaftig mit ihrem Kind utopischen Träumen nachhängen.» (Max Horkheimer 1985: 278) Der Differenzfeminismus, der im vierten Abschnitt Thema sein soll, weiß darum, hat aber durch die Verdinglichung von Weiblichkeit seine ganz eigene Problematik.

3.3. Bevölkerungspolitik im Sinne der Frauenbewegung

Der größte Widerspruch zur Arbeit und zur eigenen Herrichtung als Arbeitskraft ist das Aufziehen eines Kindes, und so konnte die wahrhaft emanzipierte Frau lange Zeit nur die sein, die keine Kinder hatte. Mütter berichteten von ihren diskriminierenden Erfahrungen und beschwerten sich, dass der Hauptthemenschwerpunkt der Frauenbewegung auf der Vermeidung von Kindern lag. So schreibt zwar das vieldiskutierte «Frauenhandbuch Nr. 1» von Brot und Rosen[27]:

«Um die Vorraussetzungen zu schaffen, daß auch eine Frau ein Mensch wird, muß daher von Frauen politisch die gesellschaftliche Versorgung der Kinder durchgesetzt werden. Die Mittel zur Versorgung der Kinder sollen nicht mehr privat von den einzelnen Eltern erbracht werden, sondern von der Gesellschaft. Sie müssen so bemessen sein, daß die ausreichende Versorgung aller Kinder garantiert ist. Sie müssen so sein, daß kein Elternteil wegen vorhandener Kinder gegenüber Kinderlosen benachteiligt ist. Die Mittel für Nahrung, Kleidung, Erziehung, Wohnung, Ausbildung müssen von der Gesellschaft zur Verfügung gestellt werden. Das ist die Voraussetzung, die Sklaverei der Frauen und Kinder aufzuheben. Die Durchsetzung dieser Forderung ist unser politisches Programm.» (Brot und Rosen 1974: 40)

Das Buch jedoch liest sich durchaus nicht als ein solches Programm, sondern als ein Selbsthilfebuch für Frauen, die gerade keine Kinder haben wollen. Die Autorinnen beschreiben lang und breit die Vor- und Nachteile der verschiedenen Verhütungsmethoden, wobei die Nebenwirkungen der Pille und der Spirale am ausführlichsten beschrieben werden. Doch eigentlich soll die Kontrolle über das Kinderkriegen nicht durch Pille oder Spirale erreicht werden, da diese Verhütungsmittel nach Brot und Rosen, die sexuelle Unterwerfung der Frau bedeuteten, da sie dem Mann so ständig zur Verfügung stehen könne bzw. müsse. Der heterosexuelle Geschlechtsverkehr erscheint so auch hier, ähnlich wie bei Alice Schwarzer, als der Höhepunkt und Ausdruck der Entfremdung der Frau. Als Alternative wird vorgeschlagen, dass Frauen, die noch nicht auf heterosexuellen Geschlechtsverkehr verzichten könnten, den lange enteigneten Körper wieder kennen lernen sollten, um zu wissen, wann ihre fruchtbaren Tage sind. An diesen, wenn schon nicht an allen anderen Tagen auch, sollen - ganz ähnlich der Argumentation Alices Schwarzers in «Der kleine Unterschied und seine Folgen» – sexuelle Praktiken ausgeübt werden, die nicht zur Schwangerschaft führen können. Charakteristisch ist auch hier, dass das Wissen über die Vermeidung einer Schwangerschaft eng mit der Selbstbestimmung über den eigenen Körper verbunden wird. Hier freilich noch auf eine radikalere Weise als im Kampf gegen den §218, denn die propagierte Selbstbestimmung beinhaltet nicht nur die Kontrolle von Anzahl und Zeitpunkt des Kinderkriegens, sondern auch die Ausübung selbstbestimmter sexueller Praktiken und den Versuch, die Medizin wieder in die Hand von Frauen zu legen. Besonderes Interesse bestand daher historisch an den Heilmethoden der Hebammen und aktuell an Methoden der Selbstuntersuchung. Der Körper schien den Frauen entfremdet worden zu sein und sollte zurückerobert werden.

Auch gegen den §218 waren die Frauen von Brot und Rosen aktiv. Sie organisierten Beratungen für Frauen, die ungewollt schwanger waren, sowie Abtreibungsfahrten nach Holland und machten diejenigen Ärzte bekannt, die nach der moderneren und schonenderen Absaugmethode Abtreibungen durchführten. Der Kampf gegen den §218 stellt sich für diese Frauen als Schlüsselauseinandersetzung dar, von der ausgehend die gesellschaftlichen Reproduktionsbedingungen und der Kampf um die Befreiung der Frau geführt werden sollten. Der §218 wird richtigerweise von ihnen als Mittel staatlicher Bevölkerungspolitik verstanden. Auch Frauen machen zwar ihrer Meinung nach Bevölkerungspolitik, aber diese beschränkt sich auf die Verweigerungshaltung, die dem Staat zwar manchmal zugunsten komme, was aber nicht heißt, dass sie gar keine Kinder mehr bekommen sollen. Hier steht der Staat notwendigerweise der Frau konträr gegenüber und bedarf der Kontrolle über sie:

«Indem Frauen Abtreibungen machen, dem Arzt ein paar Monatslöhne hinblättern, sich Krankheiten holen, regulieren sie den Stand der Bevölkerung. Frauen machen Bevölkerungspolitik, ohne es zu wissen. Sie entscheiden sich alle ähnlich die Frauen. Sie handeln als Gruppe, nur ist es ihnen nicht bewußt. Sie entscheiden sich alle dafür, möglichst wenig oder überhaupt keine Kinder zu bekommen, und versuchen, dieses Ziel mit allen ihnen zu verfügenden Mitteln zu erreichen – mit gesundheitsbedrohenden und lebensbedrohenden – immer noch ihre Gesundheit und ihr Leben bedrohenden Mitteln. Daß Frauen Bevölkerungspolitik machen, ist aber den Politikern bewußt. Sie sehen, wie sich die millionenfachen Einzelentscheidungen der Frauen zahlenmäßig auswirken: in einem zwar langsamen, aber beständigen Rückgang der Bevölkerung.

Diese Selbstregulation hat auch ihre guten Seiten. Würden die Frauen die Kinderzahl nicht selbst regulieren, würde die Infrastruktur der Gesellschaft zusammenbrechen; denn woher sollte man die Kindergärten, Schulen, Krankenhäuser für die nichtabgetriebenen und verhüteten Kinder nehmen.

Viele Kinder wären eine Katastrophe. (Zum Beispiel werden in den sogenannten überbevölkerten Entwicklungsländern Abtreibungen ohne das Wissen der Frauen vorgenommen!) Wenn die Entscheidung einzelner Frauen gegen ein eigenes Kind eine bestimmte Massenhaftigkeit erreicht hat, d. h., wenn die zu erwartende Kinderzahl unter eine bestimmte Grenze sinkt, dann ist es auch nicht recht, und es muß mit gesetzlichen Mitteln dafür gesorgt werden, daß noch Kinder gezeugt werden. Aus diesem Grund ist es den herrschenden Kräften der Gesellschaft so wichtig, den §218 nicht ersatzlos zu streichen.» (Brot und Rosen 1974: 35-36)

Auch wenn die Autorinnen hier schon viel Richtiges treffen, zum Beispiel dass staatliche Bevölkerungspolitik in der BRD etwas ganz anders heißt als im Trikont, so werden sie genau dann krude, wenn sie das Verhältnis von Staatsmacht und Frau beschreiben. Der Staat erscheint hier als Herrscher über die als autonom von ihm gedachten Frauen. Das Interesse der Frauen an wenigen Kindern kann zwar zufällig einmal mit seinen Interessen konform gehen, aber da er notwendigerweise Kinder als nachfolgende Arbeitskräfte braucht, wird der Staat Gesetze erlassen oder beibehalten, die die Frau in ihrer freien Entscheidung abhalten und zu kontrollieren geeignet sind.

Der hier aufgemachte Gegensatz zwischen Frauen und Staat mag, was die Bevölkerungspolitik angeht, Anfang der 70er-Jahre noch viele wahre Momente gehabt haben, wie es sich zum Beispiel im Abtreibungsverbot, aber auch in rigiden Scheidungsgesetzten widerspiegelte. Aber dieser Gegensatz scheint zumindest heute aufgehoben, wo die staatliche Herrschaft sich in bevölkerungspolitischen Fragen nicht in erster Linie mehr durch Repression, sondern durch neue Herrschaftstechniken, in denen staatliche Kontrolle individualisierend wirkt, auszeichnet.

Mit Foucault ließe sich begründen, auch wenn man die essentialistischen Implikationen seiner Machttheorie nicht teilt, dass sich Bevölkerungspolitik nie allein durch staatliche Repression auszeichnete, sondern über die Konstituierung einer spezifischen Subjektivität funktionierte.

Auch Foucault versteht unter Bevölkerungspolitik das staatliche Interesse, Kontrolle über Quantität und Qualität der Gesamtbevölkerung zu erlangen, um die optimale Reproduktion der nationalen Gemeinschaft zu sichern. Alle kapitalistischen wie auch sozialistischen Staaten[28] funktionierten nach dem «Modus der Bio-Macht» (Foucault). Bevölkerungspolitik sei ein «junges» Phänomen, das Konzept der Bevölkerung wurde überhaupt erst im 19. Jahrhundert entdeckt. Ziel war die Anpassung der Bevölkerung an die Kapitalakkumulation. Dies wurde gerade im 19. Jahrhundert zu einem wesentlichen politischen und wissenschaftlichen Problem, bei dessen Lösung alle gesellschaftlichen Kräfte gefragt waren. Die zu kontrollierenden Phänomene sind einzeln betrachtet zufällig und unvorhersehbar, erst auf der kollektiven Ebene und über einen gewissen Zeitraum hinweg weisen sie Konstanten auf, die erkennbar und systematisierbar sind. Die Methoden hierfür zu entwickeln war im 19. Jahrhundert die Aufgabe ganzer Wissenschaftszweige wie der Demographie und der Sexualwissenschaft. Erst dann besteht die als Notwendigkeit erachtete Möglichkeit, auf die Phänomene im gewünschten Sinne einzuwirken; also nicht unbedingt auf das einzelne Individuum, sondern durch Manipulation dieser allgemeinen Phänomene. Oder anders gesagt: Es sollen statistische Aussagen über den Grad gewonnen werden, in dem verschiedene Mechanismen auf den Bevölkerungskörper einwirken. Dazu gehören sicherlich auf der Ebene der Gesetze der §218 und das Kindergeld, aber auch die Errichtung staatlicher Institutionen wie der Krankenkassen, Altersvorsorge und Kinderbetreuung sowie der Medizin und – ganz besonders wichtig – der Hygieneaufklärung.

Doch nicht nur diese äußerlichen Mechanismen waren bedeutsam. Auch dem Einzelnen wurde ein verantwortungsvoller Umgang mit seiner eigenen Fortpflanzung und somit auch mit der Sexualität auferlegt, denn die Art und Weise, in der die Sexualität gelebt wurde, konnte nach Auffassung der Medizin verheerende Folgen haben. Eine undisziplinierte und irreguläre Sexualität könne zwei Effekte zeitigen: Sie könne einerseits eine individuelle Krankheit hervorbringen, wie zum Beispiel das masturbierende Kind Knochenmarksentzündungen bekomme; auf der Ebene der Bevölkerung führe eine ausschweifende Sexualität andererseits zur Degeneration, also zu einer ebenfalls gestörten Nachkommenschaft für viele Generationen. Die Sexualität bildete auf Grund ihrer Fortpflanzungsfunktion eine Schnittstelle zwischen den Mechanismen der Regulierung und der auf den Körper bezogenen Wissenschaftsdisziplinen. Der als ausschweifend und schwer kontrollierbar gedachte Trieb konnte jederzeit vom Weg der Normalität abkommen. Es bedurfte der ständigen Kontrolle des Einzelnen. Foucault spricht hier von «Subjektivierung» und «Individualisierung». (Michel Foucault 1977: 76) Dies passiert seiner Meinung nach über die Praktik des Geständnisses, wie sie in der Beichte und später in der Wissenschaft, besonders in der Psychoanalyse, stattfinde: In ihr errichte der Einzelne ein spezifisches Verhältnis zu sich selbst, er wird zum Subjekt und Objekt seiner Rede. (Michel Foucault 1977: 76-78; Vgl. auch Andrea Maihofer 1995: 129) Hier kann auch von einer Internalisierung der Herrschaftsverhältnisse gesprochen werden, ebenso wie von einer Übernahme der Vorstellung von einer Degeneration durch den Einzelnen. Denn einher ging das nach Foucault mit der Unterscheidung und auch mit der Hervorbringung einer normalen und unnormalen Sexualität, «Der Einpflanzung der Perversionen». Diese wurden hervorgebracht, um sich von ihnen abgrenzen zu können bzw. zu müssen. Denn über allem schwebte immer die Drohung des «Staatsrassismus» (Michel Foucault 1977: 71), die, um die «physische Kraft und gesellschaftliche Sauberkeit des gesellschaftlichen Körpers zu erhalten, [...] versprach, die Träger der Schande, die Degenerierten und die entarteten Bevölkerungsteile auszumerzen». (Foucault 1977: 70) So Foucault über die Sexualwissenschaften (Scintia Sexualis).

Dieser Subjektivierung sind erst einmal alle unterworfen. Foucault macht hier keine Unterscheidung zwischen Männern und Frauen. Andrea Maihofer jedoch möchte hier die Stilisierung von Männlichkeit sehen, einer Position, der ich mich anschließen möchte.

«Dieses Selbstverständnis ist vielmehr in sich männlich. Es ist das des Mannes zu sich selbst als Mann. Männer sind nicht etwa von Geburt an auf Grund ihres biologischen Geschlechts Männer; sie müssen erst zu solchen gemacht werden bzw. sich selbst zu solchen machen. Dies erfordert, in sich eine Struktur von Männlichkeit zu errichten, ein Verhältnis zu sich selbst als

Subjekt, indem sie im wahrsten Sinne des Wortes ihrer Lust, ihrer Begierden etc. Herr werden: Die Selbstbeherrschung ist eine Art und Weise, Mann im Verhältnis zu sich selbst zu sein.» (Andrea Maihofer; 1995: 133)

Foucault arbeitet in seinem zweiten Band von Sexualität und Wahrheit in Bezug auf die Antike ein Modell von männlicher Subjektivität hervor, dass mit dem der bürgerliche Gesellschaft größtenteils übereinstimmt, jedoch andere Schwerpunkte setzte. Die Selbstbeherrschung des antiken Mannes bezug sich hauptsächlich auf die Vermeidung des Exzesses, sowohl in Bezug auf sein sexuelles Verhalten überhaupt, als auch im besonderen auf die passive Rolle in der Homosexualität. Die Lust selber galt nicht als Sünde, sondern sollte in einem gesunden Maß ausgeübt werden. Eingeübt wurde das bereits vom Jüngling, dem die passive sexuelle Rolle durchaus zugestanden wurde, der jedoch aufpassen musste, dass seine Hingabe nicht das angemessene Maß überstieg, ansonsten galt er schnell als Hure und konnte keine öffentlichen Ämter einnehmen. Als Erwachsener konnte er durchaus Liebhaber und Liebhaberinnen neben seiner Ehefrau haben, jedoch sollte der tugendhafte Mann, um ein angesehenes Mitglied der Gesellschaft zu bleiben, es hierin nicht übertreiben. (Foucault 1986)

Geliebte oder Prostituierte konnten auch bürgerliche Männer noch neben ihren Frauen haben. In jedem heterosexuellen Geschlechtsakt konnte der Mann, wie Theoretikerinnen von Simone de Beauvoir bis Alice Schwarzer erkannten, seine Männlichkeit, d.h. die Fähigkeit, die Frau durch Potenz und Aktivität im Geschlechtsverkehr jedes Mal erneut zu unterwerfen, unter Beweis stellen. Abzugrenzen hatte sich der Mann von den Perversionen, vor allem von der Homosexualität, die bei Männern unter Strafe stand. Neben der schon erwähnten Angst vor Krankheit und Degeneration, schwang hier vor allem die Befürchtung mit, selbst zur Frau zu werden und von den anderen auch als solche angesehen zu werden. Geschlecht und heterosexuelles Begehren hängen, wie auch hier zu sehen ist, konstitutiv miteinander zusammen.

Im Gegensatz zum Bild des stets potenten Mannes, der sich zu beherrschen hat, waren der Frau in der Antike genau wie in der bürgerlichen Gesellschaft außereheliche sexuelle Kontakte strengstens untersagt, und der Mann hatte darauf zu achten, dass sie dieses auch einhielt. Er hatte über sie genau wie über sein Haus, seine Kinder und seine Sklaven zu herrschen, wurde den Frauen doch ein eigenständiger Subjektstatus verweigert. Die Frau selbst hatte zwar tugendhaft zu sein, doch war diese Tugendhaftigkeit immer auf den Mann bezogen. Diese bestand in der Unterordnung unter den Mann. Sie hatte sich zu beherrschen, um dem Mann zu gefallen. War er mit ihr nicht zufrieden, konnte er sie auch verstoßen. Der Mann dagegen hatte sich zu beherrschen, also sexuelle Mäßigung zu üben, um wiederum andere, denen das nicht im gleichen Maße gelang, zu beherrschen. Für die Frau ging es demnach nicht um Mäßigung, sondern sie hatte das männliche Verbot einzuhalten: Sie durfte keine außerehelichen Kontakte eingehen, war also darüber hinaus gezwungen, eine Struktur von «Männlichkeit» in sich zu errichten. Denn die Tugenden der Mäßigung, der Beherrschung und der Aktivität galten in Griechenland als männlich, während Unmäßigkeit und Passivität als weiblich galten. Auch Männer konnten demnach weiblich sein, wenn sie ein zu ausschweifendes Sexualleben hatten, oder in der homosexuellen Beziehung sich der passiven Rolle, die für den Jüngling reserviert war, zu sehr hingaben. (Vgl. Michel Foucault 1986: 109-113; Vgl. auch Andrea Maihofer 1995: 134-135)

«Das heißt natürlich nicht, daß Frauen nicht maßvoll zu sein hätten, daß sie der enkráteia nicht fähig wären, oder die Tugend der sophosyne nicht kennen würden. Aber diese Tugend ist bei ihnen immer in gewisser Weise auf die Männlichkeit bezogen. Sie ist institutionell darauf bezogen, weil ihnen die Mäßigung durch ihren Abhängigkeitsstatus gegenüber der Familie und ihrem Gatten sowie durch ihre Fortpflanzungsfunktion auferlegt ist, welche die Fortdauer des Namens, die Weitergabe des Vermögens, das Überleben der Polis gewährleistet. Sie ist aber auch strukturell darauf bezogen, weil die Frau um maßvoll sein zu können, zu sich selber ein Überlegenheits- und Herrschaftsverhältnis herstellen muß, das an sich männlich ist.» (Michel Foucault 1986: 110)

In der bürgerlichen Gesellschaft wurde die Selbstbeherrschung, wie auch schon im letzten Kapitel dargelegt, Frauen ebenfalls nicht im gleichen Maße zugestanden wie dem Mann. Anhand des Treuegelübdes kann das auch hier nachgewiesen werden. Zwar waren offiziell auch die Männer genauso wie die Frauen zur Treue verpflichtet, doch galt eine oft beschriebene Doppelmoral, die Männer wenn überhaupt deutlich weniger bestrafte als Frauen. Männer konnten Prostituierte aufsuchen, mit ihren Dienstmädchen schlafen (oder diese vielmehr vergewaltigen) und voreheliche sexuelle Kontakte haben. Frauen, vor allem bürgerlichen Frauen, war das alles strikt untersagt. Falls aus einer nicht-legitimierten Beziehung ein Kind entstand, galt die Frau bekanntlich als «gefallenes Mädchen» und hatte kaum noch Chancen zu heiraten. Die Frau stand auch hier zuerst unter der Herrschaft ihres Vaters und dann unter der des Ehemannes. Letzterem wurde auch die Kontrolle über die Sexualität und Schwangerschaft der Frau auferlegt. Wie Phillipe Aries schreibt, war die bevorzugte empfängnisverhütende Methode der Koitus Interruptus. Eine Methode, die dem Mann zwar einiges an Selbstbeherrschung abverlangt, ihm jedoch auch die Kontrolle über die Schwangerschaften überlässt. Obendrein hatte der Mann auch für die sexuelle Bereitschaft der Frau zu sorgen. Hin- und hergerissen zwischen Hure und Heilige sollte sie durch die gelungene Intervention des Mannes unter Kontrolle gehalten werden. Foucault spricht davon, dass die «müßige bürgerliche» Frau die erste Person gewesen sei, die sexualisiert worden sei. Sie galt als zur Hysterie neigend und vollkommen von der Sexualität durchdrungen:

«Die Hysterisierung des weiblichen Körpers ist ein dreifacher Prozeß: der Körper der Frau wurde als gänzlich von Sexualität durchdrungener Körper analysiert, qualifiziert und disqualifiziert; aufgrund einer ihm innewohnenden Pathologie wurde dieser Körper in das Feld der medizinischen Praktiken integriert; und schließlich brachte man ihn in organische Verbindung mit dem Gesellschaftskörper (dessen Fruchtbarkeit er regeln und gewährleisten muß), mit dem Raum der Familie (den er als substanzielles und funktionelles Element mittragen muß) und mit dem Leben der Kinder (das er hervorbringt und das er dank einer die ganze Erziehung währenden biologisch-moralischen Verantwortlichkeit schützen muß): die Mutter bildet mitsamt ihrem Negativbild der nervösen Frau die sichtbarste Form der Hysterisierung.» (Michel Foucault 1977: 126)

Sicherlich kritisierte die Frauenbewegung zutreffenderweise, dass Frauen unter der Macht des Mannes, des patriarchalen Staates und der patriarchalen Medizin gestanden hätten und es sich dabei neben den schon immer existierenden strukturellen Verhältnissen auch um ein persönliches Herrschaftsverhältnis gehandelt habe.

Dementsprechend war Bevölkerungspolitik vordem für die Frau hauptsächlich von Verboten geprägt und wurde auf zweierlei Art betrieben: zum einen durch das gesellschaftlich anerkannte Verbot von vorehelichem Geschlechtsverkehr, wie es sich zum Beispiel im Kupplergesetz widerspiegelt oder in dem Umstand, dass es einem unverheirateten Paar nahezu unmöglich war, ein Hotelzimmer oder eine Mietwohnung zu bekommen; zum anderen durch das (zumindest offizielle) Nichtvorhandensein von Verhütungsmethoden und das generelle Abtreibungsverbot. Da war nicht viel zu überlegen: Als Fräulein gab es keinen Sex und als Frau Kinder.

Indem die Frauenbewegung «Mein Bauch gehört mir» proklamierte, half sie zweifelsohne dabei mit, diese bevölkerungspolitischen Maßnahmen in die Hand von Frauen selbst zu legen. Die Frauen sollten zumindest dem Ideal nach selbstverantwortlich entscheiden, wann sie wie viele Kinder haben wollten. Dass diese Forderung auch dem Wunsch vieler Frauen entsprach, ist sicherlich zutreffend und nachvollziehbar, doch wird dabei verkannt, dass es unter den heutigen gesellschaftlichen Bedingungen Selbstbestimmung, hier verstanden als individuelle Entscheidungsfreiheit, gar nicht geben kann. Vermeintlich autonome Entscheidungen werden immer auf Grund gesellschaftlicher Reproduktionsverhältnisse gefällt, wozu z.B. der §218, aber auch Kindergeld und Kindergartenplätze usw. gehören. Die ideologische Vorstellung der Frauenbewegung vom autonomen, selbstbestimmten Subjekt verschleierte nicht nur diese gesellschaftliche Vermittlung des Einzelnen, sondern stieß zudem einen Prozess der Internalisierung gesellschaftlicher Verhältnisse mit an: Das Verlangen nach einem spezifischen Verhältnis zu sich selbst, einstmals Vorrecht der Männer, wurde nun von den Frauen als ihr ureigenstes Anliegen entdeckt. Im Kampf gegen männliche, staatliche und medizinische Vorherrschaft und durch die gefeierten Erfolge größerer sexueller Freiheit, besserer Verhütungsmethoden sowie zumindest begrenzter Abtreibungsmöglichkeiten wurde die Kontrolle den Frauen selbst eingepflanzt, ohne dass dies großartig bemerkt worden wäre.

Kuriose Blüten trieb das Selbstbestimmungskonzept, wenn die Entscheidung gegen ein behindertes Kind als Erfolg individueller Autonomie gefeiert wurde. So gab es zu Beginn der 70er-Jahre keine Gruppe, die die Geburt eines behinderten Kindes nicht als persönliche Katastrophe der Frau verstanden hätte. Mag auch unter den heutigen Bedingungen, in denen Frauen oft die alleinige Verantwortung für Kinder zu tragen haben, das Aufziehen behinderter Kinder besonders schwierig sein, so steht doch die Forderung nach pränataler Diagnostik ganz im Zeichen einer eugenischen Praxis, in der nicht die Verhältnisse geändert, sondern die als unnormal und nutzlos Disqualifizierten gar nicht erst geboren werden sollen. Als Beispiel sollen hier noch einmal Brot und Rosen zitiert werden, die das Nichtvorhandensein «ausreichender» pränataler Diagnostik für eine besonders perfide Unterdrückungsstrategie hielten:

«Geschädigte Kinder heißt: Sie kommen taub, blind, gehörgeschädigt, spastisch gelähmt, hirngeschädigt zur Welt. Bei 20.000 dieser Kinder sind die Schäden irreversibel, das heißt, diese Kinder sind von Geburt an bis zum Tode Pflegefälle. Für diese Kinder gibt es kaum Pflege- oder Heimplätze. Das heißt, die Mütter müssen diese Belastungen privat und alleine tragen, was ihr eigenes Leben völlig bestimmt und zerstört. Wissenschaftlich wäre es heute weitgehend möglich, einen Großteil dieser Schäden vorher zu erkennen. Dazu müßten aber perinatale Einrichtungen geschaffen werden; das heißt, solche Kliniken, die es möglich machen, daß Schäden bei Müttern und Kindern vor der Geburt erkannt und behandelt werden.

Zwar weiß heute jede Frau, daß bei Röteln der Schwangeren das Kind geschädigt werden kann, aber den Schwangeren werden Informationen vorenthalten, auf welche Krankheiten das noch zutrifft. Ein Gesundheitswesen, das von den Bedürfnissen der Bevölkerung ausgeht, müßte garantieren, daß solchen Schäden durch Forschung und Behandlung vorgebeugt wird.» (Brot und Rosen 1974: 102)

Gewiss gab es gerade in den letzten Jahren, ausgelöst von der Behindertenbewegung, verstärkt Kritik an solchen Vorstellungen und kaum jemand würde so etwas noch direkt aussprechen. Oftmals werden aber die inzwischen tatsächlich existierenden Pränataldiagnostikstellen nicht auf Grund ihrer Selektionsmaßnahmen abgelehnt, sondern die Kritik richtet sich nur gegen den staatlichen Zwang, den man sich als autoritär verbittet. Wenn nicht der behandelnde Arzt manipulativ auf die Frau einwirkt oder der Staat plant, solche Praktiken für alle zwingend vorzuschreiben, sondern die Frau ganz eigenständig entscheidet, ob sie das Kind auf die Welt bringt, darf das nicht kritisiert werden, weil das gegen das Selbstbestimmungsrecht der Frau verstoße.[29]

Diese Position geht vollkommen an den herrschenden Verhältnissen vorbei. Den Frauen wird zwar heute z.B. von Ärzten nahe gelegt, das pränatale Angebot zu nutzen und bei «Risikoschwangerschaften» auch die humangenetischen Beratungsstellen, aber das ist kein nackter Zwang, sondern es wird vielmehr stärker auf Individualisierung gesetzt. Durch diese Individualisierung muss die Frau die Verantwortung für oder gegen ein mögliches behindertes Kind alleine tragen, wobei das technische Potential noch den normativen Druck erhöht, sich gegen das Kind zu entscheiden. Bevölkerungspolitik findet also eher über Kontrolle und Individualisierung als allein über repressive Maßnahmen statt, und so funktioniert sie ganz gut: 90% der Frauen, denen ein behindertes Kind prognostiziert wird, entscheiden sich gegen das Kind. Die individuelle Entscheidung deckt sich also trefflich mit der Staatsraison. (Vgl. D.J. Bükatz 1998)

4. *Die Frau existiert nicht, lasst sie uns finden –* Frauen auf der Suche nach Identität

*N*achdem die Frauen in ihrem Kampf gegen den §218 und ihrer Auseinandersetzung mit Sexualität und Verhütungsmitteln gemerkt hatten, dass in der Sexualität auf ihre Bedürfnisse keine Rücksicht genommen wurde und die Medizin sie auf die Rolle als Handlanger patriarchaler Bevölkerungspolitik und Brutkästen reduzierte, wollten die Frauen eine Sexualität und Medizin schaffen, die ihren eigenen Bedürfnissen angemessen war. Aber was waren genau die eigenen Bedürfnisse? Patriarchale Aneignung schien den Körper der Frau seit Jahrhunderten zugerichtet zu haben und die Sozialisation formte jede Frau nach patriarchalen Maßstäben. Luce Irigaray schrieb in Anlehnung an Lacan dazu: «Die Frau existiert nicht!» Ironie der Geschichte war nun, dass die Frauen sich trotzdem aufmachten, sich in Selbstuntersuchungs- und Selbsterfahrungsgruppen, Frauenbuchläden und gemeinsamen Ferien selbst zu finden. Die Suche nach der authentisch weiblichen, innersten und ureigensten Identität begleitete jede Aktivität. Doch oft genug waren neue Mütterlichkeit und alternativer Betrieb nur schwer von der «entfremdeten Mütterlichkeit» und der «entfremdeten Arbeit» in einer herkömmlichen Firma zu unterscheiden. Nur bekamen die Frauen jetzt selbstbestimmt die gesellschaftlich gewünschte Anzahl von Kindern und beuteten sich ganz eigenverantwortlich selbst aus.

4.1 Selbstuntersuchung als Aneignungsprozess der eigenen Natur

«*D*och nach ein paar Jahren mußten wir alle feststellen, daß sich der Körper die jahrelange Zufuhr von künstlichen Hormonen nicht ohne weiteres gefallen läßt. Die häufigsten Symptome der Unverträglichkeit waren bei uns: Krampfadern, Sehstörungen, Haarausfall, starke Gewichtszunahme, verstärkt auftretende Depressionen, häufige Übelkeit, permanenter Ausfluß, stark herabgesetzte Abwehrkräfte bei Entzündungen. Der

Gang zum Arzt brachte auch nichts Neues, höchstens ein neues Präparat. Mit der Zeit wurde mir immer klarer, daß die Pille meinen Körper mehr schädigt als schützt. Aber mein Wissen darum half mir auch nicht weiter, was sollte ich denn sonst tun? Mit der Pille aufzuhören wagte ich einfach nicht, da ich andere Verhütungsmittel für unangenehm und unsicher hielt. Der Mann konnte mir kultürlich auch nicht weiterhelfen, da es für ihn wie für mich selbstverständlich war, daß ich die Pille nehme. Also schob ich die auftauchenden Probleme immer wieder vor mir her und schluckte – wenn auch unwilliger.

In diesem Zustand der Ratlosigkeit ging ich zur §218-Veranstaltung des Frauenzentrums München ins Schwabingerbräu. Unter anderem berichtete dort eine Selbsthilfe-Gruppe von ihrer bisherigen Arbeit. Dort wurde mir zum ersten Mal bewußt, daß die Pille nicht nur abzulehnen ist wegen der schädlichen Nebenwirkungen, sondern auch deshalb, weil sie mich von meinem weiblichen Körper und seinen Vorgängen entfremdet, meine Hormone künstlich steuert und mir die Erfahrung meines natürlichen Zyklus wegnimmt.» (Eine Selbsthilfegruppe 1976: 134)

Die Selbsthilfegruppen oder Selbstuntersuchungsgruppen waren aus der Beschäftigung mit Verhütung und Abtreibung entstanden. Um ungewollte Schwangerschaften zu verhindern, schluckten die Frauen die Pille. Doch die anfängliche Erleichterung, der Angst vor der Schwangerschaft entkommen zu sein, schlug schnell um, als viele Frauen von den anfänglich sehr hoch dosierten Mitteln Nebenwirkungen bekamen. Auch fanden es viele Frauen im Zuge der Frauenbewegung nicht mehr einsehbar, warum nur sie sich um die Problematik der Verhütung kümmern sollten, obwohl sie die herrschende sexuelle Praxis als unbefriedigend erlebten. Die Pille verstärkte noch den Objektcharakter der Frau: Von den Männern wurde sie nun als ständig verfügbar eingeschätzt, und so nahm sie sich selbst auch verstärkt wahr. Eigene sexuelle Bedürfnisse zu entwickeln, war so kaum möglich. Auch die anderen Alternativen wirkten zunächst einmal wenig attraktiv: Kein Verhütungsmittel schien den von den Frauen gestellten Ansprüchen zu genügen: sicher, bequem und unschädlich zu sein. Die Spirale konnte als Fremdkörper Entzündungen hervorbringen, Sterilisation blieb ein schwerwiegender, möglicherweise gesundheitsschädlicher Akt, dem mit viel Ressentiments von Seiten der Männer begegnet wurde, das Kondom galt als gefühlsabtötend; Pessar und

Diaphragma als zu unsicher u.s.w. (Brot und Rosen 1974: 40-95)

Doch das sind nicht die einzigen Argumente, die Brot und Rosen[30] vorbrachten und wohl auch nicht die wesentlichen. Als wichtiger galt noch, daß die Verhütungsmethode einen bewußten Umgang mit dem Körper erlauben sollte, damit die Frau wieder einen Zugang zu ihrem «entfremdeten» Körper bekam. Aus diesem Grund lief dann auch die Temperaturmessmethode den mechanischen Verhütungsmitteln wie Diaphragma und Kondom den Rang ab. Sicher werden dabei auch Bequemlichkeit und Sicherheit eine Rolle gespielt haben, aber erstaunlich ist es schon, wenn die Temperaturmessmethode als sicherste Verhütungsmethode ausgegeben wird, während das Diaphragma direkt nach dem Coitus Interruptus den vorletzten Platz einnimmt. Eine Münchner Selbsthilfegruppe spricht offen aus, was sich Brot und Rosen in ihrem sachlichen Ton noch verkniffen haben:

«Aus diesen Gründen betrachten wir die Temperaturmethode als die bewußteste Verhütungsmethode, d.h. wir versuchen damit, unserem Körper wieder ein Stück näherzukommen, indem wir unseren Zyklus miterleben wollen, uns für unseren Eisprung, Follikelreifungsphase und Gelbkörperphase sensibilisieren wollen, sie fühlen wollen, als Teil von uns begreifen wollen.» (Eine Selbsthilfegruppe 1976: 139)

Die Pille wird immer mehr zum Symbol für den entfremdeten Körperzustand der Frau und ihre Entfremdung von sich selbst insgesamt, da diese den Organismus der Frau durcheinander bringe und – mehr noch – die Frau auch von ihrem natürlichen Körper entferne.

«So merkten wir jetzt im nachhinein die wirkliche Pillenschädigung – wir merkten, daß unser natürlicher Zyklus zerstört wurde, uns ein Scheinzyklus aufgezwungen wurde, mit dem wir uns früher zufriedengaben (solange ich meine Periode bekomme und keine Schmerzen habe, wird mir die Pille schon nicht schaden), wir merkten, wie lange es dauert, wieder unseren körpereigenen individuellen Zyklus aufzubauen.» (Eine Selbsthilfe-Gruppe 1976: 141)

Diese Entfremdung der Frau von sich und ihren eigenen Bedürfnissen geschähe, weil der Mann und mit ihm die patriarchale Struktur an der vollkommen deformierten und entsubjektivierten Frau seine eigenen Interessen durchsetze und davon in vielerlei Hinsicht profitiere: Über den Verkauf der Pille könnten Pharmakonzerne große Gewinne erzielen, Männer könnten durch die Pille in einem noch größeren Ausmaß sexuell über die Frauen verfügen und durch die sie begünstigenden patriarchalen Strukturen, über die Pille und die Gynäkologie, die Kontrolle über die Frau intensivieren, damit diese ihre Reproduktionsaufgabe zur Schaffung von Arbeitskräften erfülle. Die Gynäkologie wird dabei als patriarchale Stütze schlechthin interpretiert. Brot und Rosen finden für diese Argumentation einige sicherlich nicht zu leugnende Anhaltspunkte. Zum einen ihre Beobachtung, dass alle körperlichen Zustände der Frau, die mit ihrer Fortpflanzungsfähigkeit zu tun haben, von der ersten Periode über Schwangerschaft und Geburt bis hin zur Menopause als potenziell krank und gefährdend eingeschätzt werden, so dass die Frau sich ständig unter ärztlicher Aufsicht befindet. Durch die Pille hat sich diese permanente Überwachung auch noch auf die Verhütungsmittel ausgedehnt, denn um die Pille zu erhalten, hat sie sich alle drei Monate beim Arzt einzufinden. Als weiteren Punkt wird der historische Bruch angeführt, durch den die von Frauen dominierte Geburtsheilkunde gewaltsam an die männliche Medizin überging. So beschreiben Brot und Rosen, dass bis zur frühen Neuzeit Hebammen für die Geburten und heilkundige Frauen für die medizinische Versorgung der gesamten Bevölkerung zuständig gewesen seien. Der Männerbund aus Universität, männlicher Medizin und Kirche habe nun dazu geführt, dass zuerst die weibliche Heilkunde zurückgedrängt wurde und schließlich auch die Geburtshilfe. Jede andere Form der Heilkunde wurde zur Hexerei erklärt, für medizinisches Wissen und Praxis war ab da ein Universitätsstudium nötig, zu dem Frauen jedoch der Zugang verwehrt war. (Brot und Rosen 1974: 123-141) Hieraus wurde kurzsichtig der Schluss gezogen, dass die Frau des Mittelalters, verkörpert von der Hebamme, viel selbstbestimmter gewesen sei. Sie habe noch wirkliche Kontrolle über ihre Gebärfähigkeit gehabt und auf natürliche Weise die Kinder zur Welt gebracht, indem sie auf empirische Erfahrung und lange Traditionen rekurrierten. Außerdem hätten sie ein Wissen über Verhütung und Abtreibung besessen, das durch die Machtübernahme der Männer verschüttet worden sei.

«Die Vertreibung der Hebammen hatte für alle Frauen weittragende Folgen: Es wurde nicht nur die Entbindung gefährlicher und mühevoller (unter der Regie der männlichen Ärzte wurde auch die aufrechte Gebärstellung abgeschafft und die – für den Arzt bequeme – Rückenlage eingeführt, die den Geburtsablauf wesentlich erschwert), sondern den Frauen wurde generell ihr Wissen entrissen und dessen Weiterentwicklung verhindert. Alles was mit unserer Fruchtbarkeit und der Gebärfähigkeit zusammenhängt, wurde endgültig fremdbestimmt.» (Brot und Rosen 1974: 131-132)

Richtig an dieser Darstellung ist sicherlich, dass Männer seit der frühen Neuzeit versuchten, die Kontrolle über die Geburtshilfe zu übernehmen, auch wenn sie diese noch nicht in die eigenen Hände nehmen konnten. Als ein Beispiel dafür können die Hebammenverordnungen sowie Hebammenschulen gelten, die dazu führten, dass die Hebammen nicht mehr unabhängig ihre Dienste leisteten, sondern unter Kontrolle der Kirche, der Städte und der Medizin standen. Dieser Prozess dauerte einige Jahrhunderte: Ab dem 15. Jahrhundert wurden Verordnungen erlassen, die hauptsächlich die Frage der Nottaufe betrafen – ein erster Versuch kirchlicher Einflussnahme. Ab dem 17. Jahrhundert wurden Gesetze verabschiedet, deren Ziel es war, dass Ärzte die Aufsicht über die Hebammen übernahmen und diese Prüfungen ablegen mussten. Im 18. Jahrhundert wurden schließlich Hebammenschulen eingerichtet. (Edward Shorter 1984: 59)

Die Geburtshilfe war lange Zeit als unwichtiger Weiberkram abgetan worden, mit dem sich Männer nicht beschäftigten, weil es ihnen einerseits als zu profan erschien, und es andererseits kaum gesicherte Erkenntnisse über den Vorgang gab. Ein wesentliches Moment wird auch gewesen sein, dass die Bedeutung von Kindern im Mittelalter nicht so hoch gewesen ist. Sie galten zwar als notwendig für die Altersvorsorge, liefen aber ansonsten nebenher und wurden als von Gott gegeben betrachtet. Eine emotionale und institutionelle Aufwertung erfuhren Kinder erst in der bürgerlichen Familie. Hier wurde Kindheit als Lebensphase erst erfunden. (Vgl. Ulrike Frevert; Elisabeth Beck-Gernsheim 1997: 25-50)

So spricht die relative Freiheit der Hebammen nicht unbedingt für ihre Macht, wie es in der Frauenbewegung häufig konstatiert wurde, sondern beweist eher das Gegenteil: ihre geringe Bedeutung und ihre Machtlosigkeit. So waren Hebammen meist arme, ausgestoßene ältere Frauen, die kaum eine andere Chance mehr für sich sahen. Auch die Tatsache, dass an den medizinischen Hochschulen des Mittelalters, z.B. der berühmten Hochschule in Salerno in Italien, im Geburtshilfebereich nur Frauen ausgebildet wurden, spricht weniger für die angebliche Sexualfeindlichkeit der Kirche, wie Brot und Rosen behaupten, sondern für geringes Interesse.

Das Erstarken des Interesses der Männer an der Geburtshilfe scheint in einem engen Zusammenhang mit der Entdeckung der Bevölkerung und dem Wunsch nach ihrer rationalen Regulierung zu stehen. Auch wenn sich Bevölkerungspolitik endgültig erst im 19. Jahrhundert etablierte, hatte das Interesse am Kind schon wesentlich früher begonnen. Ein wichtiger Schritt zur Bevölkerungspolitik war es sicherlich, die Geburtshilfe zu einer institutionalisierten Wissenschaft zu machen, anstatt sie weiterhin allein in den Händen der Frauen zu lassen.

Erst zum Ende des 18. Jahrhunderts fingen auch Ärzte an, tatsächlich selbst Geburten vorzunehmen. Zu Beginn wurden sie nur bei schweren Geburten dazu geholt, später versuchten sie auch durchzusetzen, dass ihnen die vorgeburtlichen Untersuchungen und schließlich die normalen Geburten überlassen wurden. Aber erst zu Beginn des 20. Jahrhunderts wurde es allgemein üblich, dass die Frauen in Krankenhäusern entbanden; die Hebamme wurde weitestgehend verdrängt oder zu einer Arzthelferin degradiert. Edward Shorter, ein englischer Wissenschaftler, der sich mit der Geschichte der Hebammen auseinandergesetzt hat, macht hieraus eine Fortschrittsgeschichte, bei der das hehre Ziel im Vordergrund gestanden habe, den Frauen Geburt und Schwangerschaft zu erleichtern und ihnen die Angst vor Komplikationen zu nehmen. Sicherlich ist nicht abzustreiten, dass viel weniger Frauen heutzutage bei Geburten sterben als noch im letzten Jahrhundert. Bezweifelt werden muss dagegen die Vorstellung, die ganzen medizinischen Maßnahmen seien nur zum Wohle der Frau eingeführt worden. Ein weiteres Indiz dafür, dass die Angst, die Frauen könnten Geburt und Schwangerschaft kontrollieren, eine wichtige Rolle bei der Übernahme der Geburtshilfe spielte, ist die Hexenverfolgung. Denn ein Hauptvorwurf an die als Hexen verfolgten Frauen war die ihnen zugeschriebene Fähigkeit, auf Fragen der Fruchtbarkeit Einfluss zu nehmen: Angeblich konnten sie Männer impotent und Frauen steril machen, Fehlgeburten einleiten, Kinder fressen oder den Dämonen preisgeben. (Hexenhammer, zit. nach Helmut Brockert u.a. 1977: 348) Die Aussagen des Hexenhammers sprechen weniger für reale Fähigkeiten der Frau als vielmehr für das, was als Bedrohung angesehen wurde und unter die eigene Kontrolle gebracht werden sollte.

Ernst genommen werden muss dagegen Shorters Versuch, den Mythos von den selbstbestimmten Frauen im Mittelalter, die die alleinige Kontrolle über ihre Gebärfähigkeit und Geburten gehabt hätte, zu dekonstruieren. Denn auch sie waren eingebunden in ein Netz von Vorschriften, das ihre Bewegungsfreiheit einschränkte, wenn sie schwanger waren. Die Frauen galten dann als besonders gefährdet, von Dämonen heimgesucht zu werden. Zum Schutz sollten sie sich deshalb so selten wie möglich draußen aufhalten, ein Gebot, das selten eingehalten werden konnte, hatten doch viele Frauen, vor allem aus den unteren Ständen, bis zur Entbindung harte, körperliche Arbeit zu leisten. Besondere Rücksicht wurde ihnen auch beim Essen nicht zuteil. Es war eher unüblich, dass Frauen in der Schwangerschaft mehr Nahrung bekamen. Auch gab es zwar die Regel, dass Frauen nach der Geburt neun Tage liegen bleiben sollten, aber in den unteren Schichten arbeiteten Frauen bereits am Tag der Entbindung wieder. Auch die von Feministinnen immer wieder gelobten Feste, die als Ausbruchsversuche gedeutet werden, sieht Edward Shorter nicht nur positiv, da es nicht unbedingt spontane Feste waren, sondern Verpflichtungen, die die Frauen zusätzlich zu der übrigen Arbeit zu leisten hatten.

Gleichermaßen widerspricht er der Vorstellung, die auch Brot und Rosen teilt, dass die Geburten auf Grund der rein mit Erfahrungswissen arbeitenden Frauen besonders problemlos verlaufen seien und das Können der Hebammen das der späteren Ärzte weit überstiegen habe. Dass die Hebammen im Gegensatz zu den ersten Ärzten empirische, positivistische Wissenschaft betrieben hätten, ist demnach eine reine Projektion, ist diese doch erst eine Erfindung des 19. Jahrhunderts. Hebammen und andere heilkundige Frauen blieben einem magischen Denken verhaftet, wie es eben zu dieser Zeit üblich war. Mit Sprüchen und Handauflegen die bösen Geister zu vertreiben, gehörte hier genauso zur Medizin wie die Kräuterküche. (Silvia Bovenschen 1977: 259-313) Sicherlich konnten so einige Krankheiten (mehr mit den Kräutern als mit den Gebeten!) auch real geheilt werden, aber vieles blieb eben auch im Dunkeln. Die traditionelle Weitergabe weiblichen, heilkundigen Wissens führte im Bereich der Geburtshilfe, nach der Quellenlage Shorters, nicht dazu, dass Frauen auf besonders «natürliche» Weise gebären konnten, sondern auf Grund der Unwissenheit der Hebammen über Anatomie zuweilen dazu, dass ein Tumor mit einem Kind verwechselt wurde. Auch herrschte wohl der Glaube vor, dass die Geburt um so besser sei, desto schneller sie vorbei wäre. Dies rührte sicherlich auch daher, dass die Hebammen schlecht bezahlt wurden und, um ihr Leben zu unterhalten, eine Vielzahl von Arbeiten annehmen mussten. Das alles führte zu einem ständigen Eingreifen seitens der Hebammen: Sie schnitten die Fruchtblase auf und versuchten, das Kind mit den Händen durch den Geburtskanal herauszuholen. Es herrschte im Allgemeinen der Glaube vor, dass eine besonders fleißige Hebamme die sei, deren Anstrengung besonders sichtbar gewesen sei. (Edward Shorter1984: 74-81) Den Glauben, dass die Zeit der Hebammen das Goldene Zeitalter gewesen sei, hält er für haltlos, obwohl er vielen Hebammen nicht absprechen will, dass sie vor allem in den Städten gute Arbeit geleistet hätten – dies freilich, weil sie auf der Höhe des medizinischen Wissens gewesen seien und nicht etwa, weil sie auf Grund eines mimetischen Verhältnisses zur Natur besonders nahe an den natürlichen Bedürfnissen der Frau gewesen wären, wie Brot und Rosen, Becker u.a. nahe legen. Das dürfte nach Shorter ein romantisierendes Bild des Mittelalters sein, in das die eigenen Vorstellungen von selbstbestimmten Leben hineingelegt werden. Es besteht eine gewisse Neigung, wenn von «Entfremdung» gesprochen wird, einen geschichtlichen Ort zu suchen, in dem ein ursprünglicher, nicht entfremdeter Zustand vorgeherrscht habe; und dieser wurden allzu oft in der Zeit der heilkundigen Frau gefunden. Es verwundert kaum, wenn sich in diesen Geschichtsschreibungen das ganze differenzfeministische Verständnis von der Natur der Frau wiederfindet: die Ablehnung von Vernunft und Objektivität sowie das Hochhalten von Subjektivität und Natur bzw. «eigentlicher» Natur der Frau, nach der auf verschiedenste Weise gesucht wurde.[31]

Die Hexe war, wie auch Silvia Bovenschen anmerkt, in der Frauenbewegung als Symbol sehr beliebt. Das berühmte Frauenhandbuch hieß «Hexengeflüster», viele Kneipen und Cafés nannten sich «Walpurgisnacht» oder «Blocksberg» und auf einer großen Frauendemo in Italien trugen die Frauen Hexenkostüme. Bovenschen sieht die Gründe dafür darin, dass sich in dem Bild der Hexe eine immer noch «unabgegoltene Sehnsucht nach Befreiung» manifestiere, die auf Grund der gleichbleibenden Strukturen der geschlechtsspezifischen Unterdrückung seit der Hexenverfolgung immer noch wirksam sei. Die Hexe war im Trivialmythos eine alte, sonderliche Frau und schnell konnte jede Frau zu einer solchen werden, wenn sie sich dem weiblichen Schicksal nicht willig fügte. Die Aneignung dieses Hexenbildes durch die Frauenbewegung interpretiert Bovenschen als Kritik und Ironisierung männlicher Weiblichkeitsmystifikationen, in der sich ein Widerstandspotential verberge; durch Überspitzung werde die Unterdrückung sichtbar gemacht und der Wunsch nach Befreiung ausgedrückt. Zugleich weist sie jedoch auch auf die Gefahren einer solchen Anknüpfung hin: Das Bild der Hexe werde als unmittelbare Reminiszenz an vergangene weibliche Macht gesehen, in dem die wirkliche ursprüngliche Frau wiedererkannt werden soll und der Ontologisierung und Biologisierung dieser ewig weiblichen Männerphantasie Vorschub geleistet wird. (Silvia Bovenschen 1977: 259-266)

In der Frauenbewegung geschah zumeist beides: Die Kritik an männlichen Projektionen ging einher mit der Vorstellung einer dahinter existierenden ursprünglichen Frau, die sich in Selbsterfahrungsgruppen herausschälen sollte und für die als Referenzpunkt die Hexenmythologie genauso herhalten musste wie die griechischen Göttinnen, die man in den Ferien auf der Insel Lesbos aufsuchte. Selbst bei Silvia Bovenschen findet sich diese Figur in der Behauptung wieder, dass die Hexerei als Mimesis ein tatsächlich anderes, weniger herrschaftliches Naturverständnis ausdrücke.

4.2. Frau und Natur: Weiblichkeitsbilder

Die Vorstellung, dass die Frau eine engere Beziehung zur Natur habe oder gar mit ihr identisch sei, ist keine Erfindung der Frauenbewegung, sondern hat eine lange Vorgeschichte. Neu war auch nicht, dass Frauen sich diese Zuschreibung zu Eigen machten, sondern nur das widerständige Moment, das nun dort hineingelegt wurde. Denn das weibliche Prinzip wurde dem männlichen nicht nur positiv gegenübergestellt, sondern es galt auch als antikapitalistisch und versprach als Lebensprojekt ein diesseitiger utopischer Ort zu sein, an dem eine herrschaftsfreie Gesellschaft schon existieren könnte.

Für den deutschen Raum kann bis in die vorchristliche Zeit der germanischen Stämme der Glaube an ein besonders enges

Verhältnis von Natur und Frau nachgewiesen werden. Auf Grund ihrer Gebärfähigkeit wurde die Frau mit Fruchtbarkeit und Natur schlechthin assoziiert, wodurch der nicht verstandene Geburtsvorgang rationalisiert wurde. Die Natur wurde als von Dämonen beherrscht gedacht, und so galt auch die Frau während Schwangerschaft und Geburt als von Dämonen beherrscht. Andererseits sollte aber auch nur sie in der Lage sein, die Dämonen durch rituelle Beschwörungsformeln zu vertreiben, da sie auf Grund ihrer Nähe zur Natur seherische Fähigkeiten und Zauberkräfte besäße. Diese Vorstellung entsprach damals, als die Menschen den Kausalzusammenhang von Kopulation und Geburt noch nicht kannten, durchaus der realen Machtposition der Frau.

Auch nach der Christianisierung Nordeuropas blieben dieser Volksglaube und das durch ihn geprägte Frauenbild erhalten. Auch wenn die Kirche dem magischen Glauben gegenüber skeptisch blieb und den Glauben an Dämonen und Hexen als ketzerisch verurteilte, hatten die Praktiken der Kirche und der Mönche große Ähnlichkeit mit diesem Volksglauben. Der Umgang mit der Natur bestand in der Anwendung von Kräutern und magischen Beschwörungsformeln. Daran änderten auch die Mönche nicht viel, nur dass sie in ihrer Vorstellungswelt die Dämonen durch den Teufel ersetzten und die Heilkraft Gott zuschrieben. (Vgl. Becker u.a. 1977: 87; Bovenschen 1977: 282)

Erst in der frühen Neuzeit änderte die Kirche ihre Position: Hexen und ihre Zauberkunst galten jetzt als eine reale Praxis, die ausgerottet werden musste. Dass gerade Frauen mit dem Magischen in Verbindung gebracht wurden, knüpfte einerseits an christliche Vorstellungen an, die in den Frauen schon immer die Hüterinnen des heidnischen, abergläubischen Weltbildes sahen, andererseits aber auch an real existierende Frauen, die für Geburt und Heilkunde verantwortlich waren: die weisen Frauen (Ingrid Ahrendt-Schulte 1994: 20) Deren Stellung war jedoch durchaus ambivalent. Einerseits wurden sie als Heilkundige verehrt, die tatsächlich über lange Zeit hindurch in einem Krankheitsfall und bei der Geburtshilfe die einzigen Ansprechpartnerinnen waren, andererseits konnten sie schnell in Missgunst geraten oder in Verdacht kommen, eine Hexe zu sein. Denn ihre therapeutischen Erfolge wurden weniger ihrer Kräuterkundigkeit oder ihrer Menschenkenntnis zugeschrieben, als vielmehr ihrer Fähigkeit, den verwendeten Mitteln durch Zauberei Heilkraft zu verleihen. Im Gegenzug wurden ihre Misserfolge auf den Einfluss eines bösen Zaubers zurückgeführt. Denn die weise Frau stand auch im Bunde mit den dämonischen Kräften der Natur, die, wie man glaubte, sowohl gute als auch böse Anteile habe. Sie wurde zugleich gefürchtet und geachtet, trug immer beide Gesichter: das der guten Fee und das der Hexe. (Becker u.a. 1977: 94-96)[32] Und da der Umgang mit Kräutern kompliziert war – nahm man zu viel, wirkten sie giftig, nahm man zu wenig, blieben sie wirkungslos – blieben Misserfolge oder sogar Todesfälle in der Heilkunst nicht aus.

Die Verfolgung der Frau als Hexe blieb jedoch nicht beschränkt auf die wirklich Heilkunde und/oder Geburtshilfe praktizierende Frau, sondern konnte jede Frau treffen, denn die Magie war keine spezifische Fähigkeit, sondern galt als weibliche Potenz schlechthin. So zielte die Hexenverfolgung nicht allein darauf, den Frauen das empirische Wissen über Geburtenregelung und Medizin zu entziehen und ihnen die Macht über diese Vorgänge zu entreißen, wie Brot und Rosen vermuteten. Mit der Hexenverfolgung sollte vor allem das alte magische Weltbild zerstört werden, das weiblich konnotiert war; es sollte auf dem Scheiterhaufen verbrennen. (Roswitha Scholz: 30-31) Das erklärt auch, warum sich die Vorwürfe nicht nur auf den Schadenszauber bei Kindstod und Krankheit beschränkten, sondern auch Diebstahl, seherische Fähigkeiten, Wetter- und Liebeszauber betrafen.

Die Hexenprozesse ereigneten sich denn auch nicht im Mittelalter, sondern im Übergang von Mittelalter zur frühen Neuzeit. Die ersten Prozesse fanden Ende des 15. Jahrhunderts statt und die letzten Ende des 18. Jahrhunderts. Die an der Verfolgung stark beteiligte Kirche versuchte, durch das Vernichtungs- und Verfolgungsprogramm ihre angeschlagene Position zu stärken, indem die Menschen mit Angst bei der Stange gehalten werden sollten. Denn so musste jeder, der als Abweichler galt, egal ob Hexe oder Ketzer, mit dem Schafott oder dem Kerker rechnen. Damit tat sich die Kirche allerdings keinen Gefallen, denn vom Untergang des magischen Weltbildes war auch sie selbst betroffen und hatte erhebliche Machteinbußen zu beklagen. (Vgl. Bovenschen 1977: 278-279)

Allerdings waren auch Aufklärer und Vertreter des rationalen Weltbildes an der Hexenverfolgung beteiligt. Daraus kann geschlossen werden, dass die Gründe für die Verfolgung der Hexen in der gesellschaftlichen Umbruchssituation zu suchen sind, nämlich in der Durchsetzung der bürgerlichen Gesellschaft. Mit der Ausdehnung des Waren- und Geldhandels und den neu entstandenen Manufakturen setzte sich ein rationales Naturverständnis durch, das gleichsam konstitutiv für das sich herausbildende neue Geschlechterverhältnis wurde. Seit der Renaissance hatten die Naturwissenschaft und deren praktische Anwendung zu einer immer größeren Naturbeherrschung geführt.[33] Mit der Durchsetzung der neuzeitlichen Rationalität musste das, wofür die Frau stand – die magische, dämonenhafte Natur – aus dem Weg geräumt werden: Es begann der Vernichtungsfeldzug gegen das Weibliche im Symbol der Hexe.

Magie und Rationalität sind nur scheinbar Gegensätze, doch musste mit der Ausrottung der Magie auch die Erinnerung an ihre gleichen Ursprünge ausgetilgt werden. Denn sowohl die Magie als auch die Naturwissenschaft haben die Beherrschung der Natur zum Ziel. In der Magie geschieht dies durch Mimesis, durch Angleichung an die Natur. So fußte zum Beispiel die Anklage des Wetterzaubers auf dem Glauben, dass durch Nachahmung der Vorgänge in der Natur Einfluss auf die Witterung genommen werden könne. Das Ausschütten eines heißen Topfes mit Wasser sollte die Wolkenbildung nachvollziehen und im Urinieren wurde der Vorgang des Regnens als Analogiezauber vollzogen. (Ingrid Ahrendt-Schulte 1994: 38-41) Hinter allen Naturphänomenen vermutete man Dämonen, auf die, wie schon gesagt, Frauen einen besonderen Einfluss haben sollten.

An der Geschichte der Durchsetzung des rationalen Weltverständnisses, wie sie Evelyn Fox-Keller für England im 16./17. Jahrhundert nachgezeichnet hat, lässt sich noch mal verdeutlichen, warum diese Durchsetzung so viele Frauen auf den Scheiterhaufen brachte. Auch zeigt sie in welcher Weise sich die Bilder von der Frau transformiert haben und in welcher Struktur sich das so entstandene Frauenbild bis heute erhalten hat.

Noch die Alchemisten des 16./17. Jahrhunderts glaubten an die Geister, die sich hinter den Erscheinungen befänden und im Experiment beeinflusst werden könnten. Ein Glaube, der – wie Evelyn Fox-Keller bezeugt – viele Anhänger hatte. Doch in der lange Jahre andauernden Debatte über die alchemistische oder die mechanistische Form der Naturerkenntnis setzte sich das mechanistische Verständnis durch. Aber auch die Adepten der mechanistischen Auffassung glaubten an die Geister hinter den Erscheinungen. Allerdings sahen sie diese als böse Dämonen, als Gesandte des Teufels, die der Wissenschaftler mit seiner empirischen Methode nicht heraufbeschwören durfte, wie es die Alchemisten versuchten, sondern die in dem ihnen angemessenen Raum zu verweilen hatten. So wurde die Natur aufgespalten in eine mechanistische, keusche, beherrschbare Natur und eine von Dämonen okkupierte, die angstbesetzt war und mit der Unersättlichkeit weiblicher Triebhaftigkeit assoziiert wurde. Diese Triebhaftigkeit galt es zu vernichten, und so waren denn auch die englischen Rationalisten fanatische Hexenverfolger. (Evelyn Fox Keller 1986: 53-71)

Die Gründe für die Durchsetzung des rationalen Wissenschaftsverständnisses im 17. Jahrhundert liegen für Fox-Keller nicht unbedingt darin, dass diese erfolgreichere Naturbeherrschung betrieben hätten. Denn auch wenn uns die Alchimie heute vielleicht als etwas obskur erscheint – ihr bekanntestes Experiment, aus einfachen Metallen Gold oder Silber herzustellen, gilt als unrealistisch – so stand damals doch auch die rationale Naturwissenschaft noch ganz am Anfang. Die Ursachen für deren Siegeszug sind nach Fox-Keller viel eher in jenen gesellschaftlichen Umbrüchen zu suchen, in denen sich Europa im 16./17. Jahrhundert befand. Diese Phase der Konstituierung der bürgerlich-kapitalistischen Gesellschaft zeichnete sich durch eine lange Periode schärfster Krisen aus. Die ganze europäische Welt war in Aufruhr: Religionskriege, Reformation und Gegenreformation, Bauernkriege, Ketzerverfolgung und -verbrennung, Auflösung der Zünfte, Herausbildung neuer Produktionsmittel und -techniken. Die alltägliche Erfahrung von Mord und Plünderung wurde dem mörderischen Selbsterhaltungstrieb des Menschen zugeschrieben, der abgespalten und unter Kontrolle gebracht werden musste. Hier ist also die bis heute vorherrschende Trennung von Trieben und Emotionen einerseits, und Vernunft andererseits zu suchen. Die abgespaltenen Triebe erschienen als niemals voll beherrschbar und es bestand immer die Gefahr, dass sie wieder hervorbrachen, weshalb sie immer weiter unterdrückt werden mussten. In diesem sicherlich unbewussten Prozess werden nun die eigenen nichtbewältigten und angstbesetzten Triebansprüche auf jene Frauen projiziert, die als Hexen verfolgt wurden. Das während des Mittelalters vorherrschende volkstümliche Bild von der magiebegabten Frau wurde wieder hervorgeholt, um nun ihr alles in die Schuhe zu schieben, was sich an Schaden ereignete. (Vgl. Roswitha Scholz 1992)

Diesem Bedürfnis nach Abgrenzung von der eigenen Natur entsprach die Alchimie nicht. Sie grenzte sich in den Augen der Mechanisten von dem magischen, weiblichen Naturverständnis und den Hexen viel zu wenig ab und wurde gleich diesen abgewertet und ebenfalls verfolgt. Daher konnten die Alchemisten schnell in den Ruf geraten, mit den Hexen zu paktieren. Demgegenüber kam das naturwissenschaftliche Wissenschaftsverständnis dem vorherrschenden Abgrenzungsbedürfnis sehr entgegen, denn in den Naturwissenschaften muss vom denkenden Ich, von Sinnen und Körperlichkeit abstrahiert werden. Um zu einem objektiven Urteil zu gelangen, muss sowohl von den Objekten Abstand genommen, als auch die eigene Subjektivität geleugnet werden. Der Wissenschaftler gilt als leidenschaftsloser Beobachter, der sich und das Objekt unter Kontrolle hat. Dieses Bild von idealer Wissenschaft und idealem Wissenschaftler ist bis heute männlich konnotiert, ist es doch gerade als Etablierung von Männlichkeit und in Abgrenzung zu aller Weiblichkeit entstanden. Diese Vorstellungen existieren bis heute, da sie immer noch kulturelle Gültigkeit haben und zugleich, wie Evelyn Fox-Keller zeigt, weiterhin den Erfahrungen der frühkindlichen Phase entsprechen; etwas vom Konstituierungsprozess kapitalistischer Gesellschaft wird in jeder Kindheit noch einmal wiederholt. Männlichkeit wird aus diesem Grund immer noch mit Objektivität, Unabhängigkeit, Autonomie und Geist assoziiert, während Weiblichkeit auch heute mit Natur, Abhängigkeit und Weichheit verbunden wird.

Zur Erklärung greift Evelyn Fox-Keller auf die Objektbeziehungstheorie zurück, eine psychoanalytische Sozialisationstheorie, die die Mutter-Kind-Dyade in den Mittelpunkt stellt. Das Neugeborene erlebt sich danach als mit der Mutter verschmolzen und lernt erst in einem schmerzlichen Prozess, dass es von der Mutter verschieden ist und eine selbstständige Existenz hat. Einerseits entsteht in dieser Ablösungsphase das Verlangen, die Differenz ungeschehen zu machen, andererseits entdeckt das Kind eine Lust an der Autonomie, die es durch die Verlockungen des früheren Stadiums immer wieder bedroht sieht. In diesen Zeitraum fällt auch die Entwicklung des Erkenntnisvermögens und der Fähigkeit, die Umwelt als unabhängig vom Selbst wahrzunehmen. Da die Mutter immer noch die erste primäre Bezugsperson ist, wird die Erfahrung von Vereinigung immer mit dem Bild der Mutter verknüpft bleiben, während Abgrenzung und Trennung als Nicht-Mutter erlebt werden. Das Kind, in Angst vor den Gefahren der Wiederverschmelzung mit der Mutter, sucht Schutz im Vater als Repräsentanten der Außenwelt. Der Vater steht daher für Individuation und Abtrennung. So entstehen die Archetypen von Männlichkeit und Weiblichkeit, die jedoch nicht den empirischen Individuen, Männern oder Frauen, entsprechen müssen. Wenn die Autonomieerfahrung nun keine sichere ist und das Kind nie erfahren hat, dass Individuation und Liebe sich nicht ausschließen müssen, kann das zur permanenten Verdrängung der Bedürfnisse nach Nähe und Vereinigung führen. Die Mutter erscheint dann als die alles verschlingende Macht, die erhöht und gleichzeitig auch abgewertet werden muss, während der Vater in seiner Autorität aufgewertet wird, da er den Weg aus der Verschlingung herauszuweisen scheint. Dies wird noch dadurch verstärkt, dass Individuation gesellschaftlich höher bewertet wird als Nähe und Liebe. Die Folge ist ständige Selbstkontrolle, die aus Angst vor dem bedrohlichen Inneren oder einer äußeren Bedrohung – die nichts anderes ist als eine Projektion der inneren Angst auf die Außenwelt – weiter aufrechterhalten werden muss. Bei der Selbstkontrolle handelt es sich also um eine Reaktion auf Konflikte, in denen es um die Bewahrung und Förderung der Autonomie geht. Verstärkt werden diese in der bürgerlichen Kleinfamilie angelegten Konflikte noch dadurch, dass die Frau häufig auf ihre Rolle als Mutter reduziert ist, die Kinder zur Kompensation ihrer gesellschaftlichen Machtlosigkeit missbraucht und unbewusst die Rolle der bedrängenden Mutter annimmt. Sie kann ihre Kinder nicht in die Selbstständigkeit entlassen, während der Vater die autoritäre Rolle übernimmt und selber nicht in der Lage ist zu lieben. Nur wenn das Kind erfahren hat, dass Abgrenzung beständig ist, und Liebe nicht Selbstaufgabe heißt, muss diese Distanz zwischen Subjekt und Objekt nicht so radikal aufrechterhalten werden. Eine Distanz wie sie auch in der Naturwissenschaft das Ideal darstellt.

Mädchen und Jungen haben gleichermaßen Probleme mit der Entwicklung der Autonomie, befinden sich jedoch im familiären Beziehungsgefüge in einer ganz unterschiedlich Situation, was tendenziell zu unterschiedlichen empirischen Charakteren führt. Denn die Mutter behandelt die Kinder schon sehr früh unterschiedlich. Den Jungen nimmt sie als verschieden von sich wahr, das Mädchen als gleich. Der Junge hat es so einfacher, sich von der Mutter zu lösen und sich mit dem Vater als Gleichem zu identifizieren. Dadurch identifiziert er sich zugleich mit der Autorität des Vaters und versucht, den Einfluss der

Mutter gering zu halten sowie die Omnipotenzphantasien, die er ihr zuschreibt, zu beherrschen und in Impotenz zu verwandeln. Das Mädchen dagegen wird sich mit der Mutter identifizieren, die sie als Gleiche behandelt. Bei ihm entwickelt sich der Wunsch nach Abgrenzung nicht so stark wie beim Jungen. Zwar repräsentiert auch für Mädchen der Vater gesellschaftliche Macht und sozialen Einfluss, an denen sie gerne teilhaben möchten. Weil sie sich jedoch nicht mit ihm identifizieren können, müssen sie versuchen, über Verführung Teilhabe an seiner Macht zu gewinnen. Da dieses Muster den gesellschaftlichen Realitäten von männlicher Teilhabe an und weiblicher Distanz zu gesellschaftlicher Macht entspricht, verstärkt und reproduziert es sich in der Sozialisation: Männer werden tendenziell zu liebesunfähigen, in ihrem Beruf aufgehenden Typen, während Frauen auf den Märchenprinzen warten, der sie von allem erlöst, und dann für ihn oder auch dem billigen Märchenprinzersatz ihren Beruf aufgeben, um für ihre Familie da zu sein – um die gängigen Stereotypen zu bemühen, die bis heute nicht vollkommen von der Bildfläche verschwunden sind. Die Objektbeziehungstheorie bietet eine Erklärung, warum auch nach dreißig Jahren neuer Frauenbewegung solche Rollenklischees noch immer wirksam sind, und zwar vor allem dann, wenn Frau Familie gründet und Kinder bekommt. (Vgl. Evelyn Fox-Keller 1986: 73-134)

In der Wissenschaft reproduziert sich dieses Bild von Männlichkeit: Wissenschaft wird mit Männlichkeit assoziiert, und die Naturwissenschaft als Leitdisziplin, die unsere Wahrnehmung der Natur und das Frauenbild prägt, in ganz besonderem Maße. Es lohnt sich daher, die Naturwissenschaft noch mal näher anzuschauen: Seit ihren Anfängen in der frühen Neuzeit hat die mechanistische Naturwissenschaft große Fortschritte gemacht. Mit zunehmender Institutionalisierung und Naturbeherrschung konnten sich die Ängste vor der Frau legen. Schon die Aufklärer des 18. Jahrhunderts wollten ihre Auffassung gegen die alten Vorurteile durchsetzten. Hexen, Wahrsagung und Dämonen hielten sie für Humbug, der mit den Mitteln der Aufklärung bekämpft werden sollte. Die Aufspaltung der Natur in eine entseelte, mechanistische Natur einerseits und eine sinnliche Seite andererseits blieb jedoch in domestizierter Form erhalten. Denn auf dem naturwissenschaftlichen Erkenntnisweg muss von der sinnlichen Erscheinungswelt abstrahiert werden, um zur eigentlichen Erkenntnis zur gelangen. Abstraktion von der Wirklichkeit wird in der Naturwissenschaft durch das Experiment erreicht. Im Experiment ist die Natur eine konstruierte, alle störenden Einflüsse werden entfernt und die Wechselwirkung mit dem Beobachter soll ausgeschlossen werden. So erfährt der experimentierende Wissenschaftler nicht, wie die Natur auf die Sinne wirkt; seine Erfahrung ist vermittelt durch Apparate. Im Vorgang des Experiments wird das vage Ganze der unmittelbaren Erfahrung in Teile aufgelöst, über die sich nun präzise sprechen lässt. Mittels der Theorie werden diese wieder zu dem zusammengefügt, was nun als die eigentliche Hintergrundwelt gilt: die beherrschbaren Naturgesetze – im Gegensatz zu dem, was davor die Hintergrundwelt ausmachte: die Dämonen. Auf diese Weise werden einheitliche Erkenntnisobjekte hergestellt, die leichter zu beherrschen sind. Die so gewonnene Erkenntnis wird nun angewandt im Sinne der technischen Verfügung: Natur ist abstrakte Natur, Material für Menschen. Das bedeutete zunächst Befreiung aus dem Naturzwang, bot jedoch auch die Möglichkeit an, Natur nur noch unter Verwertungsimperative zu stellen, wie es dann kapitalistische Realität wurde. Beherrschung der Natur unter den Bedingungen der Profitmaximierung führt zu keinem vernünftigen Umgang mit den Naturdingen, sondern zu einer erneuten Unterwerfung unter sie. (Vgl. Scheich, Elvira 1993; Tiepl, Ludwig 1987)

Die abgespaltene sinnliche Seite erscheint jetzt nicht mehr als von Dämonen besetzte Natur, sie wurde zur schönen, romantischen Natur, die in der trivialen Form bis heute im Urlaub oder beim Sonntagsspaziergang als Gegenbild zur rationalen Arbeitswelt herhalten muss und in der sich der Einzelne wieder erholt für die erneuten Mühen in der Konkurrenz.

Gerade die Protestbewegungen der letzten dreißig Jahre, vor allem die Umweltbewegung, aber auch die Frauenbewegung hielten diese romantisierte Natur für die ursprüngliche Natur. Es blieb oft nicht bei der Kritik an den nicht zu übersehenden Schäden, die instrumentelle Naturbeherrschung mit sich bringt und die in der Atomenergie ihren deutlichsten Ausdruck finden, sondern man begab sich auf die Suche nach der ursprünglichen Natur und der ursprünglichen Lebensweise und Umgehensweise mit der Natur. Auf der Flucht vor den patriachalen Verhältnissen landeten die Frauen immer häufiger in der Frauen/Lesben-Landkommune. Unabhängig von Männern, männlichen Arbeits- und Beziehungsstrukturen sollte die Selbstfindung, die Suche nach der eigenen Natur besser gelingen. Doch nicht selten entpuppte sich das scheinbar so romantische Landleben als harte Arbeit und die bäuerlichen Tätigkeiten als Naturbeherrschung par Excellenze.

«Dann kam die Sehnsucht nach der Natur im Allgemeinen: Feld, Wald, Wiese, Kräutersammeln, Pflanzen bestimmen, die Suche nach der natürlichen Natur. Und dann natürlich die Überzeugung, daß Natur Gesundheit gibt, sofern sie nicht... Irgendwann zwischendurch entdeckte ich auch noch die Frauenliebe und mein wunderschöner neuer Zukunftstraum lebte von der klaren (aber falschen) Logik: Männer = naturzerstörend = schlecht / Frauen = naturerhaltend = gut. Alles von Natur aus versteht sich. Assoziationen wie Freiheit, Natur, Ruhe, Verwobensein in die so offensichtlich nützlichen Tätigkeiten der Urproduktion, Selbstversorgung, Unabhängigkeit, Zeit-haben usw. [...] Und dann habe ich die Lehre in der Gärtnerei begonnen, ich wollte die Träume realisieren, wollte lernen, wie ich sie wahr machen kann über den Weg der Arbeit. Mit diesem Schritt habe ich mich vom Kopf auf die Füße gestellt. [...] Je länger ich die Gärtnerarbeit mache, desto schmerzhafter erlebe ich die Widersprüche meiner Arbeit mit der Natur in diesem gesellschaftlichen System. [...] Das Problem ist, daß die abstrakte Seite der Arbeit unterm Kapital für diejenigen unsichtbar ist, die nicht drin stecken. Die Entzückung der Leute, wenn sie Gärtnerin hören, macht mich wütend. Welch schöner Beruf, mit Pflanzen umzugehen, und so viel an der frischen Luft, das möchte ich mal eine Zeitlang machen, usw. [...] Das Wachsenlassen der Pflanzen (was ja angeblich unserem Instinkt so nahe steht) geschieht als eine genau berechnete Kalkulation von Leben und Tod, d.h. wie kann ich die Lebensvorgänge meiner Pflanze mit chemischen und physikalischen Methoden über Wasser halten, damit sie den heiß ersehnten Ertrag bringt, bevor sie aus den Latschen kippt. Ungefähr wie ein Mensch auf der Intensivstation. Das Wachsen-Sehen ist von Beginn an ein Sterben-Sehen. Diese Arbeit bedeutet ein Umgehen mit Giften, für die Atemschutzmasken und Gummianzüge vorgeschrieben sind.» (Uli, Gärtnerin 1979: 76-79)

Die Wahrnehmung des Landlebens als schöne Natur, konnte eben nur so lange funktionieren, wie die Einzelne nicht selber in den Produktionsprozess eingegliedert war und auf die Natur alle nicht erfüllten Bedürfnisse projizieren konnte.

So ist es nicht erstaunlich, dass die romantische Setzung der Natur als schöne Landschaft nicht in bäuerlichen Gesellschaften auftaucht, sondern zuerst im Bürgertum, das von der unmittelbaren landwirtschaftlichen Produktion freigestellt war – und dies zu einer Zeit, in der die Natur durch die neuen Möglichkeiten der Naturbeherrschung allmählich ihre Schrecken verlor und nicht mehr als mit Dämonen besetzt vorgestellt werden musste. Die Alpen gewannen zum Beispiel erst touristische Attraktivität, als sie mit Straßen erschlossen wurden. So war der romantische Blick auf die Natur immer schon eng mit der Naturbeherrschung verbunden und keineswegs so natürlich und intuitiv, wie die Romantiker vorgaben, sondern ein mit Anstrengung verbundener, höchst artifizieller Prozess. Die heute gängige Unterscheidung zwischen gewaltsamer naturwissenschaftlicher Erkenntnis und ästhetischer Vergegenwärtigung war in der frühen Aufklärung keine, da Letzteres gar nicht als Form unmittelbarer Erkenntnis verstanden wurde. Die Betrachtung der Landschaft als ästhetisches Bild war vielmehr eine Sache der Übung. Die Wahrnehmung musste in dieser Hinsicht geschult werden. Dies geschah vor allem mit Hilfe der Kunst, die großen Landschaftsgemälde aus dem 17. Jahrhundert zeugen davon, aber auch jeder Spaziergang wurde genutzt, um die Sinne zu schulen. Ziel war die Sensibilität auch für die geringsten Eindrücke, aus denen dann ein ästhetisches Vergnügen gezogen werden konnte. Doch neben einer Veränderung der Wahrnehmung musste die Natur als schöne Natur zuerst einmal hergestellt werden und das war gleichsam ein gewaltsamer Akt, wie das Beispiel der englischen Gärten zeigt: Im Gegensatz zur französischen Gartenanlage des Barock, deren Künstlichkeit im geradezu architektonischen Beschneiden der Bäume offensichtlich ist, sollte der englische Landschaftsgarten so natürlich wie möglich aussehen, wofür die Gartenbaumeister einen immensen Aufwand betrieben. (Vgl. Schneider, Helmut 1980)

Wurden also im 16. Jahrhundert die abgespaltenen Teile der Natur angstvoll mit Dämonen und Geistern besetzt, so machte man sich im Laufe des 17. Jahrhunderts an die Domestizierung der Dämonen in gut kontrollierbare Parks. Analog dazu veränderte sich auch das Bild der Frau, die weiterhin in einem engen Verhältnis zur Natur gesehen wurde. Gleichzeitig mit dem Bild der Hexe, der bösen, schadenbringenden, magiebegabten, mit Dämonen sexuell sich einlassenden Frau, kam das Bild der Maria auf, der entsinnlichten, geistigen Frau, das Idealbild der Reinheit. In dieser sollte die reale Unterdrückung der Frau in der

Ehrfurcht vor ihr kompensiert werden. Im Bild der Maria ist die Verachtung jedoch direkt mitgesetzt, denn diesem überspannten Ideal vermochte in der Realität keine Frau je zu entsprechen und so konnte sie mit Leichtigkeit herabgesetzt werden. Das Frauenbild im Übergang vom Mittelalter zur frühen Neuzeit war also geteilt: Stand die Hexe für die sinnliche, naturhafte Seite, der zugetraut wurde, die Lüste der Männer zu beherrschen, so stand Maria für das geistige Prinzip der entsexualisierten Reinheit, wie sie auch in der naturwissenschaftlichen Erkenntnis vorherrschen sollte, wie das Bild Bacons von der keuschen und gesetzmäßigen Ehe zwischen Natur und Geist nahe legt.

In der bürgerlichen Gesellschaft blieb dieser Dualismus in domestizierter Form erhalten: Aus der Hexe wurde die Prostituierte und aus Maria die Mutter und Hausfrau. In dieser gemäßigten Fassung durfte die frühbürgerliche Frau teilweise sogar beides repräsentieren: einerseits Demut, Liebesfähigkeit und Gehorsam, andererseits eine häuslich gezähmte Variante von Sinnlichkeit und Erotik[34] – während im 19. Jahrhundert beide Momente vollkommen auseinanderfielen: Die Mutter und Hausfrau war Vorstand des Hauses, der die sexuelle Lust zumeist abgesprochen wurde, und für die sexuellen Bedürfnissekonnte der Mann Prostituierte aufsuchen.

Mit der Aufklärung waren diese Bilder nicht mehr nur eine von außen an die Frau herangetragene Bestimmung, der sie zu entsprechen hatte, sondern sie schien diese Eigenschaften nun von Natur aus zu haben. Diese Auffassung verfestigte sich im Laufe des 18. Jahrhunderts: Fehlverhalten war jetzt nicht mehr nur unsittlich, sondern widernatürlich. Der natürliche Geschlechtsunterschied wurde bis zum Ende des 20. Jahrhundert von niemandem in Frage gestellt und selbst die historische Frauenbewegung forderte größtenteils[35] keine Gleichberechtigung, sondern geschlechtsspezifische Erwerbsarbeit für Frauen und Mädchen im sozialen Bereich, was auch als eine Art erweiterter Mutterschaft betrachtet werden kann. Mutterschaft und die damit verbundenen emotionalen Aufgaben, die auch den zu umsorgenden Mann betrafen, sowie die dazugehörigen Pflichten der Hausarbeit hatten die Frauen vollkommen internalisiert. So sahen sie denn auch ihre gesellschaftliche Aufgabe darin, die kalte und allein von Männern geformte Welt durch die «Natürliche Mutterschaft» der Frau menschlicher zu machen. (Roswitha Scholz 1992)

4.3. Von Rousseau zum Differenzfeminismus

Das romantische Bild der Frau wurde in abgewandelter Form von der Frauenbewegung übernommen, ohne je als Vorurteil und Mythos erkannt worden zu sein. Besonders deutlich wird dies an der Rezeption Jean-Jacques Rousseaus, der sicherlich nicht zu unrecht als Begründer des modernen Patriarchats angesehen wird (vgl. Roswitha Scholz 1992) und zugleich die Stichworte für den Differenzfeminismus lieferte, ohne dass der Frauenbewegung dies bewusst gewesen wäre. Schon Rousseau hatte sich auf die Suche nach den wahren Bedürfnissen des Menschen gemacht, die er gegen die deformierten abzugrenzen versuchte. Doch waren zu dem Zeitpunkt aufklärerische und romantische Strömungen noch nicht auseinander gefallen: Die Kenntnis vom Naturzustand konnte nur durch logische Schlüsse und Abstraktion erreicht werden, die Kritik der Vernunft schloss bei Rousseau die Hymne auf die Freiheit noch mit ein.

Bei Jean-Jacques Rousseau treten die beiden Pole von Verklärung der Frau einerseits, Rechtfertigung ihrer Unterdrückung andererseits ganz unvermittelt nebeneinander auf. Während er die Abhängigkeit der Frau und ihre Pflicht zur Treue mit der weiblichen Natur, d.h. der Gebärfähigkeit, legitimiert, verkörpert die Frau für ihn als Mutter zugleich ein erstes soziales Gefühl, das nicht auf Gewinn und Profit, sondern auf Mitleid zielt.

«Ich glaube keinen Widerspruch fürchten zu müssen, wenn ich dem Menschen die einzige natürliche Tugend zuspreche, die der übertriebenste Verleumder der menschlichen Tugend anzuerkennen gezwungen ist. Ich spreche vom Mitleid, einer Anlage, die so schwachen und vielen Schmerzen ausgelieferten Wesen wie uns gemäß ist. Es ist eine Tugend, die unter Menschen um so verbreiteter und um so nützlicher ist, als sie bei ihnen dem Gebrauch jeglicher Reflexion vorhergeht. Es ist so natürlich, daß sogar die Tiere zuweilen sichtbare Zeichen davon geben. Man bemerkt jeden Tag, ohne gar von der Zärtlichkeit der Mütter für ihre Kleinen und deren Gefahren zu reden, denen sie zu deren Schutze trotzten, den Widerwillen der Pferde, einen lebenden Körper mit ihren Füßen zu treten.» (Rousseau 1995: 171)[36]

Eine ähnliche Argumentationsfigur findet sich auch in der Frauenbewegung. Hier ein Beispiel aus dem Frauenjahrbuch von 1976, das in den verschiedensten Variationen immer wieder vorkam und im viel beachteten Müttermanifest der Grünen 1985 seinen Höhepunkt fand:

«Die Beziehungen, die zwischen Mutter und Kind schon im embryonalen Stadium im Mutterleib entstehen, sind Keimformen des Menschen als eines sozialen Wesens. Und Liebe ist eine soziale Kategorie. Die zweckfreie, tauschfreie Beziehung zwischen Mutter und Kind ist die Urform der menschlichen Beziehung überhaupt, deren utopische Kerne die Revolution heraussprengen. Nicht umsonst versucht der Staat, bis an die Grenzen dieser Zone heranzukommen, um sie zu zerstören. Ich versuche es mit der Theorie der Erhaltung der menschlichen Art. Aber befremdeter und überzeugender zugleich können die Gefühle sein, die Lust, die Schwangerschaft, Geburt und Kinder tatsächlich hervorbringen. Die bürgerliche Gesellschaft hat Schwangerschaft, Geburt und Kinderhaben als Lust propagiert, weil sie die Unterdrückung der Frau verewigen will. Aber wir wissen, auf den Inseln unserer Köpfe und Herzen, daß wir nicht Schwangerschaft, Geburt und Kinderhaben bekämpfen müssen, um die Last abzuschütteln, sondern die Zustände, die sie zur Last machen. [...] Die Schwangerschaft ist die einzige Zeit in deinem Leben, wo dein Körper wirklich ausbrechen will aus der Beherrschung durch die Technik-Medizin einerseits und Kosmetik-Sozialunterdrückung andererseits. Er tritt erstmalig als Subjekt auf. Für deinen Körper heißt das als Natur. Er produziert im natürlichen und menschlichen Sinn. Die Sinne schärfen sich, die erotische und sexuelle Fühlsamkeit ist rückhaltlos, du hast ein Wohlbefinden, das seine Wurzeln in deinem eigenen Körper hat. Du erlangst eine Schönheit, die dich mit der Würde von alten Frauen verbindet.» (Katrin Mosler 1976: 152)

Für Rousseau ist die uneigennützige Zärtlichkeit der Mutter aus dem der Natur des Menschen inne wohnenden Mitleid entsprungen. Das Mitleid ist jedoch bei ihm nicht geschlechtsspezifisch konnotiert, sondern die Mutter-Kind-Beziehung dient nur als Beispiel für die menschliche Natur beider Geschlechter insgesamt. Sicherlich macht auch für den expliziten Gegner Hobbes' der Selbsterhaltungstrieb die Natur des Menschen aus. Doch führt dieser nicht wie bei Hobbes zu hemmungslosem Egoismus, sondern ist gepaart mit Mitleid, das Menschlichkeit und Tugend hervorbringe. Erst im Gesellschaftszustand werde die Stimme des Mitleids überhört und das Handeln der Menschen durch Gier und Selbstsucht bestimmt. Die wahren, echten Bedürfnisse scheinen in Vergessenheit geraten zu sein und von den künstlichen und falschen Bedürfnissen überdeckt zu werden.

Für Rousseau war der Mensch im Naturzustand kräftig, stark und gesund, da ihn noch keine Werkzeuge verweichlicht hätten; er war leidenschaftslos, da er auch seine sexuellen Bedürfnisse ohne Tabu ausleben konnte, und er war mitleidig mit den Alten, Kranken und Schwachen. Im Gegensatz zu differenzfeministischen Positionen wollte sich Rousseau jedoch nicht festlegen, ob es diesen unverfälschten Zustand, von dem beim zivilisierten Menschen ohnehin nichts weiter übrig geblieben sei, als die «unbewußten Ansprüche im Herzen jedes zivilisierten Menschen» (Rousseau 1995: 115), je gegeben hat. Mehrere Textstellen legen nahe, dass er wusste, dass der Naturzustand nur eine Setzung ist, die durch logische Schlüsse und empirische Forschung von «Wilden» abgeleitet werden muss.

«[...] es ist kein einfaches Unternehmen zu entwirren, was an der jetzigen Natur des Menschen ursprünglich und was künstlich ist, sowie einen Zustand richtig zu erkennen, den es nicht mehr gibt, vielleicht nie gegeben hat und wahrscheinlich nie geben wird, über den man aber dennoch rechte Begriffe nötig hat, um den rechten Zustand beurteilen zu können. Wer es unternehmen würde, die zu ergreifenden Vorsichtsmaßregeln für gründliche Beobachtungen über diesen Gegenstand genau zu bestimmen, müßte mehr Philosophie haben als man denkt.» (Rousseau 1995: 67)

Erschließen möchte er den Naturzustand, um auf dieser Grundlage Gesetze zu errichten, die die Menschen wieder zu einem sittsamen und tugendhaften Leben im Sinne der Selbsterhaltung anhalten und verhindern, dass sie den falschen Versprechen oberflächlicher Freuden frönen und ihren freien Willen für einen sündigen, gierigen Lebenswandel missbrauchen. Auch wird man bei Rousseau erst durch die Fähigkeit des freien Willens zum Menschen. Der freie Wille wird aus der Vernunft abgeleitet: Die Vernunft ist die Fähigkeit zu urteilen, zu vergleichen und die Wahrheit herauszufinden. Auf Grund dieser Urteile kann sich der Einzelne entscheiden, gut oder schlecht zu handeln, sich moralisch sittsam zu verhalten oder die Freiheit zu missbrauchen – was dann der Fall ist, wenn er sich nicht im Sinne der menschlichen Natur, also der Selbsterhaltung entscheidet.

Der Naturzustand ist immer schon eine Abstraktion derjenigen Bedürfnisse, die noch vor dem Verstand da gewesen sind. Und so war der Mensch schon immer zweigeteilt in das, was seine Natur ausmacht, und in die Vernunft. Der Mensch im Naturzustand ist gut. Es zeichnen ihn zwei Grundeigenschaften aus: Das Mitleid und der Selbsterhaltungstrieb, aus dem er im Überlebenskampf seine Stärke zieht. Ohne Werkzeuge kann er all seine körperlichen Potenziale entfalten, die beim Menschen in der Zivilisation verkümmern, da dieser sich keiner Anstrengung mehr aussetzen muss. Ähnlich wie im Differenzfeminismus werden also der Natur des Menschen durchweg positive Eigenschaften zugeschrieben. So bedurfte es zum Beispiel im Naturzustand keiner Medizin, da der Mensch dort einfach nicht erkrankt – ganz so wie die Frau erst durch das Krankenhaus und die Medizin von ihrem Naturzustand, in dem alles ihrer Natur gemäß funktioniert, entfernt wird.

Andererseits ist der Selbsterhaltungstrieb bei Rousseau gepaart mit dem Gefühl des Mitleids, das den Selbsterhaltungstrieb einschränkt, so dass der Mensch diesem nicht ungehemmt frönt, sondern nur solange er damit keinem anderen schadet. Ist der Naturzustand durchweg positiv besetzt, so entstehen aus dem freien Willen, der den Menschen aus dem Naturzustand wegführt, viele Gefahren. Rousseaus Verhältnis zur Vernunft ist ambivalent: Einerseits sieht er als Aufklärer in der Vernunft die höchste Gabe des Menschen. In ihr steckt die menschliche Freiheit sich auch gegen die Natur entscheiden zu können; sie hat ihn dazu gebracht die schönen Künste, die Wissenschaften und die Gesetze zu schaffen.[37] Andererseits haben der Verstand und der freie Wille zu allem Übel geführt:

«Es ist der Verstand, der die Selbstsucht erzeugt. Es ist die Reflexion, die sie stark macht. Sie ist es, die den Menschen sich auf sein Ich zurückziehen läßt. Sie ist es, die ihn sich von allem abschneiden läßt, was ihn stört und bedrückt. Die Philosophie ist es, die ihn vereinzelt. Sie ist daran schuld, daß er beim Anblick eines leidenden Menschen sagt: stirb, wenn du willst; ich bin in Sicherheit. [...] Der Wilde hat dies bewundernswerte Talent überhaupt nicht. Mangels Weisheit und Vernunft überläßt er sich stets törichterweise dem ersten Gefühl der Menschlichkeit.» (Jean-Jacques Rousseau 1995: 175)

Dies passiert, wenn der Mensch diese Freiheit missbraucht und sich vom Naturzustand entfernt, anstatt sich freiwillig den Gesetzen der Natur zu unterwerfen. Denn gerade das macht die Sittlichkeit des Menschen aus. In diesem Gedanken Rousseaus ist der Verfall des Freiheitsbegriffs also durchaus schon angelegt.

Besonders deutlich wird die Ambivalenz seines Vernunftbegriffs beim Eigentum und den sich daraus für Rousseau erwachsenden Folgen: Das Eigentum entstand aus der natürlichen menschlichen Fähigkeit zur Vernunft, nämlich der Fähigkeit, nicht nur unmittelbar zur Bedürfnisbefriedigung zu gelangen, sondern Bedürfnisaufschub zu praktizieren, um in planerischer Absicht im Ackerbau und in der Eisenproduktion zu besseren Produkten zu gelangen. Denn Menschen würden nicht arbeiten, wenn sie nicht sicher sein könnten, dass die Früchte ihrer Arbeit auch wirklich ihnen gehören. In diesem menschlichen Stadium bekam jedoch die natürliche Ungleichheit der Menschen erst eine besondere Bedeutung, denn diejenigen, die stärker und/oder klüger waren, konnten aus diesen besseren Ausgangsbedingungen bessere Ergebnisse erzielen und es entwickelten sich Armut und Reichtum, Besitz und Nicht-Besitz. Das bewirkte jedoch gleichsam mit der sich entwickelnden Arbeitsteilung eine gegenseitige Abhängigkeit, die in den Kriegszustand aller gegen alle mündete: Die Reichen versuchten, ihren Reichtum durch Ausbeutung ihrer Sklaven und Unterwerfung neuer Sklaven zu vergrößern, aber dieser Reichtum war nicht sicher, da sie jederzeit, ohne Klagen zu können, von den Armen beraubt werden konnten.

Aus der Vernunftfähigkeit, aus der das Übel erwächst, entstammt auch gleichzeitig die Freiheit des Menschen. Die Freiheit, die ihn erst zum Menschen macht und deren Entäußerung zur Herrschaft nur einiger weniger über eine träge Masse führt. Die Freiheit ist nun zum einen das, woraus der Schaden für eine Gesellschaft entstehen kann, nämlich durch den zügellosen Egoismus, aber in ihr liegt auch die Möglichkeit diesem Einhalt zu gebieten, durch die in ihr liegende Option der Selbstgesetzgebung. Dazu bedarf es auch bei Rousseau der Staatsgründung. Hierzu müssen die Menschen in einem freiwilligen konstitutiven Akt, dem Gesellschaftsvertrag, auf einen Teil ihrer natürlichen Freiheit zugunsten des auf Selbsterhaltung des Ganzen gerichteten Gemeinwillens verzichten. Im Gegensatz zur hobbschen Theorie wird jedoch nicht das Recht auf Selbsterhaltung an den Souverän abgegeben, sondern die Autonomie, die im Gemeinwohl aufgehen soll. Dass es Herrschaft und Gesetze geben müsse, wird also aus der moralischen

Maxime des sittlichen Gebrauchs des freien Willens abgeleitet. Rousseau spricht zwar davon, dass er keine Herrschaft wolle, gemeint ist aber nur eine Absage an die Willkürherrschaft im absolutistischen Staat, in der nur einige Wenige die Macht haben. Sein Ideal ist eine demokratische Herrschaft, in der alle gleichermaßen dem Recht unterworfen sind und die Regierung die Gesetze nur im Interesse des Allgemeinwohls verwaltet, statt sie für eigennützige Zwecke und die Mehrung ihres Profits zu missbrauchen. Im Idealfall bräuchte es eigentlich gar keinen Staat, weil alle die Gesetze internalisiert und sich völlig zu Eigen gemacht hätten. Diese Möglichkeit hält Rousseau jedoch für unrealistisch. Denn Rousseau glaubt nicht den durch Eigentum und Arbeitsteilung bestimmten Gesellschaftszustand abschaffen zu können, sondern will sich nur dessen schlimmster Auswüchse entledigen. Mit Hilfe seiner Vernunft solle der Mensch sich daher mäßigen und zugleich zwischen Vorurteilen und dem seiner Natur Gemäßen, zwischen künstlichen Vergnügungen und wirklichem Glück unterscheiden lernen, um ein sittsames Leben zu führen. Dies bedeutet natürlich Disziplinierung des Menschen oder genauer gesagt: seines freien Willens im Sinne eines naturgemäßen Lebens. Rousseau wettert gegen die Ausschweifungen, gegen Völlerei und Verweichlichung. Das ist zunächst vor allem gegen den Adel gerichtet, dessen politische Vorherrschaft der bürgerliche Stand angriff, enthält aber schon viel von jener Selbstdisziplinierung, die bürgerliche Herrschaft impliziert.

Auch Frauen hatten sich selbst zu disziplinieren und eine Vernunft auszubilden, die sie dazu befähigte, ihr eigenes Verhalten und das ihrer Mitmenschen beurteilen zu können. Das ihrer Natur angemessene Verhalten war auf Grund ihrer Gebärfähigkeit und ihrer naturgegebenen Unterordnung unter den Mann die sexuelle Sittsamkeit, das hieß die Unterwerfung unter den Mann sowie das Bemühen, ihm zu gefallen. Aus dieser natürlichen Bestimmung der Frau ergab sich ihre Pflicht, dem Mann zu gehorchen, ihm die Treue zu halten und den Kindern eine zärtliche und gute Mutter zu sein:

«Zu der Vernunft, welche den Mann zur Erkenntnis seiner Pflichten leitet, gehören nicht viele Stücke. Die Vernunft jedoch, welche die Frau zur Erkenntnis der ihrigen führt, ist noch viel einfacher. Der Gehorsam und die Treue, welche sie ihrem Gatten, die Zärtlichkeit und die Pflege, die sie ihren Kindern schuldet, sind so natürliche und so augenscheinliche Folgen ihrer Stellung, daß sie dem inneren Gefühl, welches sie leitet, ohne aufrichtig zu sein, ihre Zustimmung unmöglich versagen, noch ihre Pflicht verkennen kann, solange ihre Neigung unverdorben ist.» (Jean-Jacques Rousseau 1910: 378)

Um die Bedürfnisse ihrer Familie umgehend erfüllen zu können, schrieb Rousseau ihr als naturgegebene Fähigkeiten Empathie und Beobachtungsgabe zu, die zu fördern und zu entwickeln waren. Weder brauche die Frau Naturwissenschaft und Begriffsbildung, d.h. Abstraktion, noch habe sie überhaupt die Fähigkeit dazu. Ihre Bestimmung ist es nicht, ein selbstständig denkender Mensch zu werden, der sich – wie es Rousseau von den Männern verlangte – von der öffentlichen Meinung und den dort existierenden Vorurteilen unabhängig zu machen habe. Vielmehr ist die Frau von eben dieser Meinung ganz und gar abhängig: Sie muss nämlich nicht nur wirklich treu sein, sondern auch ihr Ruf muss tadellos sein. Sie hat sich «vor dem Urteil der Männer zu beugen», und «muß [...] sich deren Achtung verdienen, vor allem sich aber die ihres Gatten bewahren». (Jean-Jacques Rousseau 1910: 378) Nicht nur ihre Persönlichkeit muss ihm gefallen, sondern auch ihr Betragen. All diesen Anforderungen kann die Frau jedoch nur dann entsprechen, wenn sie ein Wissen über gesellschaftliche Einrichtungen und die dort geltenden Etiketten besitzt. Es bedarf also der Entfaltung ihres Geistes und ihrer Vernunft in einem Maße, das sie zur Erfüllung der an sie gestellten Ansprüche befähigt. Sie muss sowohl das eigene Gewissen als auch die öffentliche Meinung zur Richtschnur ihres Handelns machen und beide miteinander vergleichen und vereinigen. (Rousseau 1910: 365-383)

Rousseau hat in seinen Vorstellungen über die weibliche Rolle viel von dem vorweggenommen, was sich später für Frauen als Realität erwies: Ihr minderwertiger, nur von Männern abgeleiteter Subjektstatus diente als Legitimation dafür, ihnen ein eigenständiges Leben zu verwehren und sie der Herrschaft des Mannes zu unterwerfen. Aus dieser ihnen gesellschaftlich zugeschriebenen Rolle wollte die Frauenbewegung nun ihre Geschlechtsgenossinnen befreien und dabei nicht nur der Autorität des Ehemannes entkommen, sondern auch den männlich geprägten gesellschaftlichen Strukturen, Wertvorstellungen und Institutionen. Dabei verblieben sie jedoch in der auch von Rousseau gedachten Trennung zwischen Natur und Gesellschaft – und äquivalent dazu Vernunft und

Körperlichkeit. Nur dass bei ihnen die Zuordnung eindeutig geschlechtsspezifisch ist. Patriarchat und Männlichkeit werden mit Vernunft, Gesellschaft und Macht gleichgesetzt, Natur, Subjektivität sowie Körper dagegen mit Weiblichkeit, die vom Patriarchat unterdrückt wird. War die bürgerliche Gesellschaft bei Rousseau eine notwendige Konsequenz der Vernunftfähigkeit im allgemeinen, so galt äquivalent dazu in der Frauenbewegung der Kapitalismus nur noch als eine Spielart des mit Vernunft gleichgesetzten Patriarchats. Nicht in bestimmten gesellschaftlichen Strukturen gründete sich für sie das herrschende Geschlechterverhältnis, sondern in einem überzeitlichen Vernunft-, Objektivitäts- und Wissenschaftsbegriff, der zudem noch Schuld an allem Übel von Naturzerstörung, über Krieg bis hin zu Krankheiten sei. Ähnlich wie bei Rousseau sollte das Wahre, Schöne, Gute und vor allem auch das Echte in der Natur des Menschen gefunden werden, hier in der nicht deformierten Natur der Frau. War dieser Naturzustand bei Rousseau jedoch vor allem eine analytische Kategorie, so glaubte die Frauenbewegung hinter der gesellschaftlichen Hülle der Natur tatsächlich einen authentischen Naturkern zu finden. Ergab die von Rousseau behauptete Trennung von Vernunft und Natur die Denkmöglichkeit, sich von den Naturzwängen zu befreien, auch wenn Rousseau diese Freiheit nur nutzen will, um sich den Naturgesetzten wieder unterzuordnen, so wurde im Differenzfeminismus jegliche Ambivalenz dieses Vernunftbegriffs gestrichen, indem das Handeln sich nach der unmittelbaren Körperlichkeit richten sollte. Glaubte man sich so auf die eigene Subjektivität zu beziehen, auf das authentische Ich, so wurde dieses doch durch das eigene Handeln erst hergestellt und die gesellschaftliche Objektivierung, die Reduzierung der Frau auf ihre Gebärfahigkeit erneut nachvollzogen, hier als Selbstobjektivierung. Dies wurde auch schon in der Frauenbewegung selbst problematisiert:

«Der Inhalt, der die Bestimmung weiblicher Identität und Kreativität als Subjektivität (als Ausdruck der Suche nach Ichstärke, Selbstbestimmung und Skepsis gegenüber allem Objektiven und Allgemeinen als männliche Herrschaftsstruktur) ausfüllte, war wieder ‹ Natur› : ‹ auf den Körper hören› , ‹ mit dem Körper schreiben› . Die Suche nach dem echten Kern in uns, der von innen kommt, endet zwangsläufig am Körper. Die Subjektivität auf die Spitze getrieben schlägt so um in ihr Gegenteil, objektiviert sich von selbst. Wenn man sich an den

Körper als Richtschnur oder Kern von Verhalten und kreativem Ausdruck hält, betrachtet man ihn dann nicht als eine Art letzte, unverfälschte, weil physikalisch, naturwüchsig reagierende und in diesem naturwissenschaftlichen Sinn objektive Einheit?» (Uli und Angela, Gärtnerin 1979: 83)

Die Frauen wollten nun endlich auch selbstständig handelnde Subjekte sein, solche die sich nicht mehr nach der Männerwelt richteten. Dadurch jedoch, dass sie das Eigene, Subjektive an ihrer Natur festmachten, in der sie einen letzten Rest nichtdeformierten «Seins» zu finden hofften, geriet die angebliche Selbstfindung zu einem mühevollen Akt der Selbstdisziplinierung, in dem frau sich der «eigenen Natur» wieder anpasste – ohne dass in dieser Unterwerfung auch noch ein Hauch jenes Ideals der Freiheit aufschimmerte, das im bürgerlichen Projekt der Naturbeherrschung enthalten war. Bei Rousseau war der Akt der Selbstdisziplinierung eine offen ausgesprochene Notwendigkeit um das wahrhaft glückliche Leben zu erreichen, in der Frauenbewegung wurden diese Momente der Selbstdisziplinierung nicht als solche reflektiert, sondern als Befreiung wahrgenommen

Doch auch wenn die Praxis der Selbstuntersuchung und die Temperaturmessmethode subjektiv sicherlich oft als solche erlebt wurden, so mündete diese Freiheit in einen neuen Zwang:

«Nach und nach schwindet unsere Euphorie. Es fällt uns schwer zu messen. Je mehr wir das Messen vergessen, um so weniger können wir uns dazu motivieren. Wir verzagen, wir zweifeln. Es stellt sich nicht das ein, was wir erwarteten und propagierten. Wir reden in der Frauengruppe darüber, wieso es uns so schwer fällt, sich zehn Minuten lang am Tag Gedanken über ihren eigenen Körper, über das, was sie sieht und fühlt, zu machen. Unsere ersten Gedanken brausen am morgen an uns vorbei, die schlechten Träume, der hektische Tag, der uns erwartet. Beim Zähneputzen fällt uns dann vielleicht noch das Thermometer ein – Scheiße, zu spät! Vielleicht morgen. Uns selbst zu beobachten, ist oft deprimierend. Jeden Tag hektisch, depressiv, traurig, zerrissen, Beziehungstroubles. Das können wir nur verdrängen. Ist das mit dem Messen nur ein Disziplinierungsproblem oder ist das, was wir jeden Tag machen müssen, so abseits von unseren wirklichen Bedürfnissen und Wichtigkeiten, daß wir nicht mehr an uns denken können? (...)

Wir vereinfachen unsere Kurven und beschränken sie auf die Kriterien, die wirklich sehr entscheidend die Meßwerte beeinflussen wie Schlafstunden, gut oder schlecht geschlafen (warum schlecht?), gevögelt (wie?), beim Messen wach oder müde, Stärke der Periode, Schmerzen, Medikamente (zum Beispiel erhöhen Antibiotika die Meßwerte und können sogar den Eisprung auslösen), Drogen, Ernährung, Klima. Unser physisches und psychisches Wohlergehen fassen wir jetzt über mehrere Tage zusammen.» (Eine Selbsthilfegruppe 1976: 141-142)

Selbstdisziplinierung blieb jedoch nicht auf die Selbstuntersuchungspraktiken beschränkt, sondern erfasste die ganze Lebensweise der frauenbewegten Frau, die sich den Anspruch der Szene zu Eigen machte, einer deformierten Männerwelt den Rücken zu kehren und sich wieder der weiblichen Natur anzupassen.

Die Frauenbewegung hatte damit begonnen, die vereinzelten Frauen aus ihrer Isolation zu befreien, das unter ihnen übliche Verhältnis der Konkurrenz zu Männern durch Solidarisierung zu überwinden und Liebesbeziehungen zwischen Frauen zu enttabuisieren. Mit dem Begriff der Frauenidentifikation sollte darüber hinaus deutlich gemacht werden, dass die lesbische Liebe als die einzige Möglichkeit angesehen wurde, der Deformation durch Männer zu entkommen: Das Infragestellen herrschender Verkehrsformen und der als patriarchal erkannten Werte sollte nur denjenigen Frauen möglich sein, die ganz auf männlichen Einfluss verzichteten und weder mit Männern in einer politischen Gruppe zusammenarbeiteten, noch mit ihnen Liebesbeziehungen eingingen. Frauen aus der Frauenbewegung, die dazu nicht bereit waren wurden als «männerzentriert» denunziert. Waren noch zu Studentenbewegungszeiten lesbische Verhältnisse tabuisiert, so wurden jetzt umgekehrt heterosexuelle Beziehungen abgelehnt. (Vgl. Marie-Therese Knäpper 1984: 72-81, Vera 1976)

Häufig wird beschrieben, wie die in der Frauenbewegung durchgesetzten Ansprüche viele Frauen einem großen Druck aussetzten, dem sie kaum entkommen konnten, da es sich der Differenzfeminismus zum Ziel gesetzt hatte, alle Lebensbereiche zu verändern und weiblich zu bestimmen. Diese Anpassung an die weibliche Identität war ein Gewaltakt, der zwar von vielen auch als solcher empfunden, aber dennoch mitgetragen wurde. Und so führte dieser Prozess schließlich zu einer Internalisierung von Herrschaft, indem die Einzelnen genau das spezifische Selbstverhältnis entwickelten, welches bürgerliche

Subjektivität ausmacht. Neben den Selbstuntersuchungsgruppen wird dies besonders am Beispiel der Selbsthilfegruppen deutlich.

Selbsthilfegruppen waren zu Beginn der siebziger Jahre ein wesentlicher Bestandteil der Frauenbewegung, ihr konzeptionelles Vorbild die Self-conscious-Gruppen der amerikanischen Frauenbewegung. Dem Anspruch nach waren diese Gruppen durchaus ein politisches Projekt: Hier sollten die Frauen erkennen, dass sie mit ihren Erfahrungen nicht alleine sind, sondern diese, wie es der Slogan «das Private ist politisch» impliziert, gesellschaftlich vermittelt sind. Dem viel beachteten Text «Freiraum» von Pamela Allen zufolge durchläuft eine Selbsterfahrungsgruppe idealtypisch mehrere Phasen. Zu Beginn solle die Einzelne lernen, über sich selbst und ihre privaten Probleme zu sprechen, um dann, über den Einzelfall hinausgehend, ein Verständnis für die soziale Lage der Frau im Allgemeinen zu entwickeln. In einem nächsten Schritt sei mit Hilfe von begrifflicher Reflektion eine Theorie der Frauenunterdrückung zu entwickeln und Strategien für eine psychologische und gesellschaftliche Bekämpfung dieser Diskriminierung zu erarbeiten. In der Realität wurde jedoch der theoretische Teil meistens weggelassen und die Erfahrungsberichte der einzelnen Frau, die zwischen authentischen und deformierten Gefühlen bzw. Verhaltensweisen unterscheiden lernen musste, wurden in den Vordergrund gerückt. Andrea Bührmann sieht in dieser Praxis der Selbsterfahrungsgruppen in modifizierter Form jene Geständnispraxis aufscheinen, die nach Michel Foucault wesentlich für bürgerliche Subjektwerdung ist. (Vgl. Andrea Bührmann: 134-152) Im Geständnis wird Foucault zufolge ein Teil der Person als innere Natur gesetzt und sowohl zum Gegenstand von als auch zum Wissen über Beherrschung gemacht. In der Befragung, wie sie sich in der kirchlichen Beichte entwickelte und von dort aus weiter in Pädagogik, Medizin und Psychoanalyse ausbreitete, wird Sexualität zum Geheimnis, das immer wieder aufgespürt und hervorgeholt werden muss. Indem der Einzelne sich darin sowohl zum Subjekt als auch zum Objekt seiner eigenen Rede macht, wird Sexualität als unterdrückter und zugleich drängender Trieb, der unter Kontrolle gebracht werden muss, erst hervorgebracht. Und dieses Aufzuspürende ist nicht beliebig, sondern orientiert sich an einer Wahrheit, wie sie sich in der Wissenschaft vom Menschen, in den Sexualwissenschaften, der Medizin und der Pädagogik entwickelt hat. (Michel Foucault 1977: 72-90) Auf die Selbsthilfegruppen übertragen heißt das, dass die disziplinierende Befragungs- und Geständnispraxis dieser Gruppen eine originär weibliche Natur erst erzeugte. Die «natürliche» Kurve war ja nicht einfach da, sondern entwickelte sich unter den Bedingungen einer regelmäßigen Lebensführung mit acht Stunden Schlaf und der Absage an Drogen, Alkohol und Beziehungsprobleme.

Stellt Foucault für das 19. Jahrhundert fest, dass das Monopol auf Wahrheit und somit auf Objektivität bei halbstaatlichen Institutionen und Expertenzirkeln liege, so kann davon bei der Frauenbewegung nicht die Rede sein, grenzte sie sich doch gerade von den institutionalisierten Formen der Therapie und Introspektion wie der Psychoanalyse ab und ersetzte sie durch eine modifizierte, demokratisierte Variante: Nicht mehr der Fachmann war das Maß aller Dinge, sondern jede einzelne Frau wurde zur Expertin ihrer eigenen Erfahrung erklärt. Damit demokratisierte sich jedoch zugleich gesellschaftliche Herrschaft, die der Frau nun nicht mehr als Äußerliches entgegentrat, sondern von ihr verinnerlicht wurde. Die Frau war jetzt beides zugleich: Instanz der Herrschaft und disziplinierte Natur.

4.4. Mutterschaft und Frauenprojekte

Das Wesen weiblicher Natur lag auch für den Differenzfeminismus in der Gebärfähigkeit der Frau; Anpassung an die weibliche Natur bedeutete Anpassung an die weibliche Gebärfähigkeit. Nach dem jahrelangen Kampf gegen den §218 sprachen ab Mitte der 70er-Jahre viele Frauen von einer Kinderwelle innerhalb der Frauenbewegung und versuchten dieses Phänomen ideologisch im Sinne des Differenzfeminismus zu untermauern. Eva-Maria Stark, eine exponierte Vorreiterin dieser Strömung, begründete den neuen Trend damit, dass viele Frauen durch Selbsthilfe und Selbsterfahrungsgruppen ein verändertes Bewusstsein erlangt hätten, sich nun einander näher fühlten und glaubten, so die männlichen Ansprüche besser abwehren zu können. Dies habe bei vielen Frauen einen berechtigten Kinderwunsch aufkommen lassen. (Eva-Maria Stark 1976: 54)

Die Mutterschaft selber wird als wesentliche weibliche Erfahrung definiert, als gesellschaftliche Deformation gilt nur die Reduzierung der Frau auf die Mutterschaft. Als positiv wird jedoch bewertet, wenn die Mutterschaft zu einem Arbeitserfolg unter vielen wird. Mutterschaft wird hier als Arbeit definiert, als eine Leistung der Frauen, die mit den Schwierigkeiten, die eine Geburt und das Aufziehen der Kinder mit sich bringt, fertig werden:

«Auf meine Kinder bin ich stolz. Früher habe ich eine solche Empfindung für eine primitive Regung von Frauen gehalten, die nur Kinder haben und keinen Beruf. Oder für den psychischen Reflex der soziologischen Tatsache, daß Kinder eine Altersversorgung sind. Ich bin auf meine Kinder stolz, weil es aller schwerste Arbeit ist, sie zu gebären und am Leben zu erhalten. Ich habe einen Tatbestand, eine Wirklichkeit geschaffen und mache es immer wieder. Das kann das Widerständige in Frauen mit Kindern sein, und in ihren Kindern. Es ist nur mit Gewalt rückgängig zu machen.» (Kathrin Mosler 1976:44)

Dass das Aufziehen der Kinder nicht mehr als Akt der Liebe, sondern als Arbeit empfunden wird, entspricht laut Elisabeth Beck-Gernsheim durchaus einer veränderten gesellschaftlichen Wirklichkeit, in der es in der Kinderfrage nicht mehr so sehr auf Quantität als vielmehr auf Qualität ankomme. Um das sich seit den 70er-Jahren abzeichnende Neue zu verdeutlichen, macht es Sinn, sich noch einmal die Geschichte von Kinderwunsch und Mutterschaft seit der beginnenden Industrialisierung anzuschauen:

Die Auffassung, dass auch die Qualität in der Kindererziehung eine entscheidende Bedeutung habe, setzte sich seit dem 18. Jahrhundert sukzessive durch. Bis dahin war die Pflege und Erziehung der Kinder eine unter vielen anstehenden Arbeiten im Haus gewesen. In einer Gesellschaft, in der die Kinder quasi automatisch in die Position ihrer Eltern hineinwuchsen, schien eine besondere Reflektion auf Erziehung nicht notwendig zu sein. Die Auflösung der Ständegesellschaft und die damit einhergehende größere soziale Mobilität machten es jedoch erforderlich, die Kinder durch Erziehung und Ausbildung vor dem sozialen Abstieg zu bewahren und ihnen bessere Zukunftschancen zu eröffnen. Die Vorstellung setzte sich durch, dass das Kind nicht als kleiner Erwachsener auf die Welt kommt, sondern durch Erziehung seine Eigenschaften und Fähigkeiten geformt und seine Talente entfaltet werden müssten: die Kindheit war erfunden. Mit den damit einhergehenden neuen Anforderungen an die Erziehung wuchsen auch der Zeitaufwand und der Umfang der Mutterpflichten, denen die von Lohnarbeit freigestellten Frauen der bürgerlicher Schichten auch bereitwillig nachkamen, hatten doch so auch sie eine gesellschaftlich anerkannte Lebensbeschäftigung. Dieser Weg zu sozialer Anerkennung blieb vielen unverheirateten Frauen freilich verwehrt, die sich stattdessen oft im karitativen Bereich und in der Fürsorge ehrenamtlich engagierten. Um auch ihnen eine eigenständige Existenz zu ermöglichen, setzte sich die erste Frauenbewegung für eine Professionalisierung solcher Arbeiten ein. Ziel war es, die mit Mutterschaft verbundenen Tätigkeiten des Erziehens, Pflegens und Versorgens nicht mehr auf die Privatheit zu beschränken. In der sozialen Arbeit wurde Mutterschaft schließlich zum Beruf. Proletarische Frauen waren dagegen nicht ganz so leicht von den neuen Standards in der Kindererziehung zu überzeugen. Für sie, die immer auch einer Lohnarbeit hatten nachgehen müssen, bedeuteten die bürgerlichen Vorstellungen hauptsächlich Mehrarbeit.

Trotz dieser Unterschiede in der Bedeutung von Mutterschaft in den verschiedenen sozialen Schichten, war es lange Zeit selbstverständlich, dass Ehefrauen Mütter wurden, obwohl sich erste Anzeichen eines veränderten, auf Planbarkeit ausgerichteten Bewusstseins ab Mitte des 19. Jahrhundert bemerkbar machten – als Frauen anfingen, sich über die Anzahl der Kinder Gedanken zu machen und vermehrt Geburtenkontrolle betrieben wurde. Elisabeth Beck-Gernsheim sieht die Motivation für Geburtenkontrolle hauptsächlich in dem wachsenden Freiraum von Frauen. Die Erleichterung in der Hausarbeit mag ein Grund gewesen sein, aber sicherlich war noch von größerer Bedeutung, dass die «Qualität» der Kinder eine immer größere Rolle spielte und somit in das einzelne Kind mehr Zeit investiert werden musste. Zugleich wurde jedoch der Kinderwunsch nicht prinzipiell in Frage gestellt, sondern blieb bis in die sechziger Jahre des 20. Jahrhunderts hinein eine Selbstverständlichkeit. Zum Beleg verweist Beck-Gernsheim auf eine Studie, die 1959 unter Abiturientinnen durchgeführt wurde und in der die Befragten übereinstimmend den Wunsch äußerten, nach kurzer Berufsphase eine Familie gründen und zu Hause bleiben zu wollen. Die Maxime «Ob wir Kinder wollen oder keine, entscheiden wir alleine», das heißt der Gedanke, über das Kinderhaben selbstbestimmt entscheiden zu können, gewann erst im Laufe der 60er-Jahre an Bedeutung. Mit der Einführung der Pille und einem durch Sexualaufklärung insgesamt gewachsenen Wissen über Verhütungsmethoden konnten und mussten die Frauen sich jetzt zum ersten Mal vollkommen bewusst entscheiden: Kinder haben zu wollen hieß, die Pille abzusetzen.

So entstand ein neues Ideal: das der rationalen Verhütung, das die Frauenbewegung noch um das Leitbild eines körperbewussten, naturgemäßen und selbstbestimmten Schutzes vor Schwangerschaft ergänzte. Die Möglichkeit und der Zwang zur bewussten Entscheidung in Sachen Verhütung lässt die Kinderfrage immer wichtiger werden – ein langjähriger Abwägungsprozess, in dem vieles bedacht und besonders mit den eigenen beruflichen Lebensplänen, die nicht selten mit dem Kinderwunsch kollidieren, vereinbart werden muss. Denn dem Emanzipationsstreben der Frau steht die Forderung nach Emanzipation des Kindes gegenüber, dessen Bedürfnisse, und das ist tatsächlich eine neue Dimension, in ihr Recht zu setzen seien. Es sollen nicht nur die Fähigkeiten des Kindes bestmöglich gefördert, sondern auch seine Bedürfnisse respektiert und zum Maßstab der Erziehung gemacht werden. War die autoritäre Erziehung zunächst hauptsächlich von der Studentenbewegung kritisiert worden, so breitete sich diese Skepsis gegenüber den traditionellen Erziehungsmethoden durch populärwissenschaftliche Literatur sehr schnell aus und fand schon 1979 Eingang ins Bürgerliche Gesetzbuch:

Die Eltern müssen «die wachsende Fähigkeit des Kindes zu selbstständigem verantwortungsbewußten Handeln berücksichtigen. Sie besprechen mit dem Kind, soweit es nach dessen Entwicklungsstand angezeigt ist, Fragen der elterlichen Sorge und streben Einvernehmen an.» (§ 1626 Absatz 2: 1979).

Dies beginnt schon im Babyalter, wo das Kind nicht nach einem von der Mutter festgesetzten Zeitplan gestillt werden soll, sondern die Mutter sich umgekehrt nach dem Kind zu richten habe, und hört bei materiellen Wünschen wie Fahrrad und Skiurlaub noch lange nicht auf. (Vgl. Elisabeth Beck-Gernsheim 1997) Diese Entwicklung hat sicherlich ein doppeltes Gesicht: Den unbestreitbaren subjektiven Vorzügen durch den Verzicht z.B. auf körperliche Strafen steht, wie schon im zweiten Kapitel beschrieben, die fortwährende Erzeugung von Bedürfnissen gegenüber, die nicht wirklich befriedigt werden, sondern zu immer neuen Konsumwünschen anreizen. Die Demokratisierung der Erziehung soll die Kinder dazu anleiten, die in der Arbeitswelt immer stärker geforderten «Schlüsselqualifikationen» wie Teamfähigkeit, eigenständiges Denken und Handeln sowie Kreativität zu entwickeln. Dabei geht es natürlich vorgeblich nur um die Förderung der «kindlichen Interessen» und die meisten Eltern sind denn auch der festen Überzeugung, ganz im Sinne der Bedürfnisse ihres Kindes zu handeln. Angesichts der Fülle nachmittäglichen Aktivitäten, die bereits den Terminkalender vieler Grundschüler unübersichtlich werden lassen, lässt es sich jedoch kaum verschleiern, dass diese Termine auch einen disziplinarischen Charakter haben und der Vorbereitung auf das Arbeitsleben dienen – wenn auch nicht unbedingt auf eine konkrete Tätigkeit, werden doch nur die Wenigsten später einmal Fußballstars oder Musiker, sondern viel grundsätzlicher auf ein Leben ohne Muße und in ständiger Geschäftigkeit. Die so erzeugten Bedürfnisse des Kindes sind weniger Ausdruck einer gefestigten Individualität, als vielmehr Ausdruck einer Identität mit den gesellschaftlichen Interessen in ihren leistungssteigernden Momenten ebenso wie in ihren auf Konsum gerichteten.

Für die Mütter, die immer noch hauptsächlich für die Kinderbetreuung verantwortlich sind,[38] bedeutet das einen erheblichen Mehraufwand an Zeit, Kraft und Geld, der in das Kind investiert werden muss und im Widerspruch zu dem eigenen Wunsch nach einem eigenständigen Leben steht. Eine Entscheidung für ein Kind wird auf Grund der veränderten Ansprüche sowohl an das Kind als auch an sich selber zu einer Frage, deren Eröterung mit unter mehrere Jahre andauern kann. In Diskussionen und Tagebucheintragungen versuchen Frauen sowohl die eigene Persönlichkeit und das soziale Umfeld als auch die partnerschaftliche Beziehung zu erforschen; die Frau muss sich für die große Aufgabe der Kindererziehung bereit fühlen und die Partnerschaft muss stabil sein. Das Zauberwort heißt auch hier: an sich und der Partnerschaft arbeiten. In dieser ständigen Reflexion, in der man sich selbst, auf der Suche nach den authentischen Gefühlen, hier zu den wirklichen Gründen des eigenen Kinderwunsches, wie in den Selbsthilfegruppen zum Subjekt und Objekt seiner Rede macht, wird eben jenes Selbstverhältnis errichtet, das eine Bedingung dafür ist, dass der Einzelne Kontrolle über sich selber ausüben kann. Was in den Selbsterfahrungsgruppen an Reflexionsfähigkeit eingeübt wurde, hat sich hier als alltägliche Praxis verselbstständigt. Kontrolliert und diszipliniert wird aber auch hier weiterhin die eigene Gebärfähigkeit. Nichts soll dem Zufall überlassen bleiben. Anzahl und Zeitpunkt der Schwangerschaften will die Frau ganz selbstbestimmt entscheiden, und zwar am besten so, dass dies vereinbar ist mit ihrer Berufstätigkeit.

Diese Entscheidungen gelten gemeinhin als vollkommen individuell und selbstbestimmt und vollkommen frei von gesellschaftlichen Werten, Normen und Erwartungen. Dagegen argumentiert Elisabeth Beck-Gernsheim, dass es sich bei der sogenannten «Kinderfrage» sehr wohl um ein gesellschaftliches und noch dazu recht junges Phänomen handele, das zwar neue Möglichkeiten eröffne, zugleich aber auch bislang nicht gekannte Zwänge mit sich gebracht habe. Sich bewusst fürs Kinderkriegen zu entscheiden und den richtigen Zeitpunkt dafür wohlüberlegt festzulegen, ist zur Pflicht geworden, deren Verletzung mit dem Vorwurf der Verantwortungslosigkeit und gesellschaftlicher Missbilligung bestraft wird. Trotz dieser starken Betonung des äußeren Zwangs ist sich Beck-Gernsheim freilich durchaus darüber im Klaren, dass die gesellschaftliche Regulierung des Kinderwunsches keineswegs allein über negative Sanktionen stattfindet: Die vermeintlich individuellen und ureigenen Bedürfnisse, Zweifel und Gedanken der potenziellen Eltern selbst sind bis in die Wortwahl hinein mit den gesellschaftlichen Anforderungen identisch und erst in Auseinandersetzung mit diesen entstanden. Vor diesem Hintergrund wäre es zu kurz gegriffen, die «neue Mütterlichkeit» in der Frauenbewegung einfach als ein Zurück zu den Vorstellungen des 19. Jahrhunderts zu interpretieren. Neu ist der Anspruch auf Selbstbestimmung, durch den die gesellschaftliche Formung der weiblichen Subjektkonstitution verdeckt wird: Die moderne, selbstbestimmte Frau, egal ob sie sich bewusst zur Mutterschaft bekennt oder ausdrücklich gegen Kinder entscheidet, wähnt sich mit ihrer vermeintlich authentischen Wahl meilenweit von gesellschaftlichen Zwängen und Anforderungen entfernt und arbeitet paradoxerweise gerade dadurch an deren Durchsetzung mit.

Es verwundert daher auch nicht, dass nun alles zur Arbeit erklärt wird: Von der Kindererziehung bis zur Beziehungsarbeit, von der Arbeit an sich selbst bis hin zur Erinnerungs- und Trauerarbeit. Während sich das männliche Subjekt ausschließlich über Lohnarbeit definiert, spielt für die weibliche Subjektwerdung auch die Privatsphäre eine Rolle, in der nun ebenfalls alles als Arbeit gilt. Die Grenzen zwischen Öffentlichem und Privatem und die spezifische Aufgabenteilung zwischen beiden Bereichen sind so zwar nicht gänzlich aufgehoben, verwischen aber immer mehr.

In Schwangerschaft und Kindheit sah der Differenzfeminismus widerständige Momente gegen die patriarchalen Strukturen von Medizin, Wissenschaft und Vernunft schlechthin; Momente, die die gesellschaftlichen Fesseln der Natur sprengten und daher einer besonderen patriarchalen Kontrolle unterlägen. Mit dieser Position stellten sich die Differenzfeministinnen in die Tradition jener vernunftkritischen Strömungen, als deren exponierter Vertreter Rousseau hier vorgestellt wurde. Lag auch schon in der traditionellen Vernunftkritik rousseauistischer Prägung die Gefahr, die ambivalent gesetzte Freiheit zu negieren, da ihr die Schuld für alles Übel zugeschrieben wurde und sich die Vernunft deshalb schon hier in den Dienst der Natur stellen musste, so wird das Moment der Freiheit in den Positionen des Differenzfeminismus vollkommen gestrichen. Die Natur erscheint als das vollkommen Unmittelbare, dem frau in der Innenbetrachtung und mit Methoden wie der Temperaturmessung – allesamt Formen instrumenteller Naturbeherrschung, auch wenn sie nicht als solche begriffen wurden – nachzuspüren versuchte. Dass eine solche kollektive wie auch individuelle Suche nach den authentischen Bedürfnissen, wie sie jene Phase der Frauenbewegung dominierte, ein Ding der Unmöglichkeit darstellt, weil einfach nichts zu finden ist, beschreibt eine Frau, die sich in einem Landlesbenprojekt auf die Suche nach einem Leben außerhalb der gesellschaftlichen Verhältnisse begeben hatte:

«Ein Modell der Veränderung in der Frauenbewegung war einmal das des Häutens, das Abwerfen von drückenden Rollen, das Freilegen von Verschüttetem, der Bestimmung der Bedürfnisse aus sich selbst, von innen heraus. Hier aber [auf dem Land und in der Landlesbenkommune; Anm. A.T.], wo ich autonom und subjektiv meine Bedürfnisse bestimmen wollte, blieb nach dem Häuten nichts mehr übrig» (Angela, Landlesbenprojektfrau 1979: 92)

Hier gilt es einen weiteren Unterschied zwischen der «neuen Weiblichkeit» und der alten festzuhalten: War die bürgerliche Vorstellung von Weiblichkeit lange Zeit durch den Gegensatz zur Arbeit definiert, so schloss das feministische Weiblichkeitsideal Arbeit gerade mit ein. Demonstrativ lehnte die Frauenbewegung zwar normale Karrieren in etablierten Betrieben ab und brandmarkte diese als patriarchal und kapitalistisch, sie propagierte aber zugleich den Aufbau von Frauenprojekten, in denen die Arbeit selbstbestimmt geleistet werden sollte. War sich Rousseau über das Maß an Selbstdisziplinierung, das Arbeit den Menschen grundsätzlich abverlangt, noch im Klaren – für ihn hat der Mensch im Naturzustand noch einen «tödlichen Haß gegen eine anhaltende Arbeit» (Rousseau 1995: 139) – so naturalisierte der Differenzfeminismus den Arbeitsbegriff, indem er sich wiederum auf die Suche nach nicht-deformierter, nicht-entfremdeter Arbeit begab. Mitte der 70er-Jahre glaubte man schließlich, diese in der sich entwickelten Projektarbeit gefunden zu haben.

Zu Beginn arbeiteten Frauen unentgeltlich in Projekten, die im weitesten Sinne feministische Ziele verfolgten. Die Schwerpunkte lagen auf Herstellung und Vertrieb von Büchern und Zeitschriften, durch die ein Bewusstseinswandel von Frauen erreicht werden sollte, sowie auf der Schaffung von Möglichkeiten für Frauen, sich zu treffen und auszutauschen; Frauenzentren und Cafés wurden betrieben, Feste und Reisen für Frauen organisiert. Ziel war die Schaffung einer feministischen Gegenkultur, in der Frauen ihre eigene Identitätsfindung auf breiterer Basis fortsetzten konnten, Orte, an denen sie der patriarchalen Manipulation nicht ausgesetzt waren. Nach und nach jedoch verschlang die Arbeit in den Projekten immer mehr Zeit, so dass es schließlich kaum noch möglich war, diese neben der die Existenz sichernden Lohnarbeit zu leisten. Hinzu kam ein wachsender Unwille vieler Frauen gegen die Arbeit in nicht-feministischen, kapitalistischen Betrieben, an die sie ihre Arbeitskraft verkaufen mussten und in denen sie ausgebeutet wurden, um Produkte herzustellen, deren Sinn ihnen nicht einsehbar war: Die Entfremdung vom eigenen Selbst schien sich hier noch einmal zu potenzieren.

Aus der richtigen Einsicht in das Konkurrenz- und Autoritätsprinzip der kapitalistischen Ökonomie, das sie allerdings mit dem Patriarchat gleichsetzten, zogen die Feministinnen jedoch nicht den Schluss, dass der Kapitalismus abgeschafft werden muss. Vielmehr sollte die unerträglich gewordene Doppelbelastung von Projekt- und Lohnarbeit sowie die Entfremdung in den Betrieben durch die Schaffung einer «nicht-kapitalistischen», das hieß nicht-patriarchalen, also feministischen Ökonomie überwunden werden, die freilich immer noch auf dem Tausch von Waren gegen Geld beruhte. Die Frauen merkten denn auch schnell, dass die eigenen Utopien mit eherner Notwendigkeit den Bach runter gingen, sobald sie versuchten, wirtschaftlich zu arbeiten. Plötzlich mussten zum ökonomischen Überleben Produkte hergestellt und verkauft werden, von denen man nicht überzeugt war, und frau fand sich in der

Rolle der Dienstleisterin und Konsumentin wieder. Dafür wurde aber nicht der Kapitalismus als ökonomisches, die gesellschaftliche Totalität bestimmendes Prinzip verantwortlich gemacht, sondern ominöse «kapitalistische Verhaltensweisen», die die Frauen in ihrer Männerzentrierung übernähmen, anstatt gefälligst die erwünschten alternativen, frauenbezogenen Verhaltensweisen zu entwickeln. Auf diese Weise wurde der Kapitalismus von einer objektiven Realität auf einen Bewusstseinsakt, eine Willensentscheidung heruntergebracht und eine angebliche Nichtidentifizierung mit ihm schon mit seiner Überwindung gleichgesetzt.

In den Texten der Frauenbewegung findet sich immer wieder die Vorstellung, Ausbeutung sei es, wenn sich zum Beispiel die Buchhändlerin nicht mit den Büchern identifiziere oder die Konsumentinnen nicht an den sie betreffenden Entscheidungen beteiligt seien. Dieser Begriff von Ausbeutung weiß nichts davon, dass Ausbeutung schon immer die Differenz meint zwischen dem, was der Unternehmer durch die von ihm in Dienst genommenen Arbeitskräfte oder besser: durch die von diesen in einer bestimmten Zeit produzierten Waren an Werten erhält, und dem, was er den Arbeitskräften zu ihrer Reproduktion als Lohn ausbezahlt. Dabei ist es vollkommen gleichgültig, ob sich der Einzelne mit dem Produkt identifiziert, beim Konsum ist es dasselbe und bei den Preisen auch. Der Preis einer Ware oszilliert um den Wert, der sich aus der gesellschaftlich durchschnittlich zu seiner Herstellung erforderlichen Arbeitszeit ergibt. In der Projektbewegung galt als kapitalistisch jedoch nicht das Herstellen und Verkaufen von Waren überhaupt, sondern nur die mangelnde Identifikation des Produzenten mit seinem Produkt; nicht-kapitalistisch war es demgegenüber, wenn die Kundinnen nicht nur konsumieren und passiv sind, sondern mitmachen und die Ziele und die Art und Weise der Warenproduktion und -zirkulation selbst bestimmen und kontrollieren.

Dass es Einzelnen nicht möglich ist, aus der kapitalistischen Ökonomie auszubrechen, beschreibt Angela vom Landlesbenprojekt, die mit einer Spinnerei versuchte, sich unabhängig zu machen, und hier selbstironisch von ihrem notwendigen Scheitern erzählt:

«Als ich meine 10 kg Wolle in einem alternativen Wolladen verkaufen wollte, boten sie mir nur den üblichen niedrigen Großhandelspreis an, womit ich wieder einen Stundenlohn von

3 DM gehabt hätte. Ich hatte die Handelsspanne vergessen und den Verkaufspreis als Maßstab genommen. Langsam wurde mir klarer, wie sich die 60 DM Endpreis zusammensetzten. Ich vermarkte jetzt direkt an Anthroposophen, aber eben nur privat und im kleinen Rahmen. Meine Rechtfertigung für den hohen Preis ist die gute Qualität, die sich aber nur auf den höheren Fettanteil durch Waschen ohne Seife bezieht [...], und auf die neue Warenästhetik nur einmal und unregelmäßig gedrehter Fäden. Die gesteigerte Nachfrage nach dem biologischen Produkt Wolle bezieht sich auf das Echte, Handmade Originalität. Ich verkaufe Identitätsersatz. Industrielle Waren ermöglichen keine Identifikation (gerade Kleidung vermittelt Signale). Andere Qualitätsmaßstäbe wie Gleichmäßigkeit zur maschinellen Weiterverarbeitung (u.a. für Handstrickmaschinen), Reißfestigkeit (für Socken z.B.) kann ich nicht einlösen.» (Angela, Landlesbenprojekt 1979: 100)

Arbeit und Konsum werden also nicht wirklich kritisiert, sondern «entfremdete» Arbeit soll lediglich in «identitätsstiftende» transformiert werden, die ja für die Bewegung geleistet wird und deshalb ruhig niedrig entlohnt und sozial schlecht abgesichert sein kann. So erfüllte sich die Befürchtung der Frauen, mit ihren Projekten der kapitalistischen Produktionsweise zuzuarbeiten, auf ganz andere Weise, als sie sich das gedacht hatten. Die neuen Arbeitsformen der feministischen Alternativökonomie mit ihrer Kombination von Arbeitsidentifikation und Elendsverwaltung hatten Modellcharakter für die Modernisierung des Kapitalismus in den letzten Jahren und Jahrzehnten: Viele Firmen setzen heute auf genau jene Identifikation ihrer Kernbelegschaft mit dem Unternehmen, während der Rest getreu dem Motto «Jeder ist sein eigener Unternehmer» seine Qualitäten in der Scheinselbstständigkeit zu verwalten hat. Der äußere, gesellschaftlich bedingte Zwang zur Arbeit wurde in einen inneren Druck verwandelt, was schon in der Frauenbewegung eingeübt wurde. Angela vom Landlesbenprojekt schreibt:

«Nicht nur bei der Hausarbeit, auch im Kibbuz z.B. wird der Zwang zur Arbeit ideologisch verschleiert. Er ist weniger von außen (einem privaten Unterdrücker oder der Gesellschaft) her spürbar, sondern der frei gewählte Druck eines sich demokratisch zusammensetzenden Gesamtwillens, der von jedem Mitglied für jedes Mitglied und für sich selbst reproduziert werden muß. Auch dort gilt Arbeitsverweigerung als Liebesverweigerung. Wer nicht oder nicht gut arbeitet, wird ausgewiesen, ohne das zu hinterfragen – mit dem Argument, er gäbe sich keine Mühe fürs Gemeinsame. Weniger die Tatsache der Verweigerung von Arbeit wird bestraft als die Einstellung, die dahinter stehen soll. Welches falsche Bewußtsein ersetzt das falsche Bewußtsein, Arbeit für Lohn zu leisten? Bei der Anerkennung von Arbeit als Ausdruck kollektiver Identifikation spielt bei uns als nicht wirtschaftlich arbeitende Gruppe die Quantität der Arbeitsleistung keine Rolle, als Gruppennorm dagegen die Qualität, d.h. das Maß der Liebe, die in ihr steckt: Ein Auge für die Notwendigkeiten zu haben, an gemeinsam Beschlossenes zu denken; Verläßlichkeit, gute Behandlung des allgemeinen Besitzes, der Werkzeuge und Geräte, keine Nachlässigkeit und Schlampigkeit, Verantwortlichkeit, Mitdenken...» (Angela, Landlesbenprojekt 1979: 96)

Dieser von Angela beschriebenen Liebeserwartung in ihrem Projekt entspricht die Forderung heutiger Unternehmen, dass der Einzelne nicht mehr einfach nur seine Arbeitskraft veräußern, sondern sich vollständig der Firma verkaufen und alle Gedanken und Gefühle auf die Firma ausrichten soll. Die Differenz zwischen Individuum und Staat, zwischen Individuum und Gesellschaft, schwindet immer mehr dahin.

5. *Queer-Theorie*[39] *und Politics:* Zur flexibilisierten Technologie des Selbst

*I*m Verlauf der 80er-Jahren institutionalisierte sich die Frauenbewegung zusehends. Von einer Massenbasis konnte kaum mehr die Rede sein, aber einige Frauen versuchten nun durch Lobby-Politik und Mitarbeit in staatlichen Institutionen frauenpolitische Interessen durchzusetzen. Anscheinend ging das nur über die Identifizierung mit der deutschen Nation, denn mit ihrer Institutionalisierung wurde in der Frauenbewegung auch die Frage der nationalen Identität mit allen damit verbundenen Schwierigkeiten virulent. Kein Wunder, dass sich Migrantinnen, die sich am Spiel beteiligen wollten, von dieser Form der Politik ausgeschlossen fühlten und von ihr nicht repräsentiert sahen, fehlte ihnen doch zumeist die für eine Teilnahme notwendige Spielmarke: die Staatsbürgerschaft. Das führte nicht nur zu Widersprüchen zwischen Migrantinnen und deutschen Frauen, sondern stürzte viele Frauen nicht selten auch in innere Konflikte, konnten sie doch selbst Lesbe, schwarz und Frau zugleich sein.

Auf diese Diskussion, die in den USA schon wesentlich früher begonnen hatte, bezog sich Judith Butler mit ihrer Theorie der Dekonstruktion der Geschlechter, die darauf abzielte, die Vorstellung einer einheitlichen, auf biologischen Voraussetzungen gründenden geschlechtlichen Identität zurückzuweisen und sowohl Kohärenz als auch Naturalisierung als Diskurseffekte zu bestimmen.

Die Theorie Butlers, die von vielen als besonders radikal angesehen wird, führte aber keineswegs zu einer Delegitimierung von Geschlecht, Familie, Identität und einer Absage an lobbyistische Politik, sondern nur zu deren Flexibilisierung: Kritisiert wurden letztlich nicht die staatlichen Institutionen an sich oder der Zwang, eine bestimmte Geschlechtsidentität annehmen zu müssen, sondern lediglich deren naturalistischen oder essentialistischen Varianten.

5.1. Von der Institutionalisierung der Frauenbewegung zu Queer und Dekonstruktion

5.1.1 Institutionalisierung der Frauenbewegung am Beispiel feministischer Bevölkerungspolitik

Der Institutionalisierungsprozess erfasste beinahe alle Bereiche der Frauenbewegung: Quotenregelung, Gleichstellungsbeauftragte, staatlich finanzierte Projekte wie Frauenhäuser und Gesundheitszentren, akademischer Feminismus, Therapeutinnen, Tagungshäuser – so lauten die Stichworte. Diese Erscheinungen dominierten jetzt die Frauenbewegung anstelle der bis dahin vorherrschenden autonomen Gruppen. Bereits Mitte der 70er-Jahre, als die Frage der Finanzierung der Frauenprojekte immer virulenter wurde, hatte eine Debatte um «Autonomie oder Institutionalisierung» eingesetzt, die bis in die erste Hälfte der 80er-Jahre anhielt und letztlich zugunsten der Institutionalisierung entschieden wurde. Damit hielt der Feminismus Einzug in die Öffentlichkeit: Es gab Fernsehmagazine und Frauenbuchreihen in den großen Verlagen, Karriere-Frauen und emanzipierte Frauen in Filmen, Gleichstellungsbeauftragte und DIE GRÜNEN.

Diese Integration der Frauenemanzipation hatte den Effekt, dass die Politik der Frauenbewegung sich veränderte. Sollte am Anfang jede Frau für sich sprechen und galt sie kraft ihrer eigenen Erfahrung als Expertin, so sollte jetzt eine für alle Frauen geltende Frauenpolitik durchgesetzt werden. Über staatliche Politik, über Einfluss in den Medien, über Frauennetzwerke und feministische Forschung an den Universitäten sollten die eigenen Interessen an beruflichem Aufstieg und Teilhabe an politischen Entscheidungen durchgefochten werden.

So gab es bald keine autonome Frauenbewegung mehr, sondern nur noch Expertinnen, die für andere Frauen Politik machten. Diese arbeiteten eng mit den universitären Frauenstudien zusammen, die versuchten, Erkenntnisse über «die Frau» in der Gesellschaft zu gewinnen. Forschungsprojekte sollten beschreiben, was Frauen sind und welche Bedürfnisse sie haben. Dabei wurden freilich die Ergebnisse über eine bestimmte soziale Gruppe – nämlich weiße, mittelständische Frauen – für die «Frau an sich» verallgemeinert. Alle anderen Gruppen fielen als Forschungsgegenstand heraus. Zudem hatten die Ergebnisse solcher Untersuchungen Auswirkungen auf andere Bereiche, indem sie in administrative, juristische und therapeutische Konzepte umgesetzt wurden. (Vgl. Sabine Grimm 1994: 153-166)

Wie sich durch die Institutionalisierung der Frauenbewegung die feministischen Positionen veränderten und immer mehr der Standpunkt der eigenen Nation eingenommen wurde, kann am Beispiel der feministischen Haltung zur Bevölkerungspolitik aufgezeigt werden. Auf eine radikale Kritik an Bevölkerungspolitik folgte die «Feminisierung der Bevölkerungspolitik». Schon in der Auseinandersetzung um den §218 zu Anfang der siebziger Jahre hatten Frauen Kritik an Bevölkerungspolitik artikuliert. Einige Frauen, wie zum Beispiel Brot und Rosen, erkannten, dass Frauen in den westlichen Ländern mit pronatalistischen Programmen konfrontiert waren, die als Gebärzwang interpretiert wurden, während sich Frauen in den Ländern der «Dritten Welt» mit antinatalistischen Zwängen auseinander zu setzen hatten, die auf die Reduzierung der Geburtenraten zielten. An ihnen wurden Verhütungsmittel ausprobiert; für sie wurden Methoden der hormonellen Empfängnisverhütung entwickelt, die auf Langfristigkeit angelegt waren und von den Frauen nicht kontrolliert werden konnten. Oft genug wurden solche Hormonpräparate Frauen auch ohne ihr Wissen im Rahmen allgemeiner Untersuchungen verabreicht. Die feministische Kritik an Bevölkerungspolitik war angelegt als eine Kritik am westlichen Imperialismus und seinen antinatalistischen Programmen, die die Armen statt die Armut bekämpften. Allerdings schlug diese Kritik häufig in pronatalistische Forderungen um, wenn etwa behauptet wurde, dass die Frauen in der «Dritten Welt» keine Pille, sondern Brot für ihre Kinder bräuchten. Gegen solche Argumente wehrten sich die Frauen in den «Dritte-Welt-Ländern» und die in vielen dieser Länder entstandenen autonomen Frauenbewegungen. Sie entwickelten das Konzept der «reproduktiven Rechte», mit dem sie sich sowohl gegen antinatalistische als auch pronatalistische Programme und Forderungen richteten.

Unter dem Begriff «Selbstbestimmung» versuchten Frauen auf internationaler Ebene, gemeinsame Interessen zu formulieren. Dafür fanden verschiedene Treffen statt und es wurden länderübergreifende Bündnisse geschmiedet. Doch im Zuge der internationalen Vernetzung blieben die Frauen aus der «Ersten» und der «Dritten Welt» nicht gleichberechtigt: Nach und nach wurde der Begriff der Selbstbestimmung mit scheinbar universellen, normativen Kriterien aufgeladen und war zunehmend am westlichen Modell einer möglichst großen Planbarkeit von Kinderzahl und Schwangerschaftszeitpunkt orientiert. Dieses Ideal der Beherrschung der eigenen Natur im Sinne des gesellschaftlich Erwünschten sollte nicht nur für die Frauen in Westeuropa und den USA gelten, sondern auch für die Frauen in der «Dritten Welt». Selbstbestimmung wurde folglich sehr einseitig als ein Recht auf Planbarkeit definiert und, wie schon in Kapitel 2 dargelegt, kaum hinterfragt, da man sich Bevölkerungspolitik nur als staatlich aufgeherrscht vorstellen konnte und nicht bedachte, dass Frauen auch selbstbestimmt gesellschaftliche Normen erfüllen können.

Heute dagegen gibt es durchaus Frauen, die angesichts der Übernahme feministischer Konzepte und Begriffe durch staatliche und zwischenstaatliche Organisationen wie die UNO erkannt haben, dass sich der einstige Gegensatz von Frauenbewegung und Staat zusehends aufgelöst hat. Dies führt sie jedoch nicht zu einer Kritik am Begriff der «Selbstbestimmung», sondern zu dem Wunsch auf Zusammenarbeit von Frauenprojekten mit staatlichen Institutionen. Zur Weltbevölkerungskonferenz in Kairo 1995 unterschrieben zum Beispiel weltweit über einhundert bekannte Feministinnen und Frauengruppen eine Deklaration, in der sie behaupteten, dass reproduktive Selbstbestimmung von Frauen und staatliche Bevölkerungspolitik vereinbar seien. Umgekehrt übernehmen staatliche bevölkerungspolitische Organisationen immer häufiger diese feministischen Forderungen zur Durchsetzung ihrer eigenen Ziele. Denn sie merken, dass die althergebrachten Zwangsmaßnahmen oft nicht zum gewünschten Erfolg führen und argumentieren nun im vermeintlichen, oft auch wirklichen Interesse der Frauen, um ihr Ziel einer Senkung der Bevölkerungszahlen in der «Dritten Welt» zu erreichen. Weil angenommen wird, dass Frauen mit mehr Bildung, mehr sozialer Sicherheit und größeren Chancen auf Berufstätigkeit weniger Kinder auf die Welt bringen, investieren nun auch entwicklungspolitische Projekte in Frauen. Der vermeintliche Feminismus der staatlichen Organisation erfolgt also kaum um der Frauen selbst willen. Aus denselben Gründen wird auch auf die feministische Forderung nach einer besseren medizinischen Gesundheitsvorsorge eingegangen: So lässt man den Frauen Verhütungsmittel zukommen mit dem Argument, dass Abtreibungen für die

Frauen zu gesundheitsschädlich seien. Die eigentliche Absicht, die Senkung der Geburtenzahlen, bleibt so verdeckt.

Ökofeministische Positionen, wie sie zum Beispiel Maria Mies propagiert, wehren sich noch am stärksten gegen die staatliche antinatalistische Praxis. Dabei idealisieren sie jedoch nicht nur den angeblich natürlichen Umgang mit Verhütung und Schwangerschaft in den «Dritte-Welt»-Ländern, sondern verfolgen implizit genau dasselbe Ziel wie die antinatalistischen Kampagnen. Nur behaupten sie im Gegensatz zu diesen, dass sich niedrige Geburtenzahlen in «traditionellen» Gesellschaften quasi von Natur aus, durch einen unbewussten Prozess der Selbstregulierung der Geburten einstellten – und blenden so die soziale Dimension dieses angeblich naturgegebenen Prozesses sowie die dazu erforderliche Selbstdisziplinierung aus. Die Kritik beschränkt sich also auch hier auf die Verurteilung des staatlichen Zwangs, nicht jedoch z.B. auf die Vorstellungen einer Überbevölkerung überhaupt. (Vgl. Susanne Schultz 1994: 11-24)

Solche bevölkerungspolitischen Positionen zu «Dritte Welt»-Ländern machen noch einmal deutlich, dass es bei der Etablierung der Frauenbewegung immer auch um die Verinnerlichung bevölkerungspolitischer Praktiken ging und die Übertragung dieser Vorstellungen auf Frauen in der «Dritten Welt» auf eine imperialistische Ausweitung dieser Internalisierung hinauslief. Oft genug ist diese Praxis, die die westlichen Verhältnisse verallgemeinert, von postmodernen Theoretikerinnen als «universalistisch» und «eurozentristisch» kritisiert worden, da sie die Lebensumstände von Frauen in der «Dritten Welt» nicht berücksichtige und über die Konzeption «der Frau» schlechthin die Bedürfnisse und Lebensweisen von Frauen einer kleinen sozialen Gruppe in unzulässiger Weise auf die Allgemeinheit der Frauen übertrage – und so die Bedürfnisse der Frauen der «Dritten Welt» ignoriere. An dieser Kritik trifft sicherlich vieles zu, doch greift sie deutlich zu kurz, werden doch die Bedürfnisse von Frauen in ihrer unmittelbaren Gegebenheit hypostasiert, ohne diese auch in ihrer gesellschaftlichen Vermitteltheit kritisch zu hinterfragen. Werden die verschiedenen Bedürfnisse von Frauen aus den westlichen Ländern und aus der «Dritten Welt» so auch nicht ihrer jeweiligen Natur zugeschrieben, so werden sie dennoch über die Rede von den Lebensumständen, in denen die jeweiligen Frauen völlig aufzugehen scheinen, zementiert. Es reicht nicht aus, diese jeweiligen Umstände zu berücksichtigen, sondern die Kritik muss schon an den Bedürfnissen selbst ansetzen, denn auch diese sind von Herrschaft durchdrungen. Die Selbstbestimmung, die Frauen aus Westeuropa und den USA für sich forderten, war in ihrer individualistischen Ausformung schon von Grund auf Vehikel von Herrschaft und wurde es nicht erst dadurch, dass man sie schwarzen Frauen aufdrängte – wenngleich der Herrschaftscharakter dieses Konzepts bei schwarzen Frauen klarer sichtbar wird, weil hier Staat und NGOs direkter auf die Frauen zugreifen. Sicherlich war diese Politik, die auch von den meisten westlichen Frauengruppen in der einen oder anderen Art mitgetragen wurde, mit diesem Inhalt rassistisch, allerdings gilt das nicht für universalistische Forderungen schlechthin, sondern ist von dem jeweiligen Inhalt abhängig. Auch die Bedürfnisse der Frauen in der «Dritten Welt», wie die der dort lebenden Menschen insgesamt, sind nicht automatisch richtig oder passend, sondern genauso herrschaftsförmig durchdrungen. Deshalb kann sich eine antiimperialistische und antirassistische Politik nicht uneingeschränkt positiv auf sie beziehen, wie es auch ihre postmodernen Varianten gerne tun, sondern hätte sich weiterhin an universellen Kriterien zu orientieren, die die Abschaffung von Rassismus und Sexismus bezwecken.

Die Behauptung, jeder Universalismus sei zumindest implizit rassistisch, ist mehr als fragwürdig, ist doch gerade die Forderung, dass die Herrschaft auf der ganzen Welt abgeschafft werden soll, zutiefst universalistisch und zugleich eine Notwendigkeit, um den Rassismus abzuschaffen. Unrealistisch ist die in poststrukturalistischen Theorien und bei Autonomen beliebte Annahme, dass die Bedürfnisse eines jeden befriedigt würden, wenn alle nur in der Lage wären, ihre Forderungen zu artikulieren; das ignoriert schlichtweg die ökonomischen Bedingungen. Auch hier wird wieder davon ausgegangen, dass es einzig die «richtige Einstellung» sei, von der die Umverteilung von Reichtum und gleiche Rechte für alle abhängen. Demgegenüber wird im Folgenden zu zeigen sein, dass eine Politik, die universalistische Forderungen per se kritisiert und dagegen partikulare Interessen in der ganzen Welt berücksichtigen möchte, nur eine weitere liberale, diesmal eben radikaldemokratische Variante des Reformismus ist, der nichts davon wissen will, dass im Kapitalismus die Bedürfnisse der Menschen nie wirklich erfüllt werden können. Dies deshalb, weil unter kapitalistischen Verhältnissen Bedürfnisbefriedigung warenförmig vermittelt ist und von der privaten Zahlungsfähigkeit beschränkt wird – die wiederum davon abhängt, ob der stets prekäre Verkauf der eigenen Arbeitskraft gelingt oder nicht.

5.1.2. Feministinnen und deutsche Identitätsbildung

Von der institutionalisierten Frauenpolitik profitierte eigentlich nur eine Gruppe: deutsche, gut ausgebildete Frauen. Beim Kampf um Quotierung zum Beispiel ging es nur um die Frauenquote, eine Migrantinnen-Quote war nicht vorgesehen; die spezifischen Ausgrenzungsmechanismen, die Migrantinnen daran hinderten, politisch in Deutschland zu partizipieren oder in besser bezahlte Arbeitsplätze zu gelangen, wurden kaum wahrgenommen. (Natascha Apostolidou 1994: 65-68) Die Frauen der FeMigras (Feministische Migrantinnen), eine selbstorganisierte Migrantinnengruppe, berichten zum Beispiel, dass ihre Forderungen nicht ernst genommen worden seien und deutsche Frauen sie nur als Objekt ihrer Politik betrachtetet hätten. (FeMigra 1994: 49-64)

Dieses Nicht-Wahrnehmen der Interessen von Migrantinnen und die damit einhergehenden Ausgrenzungen waren keineswegs Zufall, sondern geradezu eine Notwendigkeit, um als deutsche Frauen Politik machen zu können. Denn kollektive Identität, zumal die deutsche, konstituiert sich stets über Ausgrenzung. Der Wunsch nach Partizipation im westlichen Nachkriegsdeutschland bedeutete zugleich das Festhalten an der deutschen Identität. Folglich sahen sich auch die Frauen, die sich in den verschiedensten Institutionen von der Universität bis zum Parteivorstand vorarbeiteten, als gute deutsche Staatsbürgerinnen, die über Quotenregelung und Antidiskriminierungsprogramme endlich auch den ihnen ungerechterweise lang vorenthaltenen Teil vom Kuchen abhaben wollten.

Doch das hier zum Vorschein kommende Bedürfnis nach Identifikation mit der deutschen Nation ist nie unproblematisch, da diese nicht unabhängig von den Verbrechen des Nationalsozialismus gedacht werden kann, und dies führt bei Menschen, die sich mit der deutschen Nation identifizieren und mindestens Rudimente eines sozialen Gewissens haben, zu einem wenn auch diffusen Schuldgefühl und damit einhergehend zu dem Bedürfnis, alles Deutsche und alle Deutschen von dem Verdacht der Beteiligung an den Verbrechen freizusprechen. Deshalb wurde nach 1945 der Anteil der deutschen Bevölkerung an der Vernichtung der Juden verdrängt und verschwiegen. In der Regel erschien so der Nationalsozialismus mitsamt seinen Verbrechen als das Werk einer kleinen Gruppe von NS-Funktionären oder als Ausgeburt des Dämonen Hitler. Die massenhafte Beteiligung von ganz «gewöhnlichen Deutschen» (Goldhagen) musste verdrängt werden. Doch die Verdrängung ist nicht vollständig möglich, das mühselig Unterdrückte droht ständig wieder hervorzubrechen. Um das zu verhindern, bedarf es eines ungeheuren Energieaufwandes. Einfacher und besser kontrollierbar erscheint so eine partielle Aufklärung, in der die Verbrechen ins individuelle und kollektive Gedächtnis integriert werden, um Ruhe zu haben vor drängenden und nagenden Schuldgefühlen, mit der Hoffnung, jetzt eine «normale» Nation zu sein, in der eine unproblematische Identitätsbildung möglich sei. Dies gilt und galt nicht nur für die unmittelbar beteiligten Generationen, sondern – vermittelt durch familiäre Zusammenhänge und den Wunsch nach Zugehörigkeit zum deutschen Kollektiv – auch für die nachfolgenden Generationen sowie für die Frauen und Feministinnen, die sich als Deutsche fühlen wollten. (Vgl Lars Rensmann 1998: 236-239; Lars Quadfasel 1999)

Gerade Feministinnen haben diverse Strategien der Aneignung der deutschen Identität entwickelt, ohne die damit verbundene Verantwortung auf sich nehmen oder ein nagendes Schuldgefühl ertragen zu müssen. So konnte die eigene deutsche Identität einfach verleugnet werden, auch wenn Frauen diese doch lebten. Feministinnen definierten Frauen zum Beispiel als nicht dem deutschen Täterkollektiv zugehörig, denn dieses habe nur aus Männern bestanden, während Frauen Opfer des Nationalsozialismuses gewesen seien. Ein markantes Beispiel ist hier Gisela Bock, die auf dem Kongress «Frauen [!] als Opfer des NS» sprach und rundweg alle deutschen Frauen zu Opfern einer NS-Rassenpolitik erklärte, da sie alle potenzielle Opfer von Zwangssterilisation gewesen seien. Dass von den rassenhygienischen und bevölkerungspolitischen Maßnahmen der Nazis neben jüdischen v.a. als «asozial» oder «behindert» eingestufte Frauen betroffen waren, spielte offenbar genauso wenig eine Rolle wie die Tatsache, dass sich viele deutsche Frauen an dieser Praxis aktiv beteiligten. Fürsorgerinnen waren zum Beispiel für die Selektion in den Familien verantwortlich. Nicht nur bei Bock kamen Frauen jedoch lediglich als Opfer des

Nationalsozialismuses in den Blick; man wollte nicht wahrhaben, dass Frauen auf sehr unterschiedliche Weise auch auf der Täterseite zu finden waren. Jessica Jacoby und Gotlinde Magiriba Lwanga[40] berichten, dass auf dem genannten Kongress alle Versuche, deutsche Frauen als Täterinnen zu thematisieren, abgewürgt worden seien. (Vgl Jessica Jacoby, Gotlinde Magiriba Lwanga 1990: 95-105)

Alle Frauen wurden so zu Opfern und konnten sich der eigenen Verantwortung entziehen. Frauen standen immer auf der richtigen Seite. Bekannten sie sich dann doch einmal als schuldig, so taten sie das auf schlecht abstrakte Weise: Sie fühlten sich schuldig für den Hunger in der Welt und Waffengeschäfte in der «Dritten Welt». Klagten Frauen sich selbst an, dann nicht für ihre konkreten Taten, etwa dafür, die Vergangenheit selbst verdrängt zu haben, sondern übernahmen die Schuld ihrer Eltern oder sie wehrten durch ein allgemeines, abstraktes und unverbindliches Bekenntnis zu Schuld oder Verantwortung für den Nationalsozialismus eine Auseinandersetzung mit diesem ab: Das Schuldbekenntnis selbst wird so in den Dienst von Abwehr und Verdrängung gestellt. (Vgl. Jessica Jacoby, Gotlinde Magiriba Lwanga 1990: 95-105; Birgit Rommelspacher 1995) Sie selbst waren ja niemals Täterinnen, sondern höchstens Mittäterinnen, wie es in der durch Christina Türmer-Rohrs Buch «Vagabundinnen» ausgelösten Debatte hieß.

In der Diskussion um Mittäterschaft von Frauen wurde zum ersten Mal auf einer breiteren Ebene das Bild von Frauen als ausschließliche Opfer in Frage gestellt. Nach Christina Türmer-Rohr hatte der Begriff «Opfer» ursprünglich den Sinn, auf dem Opferstatus einer vergewaltigten Frau zu bestehen, da nach herrschender Männermeinung der Frau nicht die Würde des Opfers zukäme und die stattgefundene Vergewaltigung als Beweis ihrer Einwilligung gelte. Habe der Begriff in dieser strategischen Stoßrichtung durchaus einen Sinn, da es bei jedem Vergewaltigungsprozess immer wieder einer erneuten Anstrengung bedürfe, den Opferstatus der Frau zu beweisen, findet Türmer-Rohr es fragwürdig, den Opferbegriff zu verallgemeinern und das Verhältnis von Frauen und Männern insgesamt als eines zwischen Opfern und Tätern zu beschreiben. Wenn Frauen sich so zum Opfer stilisierten, dann hauptsächlich, um weiter in ihrer Verantwortungslosigkeit und Passivität verharren zu können: Der Opferbegriff hat ihrer Meinung nach eine Entlastungsfunktion. Dagegen macht Türmer-Rohr den Begriff der Mittäterschaft von Frauen stark. Sie geht davon aus, dass die Frauen selbst an der Konstruktion des weiblichen «Geschlechtscharakters» (Karin Hausen), der sich im 19. Jahrhundert herausgebildete, einen großen Anteil hatten und es durchaus in ihrem Interesse liege, in dieser Rolle zu verharren. Mehr noch: Dieser weibliche Geschlechtscharakter, in dem Passivität eine bedeutende Rolle spielt, sei mitverantwortlich dafür, dass Frauen nicht in die Machenschaften der Männer eingriffen. Frauen selber gelten also nur auf Grund ihrer unterlassenen Widerständigkeit als Mittäterinnen, nicht auf Grund eigener Taten. Mit dem provokativ gemeinten Begriff der Mittäterschaft möchte Türmer-Rohr die Einsicht von Frauen fördern, dass sie nicht zwangsläufig in Passivität verharren müssen, sondern auch handelnde Subjekte sein können. (Vgl. Christina Türmer-Rohr u.a. 1990)

In der Tat kann das Konzept der Mittäterinnenschaft Frauen zu neuen Erkenntnissen über ihre eigene Verstricktheit in patriarchale Strukturen verhelfen und einsichtig machen, warum sie so oft aus ihrer Ohnmachtshaltung nicht herauskommen. Dennoch ist Türmer-Rohrs Konzeption vor allem aus zwei Gründen problematisch: So kann die Rolle von Frauen in Bezug auf andere Herrschaftsverhältnisse nicht darauf reduziert werden, dass sie diesen nicht Einhalt gebieten und sich rein passiv verhalten. Vielmehr sind Frauen selbst oft genug Täterinnen. Diese Erkenntnis beschränkt sich nicht auf den Nationalsozialismus, sondern auch die Frauen der heutigen Frauenbewegung verhalten sich, wie gezeigt, oft genug selbst rassistisch.

Während diese Kritik an dem Konzept der Mittäterinnenschaft häufiger geäußert worden ist (vgl. z. B. Jessica Jacoby und Gotlinde Magiriba Lwanga), wurde nur selten darauf eingegangen, dass der Opferstatus nicht nur eine Entlastungsfunktion für das Verharren in der Passivität hat, sondern dass der Opferstatus gerade auch entlastend auf die deutsche Identitätsbildung wirkt, die somit kaum hinterfragt werden muss. Erst im Laufe der 90er-Jahre gab es Stimmen, die in diesem Punkt über das von Türmer-Rohr vorgeschlagene Konzept hinausgingen, indem sie Frauen auch als Täterinnen begriffen und die Aufarbeitung der deutschen Vergangenheit einforderten. An Beispiel Birgit Rommelspachers kann gezeigt werden, wie auch diese Einsicht nicht notwendiger Weise zu einer radikalen Kritik an jenen Verhältnissen, die Auschwitz hervorgebracht haben, führen muss, geschweige denn zu einer Kritik an Nationen im Allgemeinen und der deutschen im Besonderen. Denn der Wunsch nach Aufarbeitung der Vergangenheit kann auch dem Interesse entspringen, das «Minderwertigkeitsgefühl» (Birgit Rommelspacher), das Deutsche häufig empfinden, zu überwinden, um die deutsche Staatsbürgerschaft mit allen positiven wie negativen Implikationen anzunehmen.

Zwar geht Rommelspacher nicht auf die KZ-Aufseherinnen und Krankenschwestern ein, die Euthanasie betrieben haben, wehrt sich aber dennoch dagegen, dass Frauen, nur weil ihre Taten sich oft nicht in der Öffentlichkeit abspielten, unschuldig gewesen seien oder nur den Willen ihres Mannes ausgeführt hätten. Deshalb beschränkt sie sich in ihren Untersuchungen nicht auf die spektakulärsten Fälle von Täterinnenschaft, sondern nimmt auch die ganz normale deutsche Frau in den Blick. Nach Rommelspacher seien zwar auch im Nationalsozialismus Frauen von der offiziellen politischen Macht ausgeschlossen, deshalb aber nicht weniger antisemitisch gewesen und hätten daher in dem ihnen zugewiesenen privaten Bereich an der Ausgrenzung der Juden und Jüdinnen durchaus einen großen Anteil gehabt. Als Beispiel nennt sie Fälle, in denen Frauen ihre Kinder nicht mit jüdischen Kindern spielen ließen, den Boykott-Aufrufen für jüdische Geschäfte folgten und sich selber als begeisterte Anhängerinnen der nationalsozialistischen Partei und des «Führers» zeigten.

Rommelspacher sieht hier eine geschlechtsspezifische Weise antisemitischer Praxis. Um das zu erläutern, greift sie auf die von Gilligan entwickelte Vorstellung einer weiblichen Fürsorgemoral zurück, derzufolge Frauen auf Grund der geschlechtsspezifischen Arbeitsteilung stärker personenorientiert seien und daher Mitmenschlichkeit und Fürsorge einen größeren Stellenwert einräumten als Konkurrenz und Erfolg. Während dies oft als positiv empfunden wird, gibt Rommelspacher zu bedenken, dass die «weibliche Fürsorge» sich meist auf den engsten Verwandtschaftsbereich beziehe und höchstens noch die Angehörigen der eigenen sozialen Gruppe bzw. Nation mit einschließe. Alle als anders empfundenen Menschen und solche, die verdächtigt werden, der eigenen Gruppe schaden zu können, fallen jedoch aus dieser «Fürsorge» heraus. So konnten die von Rommelspacher interviewten Frauen[41] zum Beispiel größtenteils viel Verständnis für ihre Eltern und Großeltern und deren Verhalten aufbringen. Überhaupt irgendein Verständnis für die Juden und Jüdinnen zu entwickeln, fühlten sie sich oft jedoch nicht in der Lage, sie «machten dicht». (Birgit Rommelspacher 1994: 139) Diese Sorge und das Verständnis für die eigenen Angehörigen hat nach Rommelspacher die Folge, dass die Aufmerksamkeit und das Interesse von den Opfern abgezogen wird, da sonst das Mitgefühl mit den Tätern ins Wanken geraten könnte. Mitgefühl in diesem eingeschränkten, nicht allen Menschen geltenden Sinn ist für Rommelspacher kein Ort des Widerständigen, sondern vielmehr eine Strategie, um Grenzen zu ziehen zwischen denen, die dazugehören, und denen, die dies nicht tun.

In ihren Untersuchungen konnte Rommelspacher überzeugend nachweisen, dass Frauen, auch wenn sie selbst patriarchale Zurichtungen erfahren, trotzdem Täterinnen sein können, denn zu einer Gruppe Unterdrückter zu gehören, schließt nicht aus, andere zu unterdrücken. (Rommelspacher 1994: 127-143) Dass diese banale Einsicht in der Frauenbewegung lange Zeit nicht vorhanden war, kann auch als Abwehrreaktion interpretiert werden; als eine wiederholte Selbstbestätigung, dass Frauen nichts mit Antisemitismus oder Rassismus zu tun haben. Rommelspacher entlarvt solche Abwehrmechanismen und fordert eine Auseinandersetzung mit dem Nationalsozialismus, von der sie sich eine Verringerung des Antisemitismus erhofft. Darüber hinaus wünscht sie sich demokratische Deutsche, die wieder unbefangener mit ihrem Deutschsein umgehen, indem sie die deutsche Geschichte auch mit dem Holocaust annehmen können. Dies passiere vielfach nicht. Eher führe das Unbehagen, das Deutschsein für viele auf Grund des Nationalsozialismus mit sich brächte, dazu, eine Differenz zwischen der eigenen Person und der gesellschaftlichen Position des Deutschseins zu errichten. Dies nimmt Rommelspacher als Abwehrstrategie wahr, da so die Prägung, die der Einzelne durch die Zugehörigkeit zur spezifischen Nation erhalte, verleugnet und eine Auseinandersetzung mit deren negativen Implikationen verhindert werde. Als Beispiel führt sie das Leugnen der deutschen Nation im Ausland an, wo dann statt dessen eine Ersatzidentität herhalten muss, wie zum Beispiel Berlinerin oder Weltbürgerin. Hierbei mag es sich in der Tat oft genug um einen Abwehrmechanismus handeln, der vor der Beschäftigung mit der eigenen Prägung einer in Deutschland aufgewachsenen Nicht-Jüdin ausweicht. Problematisch wird diese Position erst, wenn sie dem subjektiven Faktor des Umgangs mit dieser Prägung nur eine sehr eingeschränkte Rolle zugesteht und lediglich die falsche Alternative von Identitätsverleugnung und Annahme des Faktischen gelten lassen will – wobei sie für das Zweite plädiert, da nur hieraus ein «kritisches Selbstverständnis» (Rommelspacher 1994: 169) erwachsen könne. Sie argumentiert, dass spätestens dann alle den objektiven Charakter ihrer faktischen Zugehörigkeit anerkennen müssten, wenn ihnen ihr Pass und die damit verbundenen Privilegien entzogen würden. Eine weniger individualisierte Aufhebung des Zwangsverhältnisses kann sie sich nicht vorstellen: nämlich den kollektiven Akt, diese Nation abzuschaffen.

Dass der nationalsozialistische Staat sich nicht in Gänze von seinem Nachfolger und von Nationen schlechthin unterscheidet, wussten zumindest diejenigen, die ihre nationale Identität am liebsten verleugnet hätten. Denn der Nationalsozialismus war seinem Auftrag, das nationale Wohl durch Verwaltung seines Staatsvolkes zu fördern, nur allzu gut nachgekommen, indem diejenigen, die ihm als überflüssig galten, systematisch umgebracht wurden. Die Verleugnung der eigenen Nation geht nicht in der Abwehrfunktion auf, sondern in ihr ist eine wirkliche, aufrechterhaltene Abscheu enthalten, nicht einem Kollektiv angehören zu wollen, das zu solchen Taten in der Lage war. Dass immer beides, Abwehr und Abscheu, in der Distanzierung stecken, lässt sich an dem Gedicht einer Frau zeigen, die die Kritik Rommelspachers offenkundig schon antizipiert hat und jetzt ihre deutsche Identität sucht (s. gegenüber liegende Seite):

Dieses sich windende, aber nichtsdestotrotz ehrlich bemühte Annehmen eines zum Schicksal geronnenen Verhängnisses, der deutschen Identität, entspricht auch der Vorstellung Rommelspachers, auch wenn diese gar kein Sträuben mehr kennt, sondern nur noch die Notwendigkeit einer kritischen Annahme von deutscher Identität.

«Wir sagten zu Beginn: Identitätsbildung ist ein ständiger Prozess mit offenem Ausgang. Die Leugnung deutscher Identität macht sie zu einem geschlossenen Kreis, in dem sie auf die negativen Schatten der Vergangenheit fixiert wird, von dem man sich verzweifelt abzusetzen sucht. Solche Abspaltung verhindert Entwicklung. Erst wenn die Herausforderung der Vergangenheit angenommen wird, ist ein Lösen aus der negativen Fixierung möglich. Dann wird die Frage nach dem Deutschsein wieder

Dilemma in der BRD

Aufgewachsen in einem schwierigen Vaterland
bin ich auf der Suche nach welcher Identität.

Nein, lieber weglaufen vor dem was berührt als sich
identifizieren mit dem was Bundesrepublikanisch ist
        mit dem was Deutsch ist
        mit dem was Deutsch und nicht-jüdisch ist
        mit dem was Deutsch und nicht-schwarz ist
        mit dem was irgendwo in mir ist.
Aber... ich bin eine Frau
Und überhaupt ist das nicht meine Geschichte!
Was sagst Du? Mittäterin? Täterin?
Übeltäter? Ich? ... aber,... mir wurde doch die Absolution erteilt von denen die betroffen sind!
«Nein, Du bist gar nicht richtig Deutsch. Du tanzt wie wir und Du lachst so viel. Hier lacht sonst niemand. Ich glaube fast daran, Du bist falsch herum kolonisiert.»
[...]
Je mehr ich mich dagegen wehre, desto deutlicher zeigst du mir mein wahres Gesicht
das ist
weiß nicht-jüdisch nicht-schwarz oben
und unten seid ihr immer die anderen gewesen
Schwarz Jüdisch Afro-Deutsch
die Zu-Bestimmenden, die Zu-Untersuchenden, die Zu-Sezierenden
damit ich das, was mich anders macht nicht ankratzen muss
bin ich stets auf der Suche nach mir in immer anderen
und wenn wir uns streiten werde ich sogar plötzlich
zur Deutschen, Weißen, arischen, Erste-Welt-Frau, die Menschen nach ihrem exotischen Reizen pflückt und wegwirft...
[...]
Ich bin am Ende meiner Weisheit. Vielleicht an einem neuen Anfang...
Es ist schwierig, meine Identität zu finden in diesem Vaterland
bundesrepublikanisch und deutsch,
einem Vaterland, dessen Stolz mir fast das Genick bricht.
(Rita Herkenrath 1990: 72)

interessant, weil der Ausgang offen ist.» (Birgit Rommelspacher 1994: 173)

Der «offene Ausgang» ist nur ein anderer Ausdruck für die Modernisierung Deutschlands, wie sie derzeit unter dem Schlagwort «Berliner Republik» von Rot-Grüner-Regierung und nationalen Eliten vorangetrieben wird: Vergangenheit wird nicht mehr verdrängt, sondern dazu benutzt, in den Krieg zu ziehen.[42] Die deutsche Nation beruft sich mit der Schaffung des neuen Staatsbürgerschaftsrechts auf einen veränderten Begriff der Nation, dessen bislang rein völkische Blutsdefinition aufgeweicht wurde, um einigen ausgesuchten MigrantInnengruppen vorwiegend aus ökonomischen Gründen die deutsche Staatsbürgerschaft zu verleihen. Natürlich nicht ohne einen umfangreichen Katalog von Bedingungen aufzustellen... Auch diskutiert die Regierung schon seit längerer Zeit, Deutschland nun auch offiziell zum Einwanderungsland zu erklären – für eine spezifische Gruppe zumindest: gut ausgebildete Informatiker. Dass ein solcher Begriff der Nation, wie er sich darin herauskristallisiert und auch von Rommelspacher favorisiert wird, sich immer noch über Ausgrenzungen konstituiert, wird gerne übersehen. Neu ausgehandelt werden lediglich die Grenzen zwischen denen, die dazugehören, und denen, die es auch nach der Reformierung des Staatsbürgerschaftsrechts nicht dürfen. Das neu verhandelte Einwanderungsrecht könnte sich so als Hebel erweisen, die Anerkennungschancen für AsylbewerberInnen noch weiter zu verringern.

Rommelspachers Identitätsbegriff entspricht einer postmodernen Vorstellung von «Ich», wie es auch später bei Butler aufzuzeigen sein wird. So spricht sie davon, dass die «persönliche Identität durch viele verschiedene soziale Zugehörigkeiten geprägt [ist], etwa als Frau, als Deutsche, als Kind dieser Eltern, als auf dem Dorf aufgewachsen etc.». Die persönliche Identität möchte sie als «individuelle einzigartige Schnittmenge verschiedener sozialer Zugehörigkeiten begreifen». (Rommelspacher 1994: 165).

Hier wird deutlich, dass der Zwang zur Identität im postmodernen Denken nicht mal mehr in Gedanken aufgehoben werden soll, sondern Identität als eine Notwendigkeit festgeschrieben wird, mit der nun bewusst umzugehen sei. Die Ideologie der kulturellen Konstruktion von Identität befreit den Einzelnen zwar aus einst als natürlich gedachten Zugehörigkeiten, jedoch nur um diese als kulturelle erst recht zu zementieren. Zwar kann auch in dem Modell Rommelspachers Deutschland abgeschafft werden, indem es zum Beispiel in einem vereinten Europa aufgeht, doch auch hier haben die Einzelnen dann diesen neuen, sie gesellschaftlich bestimmenden Bezugspunkt nachzuvollziehen. Rommelspachers Abtun des subjektiven Willens, nicht deutsch sein zu wollen, als einen bloßen Abwehrmechanismus führt dazu, dass sie die Möglichkeit eines bewussten Willens der Menschen, sich auch gegen staatliche Zwangszusammenhänge entscheiden zu können, ausschließen muss. Die Einzelnen werden so zu Marionetten dieses gesellschaftlichen Verhältnisses und können nur noch innerhalb der gegebenen Möglichkeiten wählen und zwar zwischen gelungener nationaler Identität und Nationalismus. Dabei übersieht Rommelspacher, dass in beiden Varianten der Einzelne sich für diese Dazugehörigkeit entscheiden muss, für sein politisches Engagement, für seine Privilegien etc. Dabei muss Auschwitz auch gar nicht mehr unbedingt verdrängt werden, sondern scheint für die neue deutsche Identität in modifizierter Weise geradezu konstitutiv zu sein.

Mit Rommelspacher ist auch die Frauenbewegung in der Berliner Republik angekommen. Bei ihr ist die Einzelne auf jeden Fall deutsch: Die einzige Wahlmöglichkeit, die sie hat, ist ihre nationale Identität zu verdrängen und zu verleugnen oder aber sie sich bewusst anzueignen. Eine Gegensätzlichkeit zwischen Frauen und Staat wird nicht mehr gesehen. Nur erscheint der eigene Anteil an der Identitätswerdung gar nicht mehr, eben der bewusste Wille, der das Individuum zum Deutschen macht.

5.1.3. Kritik von Migrantinnen an der Frauenbewegung

Kritik von Migrantinnen an universalistischen Positionen, an der falschen Verallgemeinerung der Kategorie «Geschlecht» sowie am Rassismus innerhalb der Frauenbewegung gab es in Deutschland schon während der gesamten achtziger Jahre. Diese fand jedoch kaum Beachtung. Erst als die weissen Frauen der feministischen Zeitschrift «Beiträge zur feministischen Theorie und Praxis» eine Ausgabe zu Rassismus, Antisemitismus, Fremdenhass herausbrachten, fand diese Thematik eine breitere feministische Öffentlichkeit, wenngleich Encarnación Rodriguez[43] zufolge immer noch nicht davon ausgegangen werden kann, dass viele Frauen die Positionen der Migrantinnen wirklich aufgenommen hätten:

«Auch heute noch kann trotz einiger Veröffentlichungen zum Schwarzen Feminismus [...] nicht von einer besonderen Wahrnehmung und Ernstnahme in der Frauenforschung gesprochen werden. Die meisten Studien werden weiterhin im Namen der Frauen geschrieben, beziehen sich jedoch auf einen kleinen Bruchteil an Erfahrungen von Frauen. Auch die Wahrnehmung von Rassismus als struktureller Gewalt hat erst in den 90er-Jahren Eingang in die bundesrepublikanische Wissenschaft gefunden.» (Encarnación Gutiérrez Rodriguez 1996: 165-166)

Doch auch die Migrantinnen kritisierten in ihrer Mehrheit nicht Lobby-Politik oder die Beteiligung an staatlichen Institutionen, sondern nur ihre fehlende Repräsentanz in diesen. So beschwerten sich die FeMigras, dass ihnen durch die fehlende Unterstützung der deutschen Feministinnen die Beteiligung an den institutionalisierten Kämpfen erschwert werde, wie zum Beispiel an der Debatte um die Verfassungsänderung nach der Wiedervereinigung, in der sie Bürgerrechte für alle hier lebenden Menschen nach zweijähriger Aufenthaltsdauer forderten, ohne dass dafür die Abstammung von Bedeutung sein sollte. (FeMigras 1994) Ihre Kritik am Staatsbürgerschaftsrecht ging also nicht so weit, dieses in Gänze zu verwerfen, sondern richtete sich lediglich gegen dessen spezifisch deutsche Fassung, die mit ihrer Blutideologie (Jus Sanguis) die reaktionäre Variante des englischen und französischen Nationenverständnisses (Jus Solis) ist.

«Doch bislang hat die Kritik am deutschen Staatsbürgerrecht in der Geschichte der Frauenbewegung nicht nur keine Rolle gespielt, im Gegenteil wurde es teilweise sogar durch den politischen Kampf von Frauen gestärkt und fortgeschrieben, So setzte beispielsweise die Initiative der mit Ausländern verheirateten Frauen (IAF) in den 70er-Jahren durch, dass auch deutsche Mütter, trotz ausländischem Vater die deutsche Staatsbürgerschaft an die gemeinsamen Kinder vererben können. Dies wurde als Errungenschaft in Sachen Gleichstellung gefeiert. Dass damit das in der Verfassung verankerte Abstammungsprinzip der deutschen Volkszugehörigkeit nicht nur nicht kritisiert, sondern im Gegenteil gefestigt und bestätigt wurde, ist die Kehrseite dieser Errungenschaft.» (FeMigra 1994: 59-60)

Doch auch FeMigra «festigen» und «bestärken» das Staatsbürgerrecht, nicht indem sie an dem alten Modell festhalten, sondern indem sie es zu modernisieren trachten. Sicherlich würde sich in Deutschland die von ihnen geforderte Variante des Staatsbürgerschaftsrechts politisch nicht durchsetzten lassen,[44] aber wer Deutschland demokratisch mitverwalten möchte, muss sich eben auch mit Kompromissen abgeben. Selbst diese politische Betätigung aber wurde ihnen von deutschen feministischen Frauen verübelt: Das Frankfurter «Internationale» Frauenzentrum warf sie aus den von ihnen genutzten Räumen und versagte ihnen trotz großen Budgets auch eine finanzielle Unterstützung. Solche Ausgrenzung, die die FeMigras in der mittlerweile institutionalisierten Frauenbewegung erfuhren, führte sie freilich nicht zu einer radikalen Kritik an der lobbyistischen Stoßrichtung feministischer Politik, sondern zu «Identitätsproblemen»: Es fiel ihnen immer schwerer, sich rückhaltlos mit der Frauenbewegung zu identifizieren; statt dessen plädierten sie dafür, strategische Bündnisse mit Gruppen einzugehen, mit denen sie sich an bestimmten Punkten trafen: mit Migrantinnengruppen, Frauen-Lesben-Gruppen etc. (FeMigra 1994) Einer anderen Ein-Punkt-Bewegung sich anzuschließen, erschien ihnen wenig sinnvoll, da sie auch in den anderen Gruppen, denen sie sich teilweise zugehörig fühlten, keine vollkommene Identifikationsmöglichkeit sahen. Als Beispiel für eine gelungene Politik führen sie Gloria Anzaldúa an:

«Wir müssen unsere eigene Lobby entwickeln und Bündnisse schließen mit Menschen, mit denen wir uns an wichtigen Punkten treffen, so daß wir auch Kraft spüren im Kampf. Neben der Forderung einer gerechten Weltordnung und der Abschaffung der rassistischen und sexistischen internationalen Arbeitsteilung setzten wir uns für eine Veränderung der Vorstellungswelten ein. Unsere Utopie ist ein Aufbrechen aus dem dualen Denken, das Ausbrechen aus kulturellen Mustern; wir erahnen die Vielfältigkeit unserer Lebensformen.

Gloria Anzaldúa, eine Chicana-Feministin aus den USA, beschreibt diese Politik als Prozeß der disidentification (Entidentifizierung). (Anzaldúa 1990) Sie plädiert für ein neues Bewußtsein, daß der mestiza. Ein Bewußtsein, das Verschmelzung denkt, das aus den vielen Verschmelzungen Erfahrungen eines widersprüchlichen Lebens erwächst, wie etwa dem Konflikt einer Chicana-Lesbe mit ihrer machistischen Community, auf die sie sich wiederum bezieht, sobald sie merkt, daß sie sich in einer weißen Frauenbewegung nicht wiederfindet, ohne auf diese doch verzichten zu wollen in einer homophoben Gesellschaft [...] Dieses Bewußtsein hält sich nicht bei Äußerlichkeiten auf, sondern sucht die Praxis dort, wo sie sich auch nur punktuell anbietet.» (FeMigra 1994: 49-64)

Wenn sich solche postrukturalistischen Positionen auch häufig eine Anti-Identitätspolitik auf die Fahnen schreiben, so haben sie de facto doch immer einer Verfestigung von Identitäten zugearbeitet. Denn Identität wird von ihnen als Knotenpunkt verschiedenster Zuschreibungen definiert, was auf eine bloße Flexibilisierung dieser Identitäten und eine radikaldemokratische Commonsense-Findung hinausläuft. Was Anti-Identitätspolitik wirklich sein könnte, kann man besser von der afro-amerikanischen Autorin «bell hooks» als von Judith Butler[45] lernen:

«Frauen müssen lernen, die Verantwortung auch für jene Formen der Unterdrückung zu übernehmen, welche uns nicht unbedingt persönlich treffen. Die feministische Bewegung – so wie andere radikale Bewegungen in unserer Gesellschaft auch – leiden darunter, wenn persönliche Interessen und Prioritäten die einzigen Beweggründe für die Teilnahme sind. Erst wenn wir uns um die Gemeinschaften kümmern, stärken wir uns.» («bell hooks» 1990: 90)

Diese Politik, die über die eigenen Erfahrungen hinausgehend einen Begriff z.B. von Rassismus, Sexismus, Antisemitismus gewinnen will, handelt sich nicht die Probleme jenes undialektischen Erfahrungsbegriffs des Identitätsfeminismus ein, für den aus der Erfahrung der Zugehörigkeit zu einer diskriminierten Gruppe eine bestimmte Interpretation dieser Situation erfolgen soll, und benötigt deshalb für antirassistische Politik auch keine Quoten-Migrantin in den eigenen Reihen.

5.2. Judith Butler: Identität als Knotenpunkt

Auf breiter Ebene durchgesetzt hat sich jedoch in den sich als feministisch verstehenden Kreisen nicht die Anti-Identitätspolitik von «bell hooks», sondern Judith Butlers Versuch einer Antwort auf die Fragen um Identität und Repräsentation.[46] Vergessen wurde bei der Kritik an der Identitätspolitk, dass dieses Bewusstsein um eine gemeinsame Identität aller Frauen erst Anfang der 70er-Jahre beschworen worden war, um politisch handlungsfähig zu werden; Simone de Beauvoir und Karin Schrader-Klebert hatten beklagt, dass Frauen ihre Gemeinsamkeit nicht erkennen würden[47], weil sie sich, primär auf den

Mann bezogen, vornehmlich als Arbeiterinnen und Schwarze fühlten und ihr Frau-Sein als sekundär betrachteten. Auch drehten sich die Debatten zu Beginn noch nicht um reine Lobbypolitik innerhalb kapitalistischer Nationalstaaten, sondern waren zumindest mit einer sozialistischen Perspektive verbunden. Die Queer-Theorie streicht schon allein durch ihre Geschichtslosigkeit jedes transzendierende Moment aus der Frauenbewegung, wie skurril und nonkonform sie sich auch immer präsentiert haben mag.

Auch für Judith Butler geht es weniger um die Auflösung der Geschlechter, wie immer unterstellt wird, als um eine Transformation dieser in den USA traditionsreichen Lobbypolitik, einer Politik, die auf eine Sicherung und Stärkung des Einflusses der jeweils vertretenen gesellschaftliche Gruppe in den politischen Institutionen zielt. Diese Form der Politik steht ganz in der liberalen Tradition eines gesellschaftlichen Interessenkampfes und -ausgleichs mit seiner Betonung des Individualismus, für den die StaatsbürgerInnen etwas anderes darstellen als bloße Exemplare eines organischen Staatsvolkes. Politik erscheint vielmehr als Resultat eines vermeintlich offenen Kampfes partikularer Interessen und hat nicht schon vorab die Nützlichkeit fürs große Ganze zu beweisen, wie es deutsche Tradition ist. Queer-Theorie ist somit ein linksliberaler Beitrag zur Demokratisierung der Gesellschaft, in der die Integration bislang ausgestoßener Gruppen in die staatliche Gemeinschaft gefördert werden soll. (Vgl. Tjark Kunstreich, Uli Krug 2000)

Judith Butler kritisiert die bisherige feministische Interessenpolitik, die sich auf eine einheitliche Identität der Frau bezogen habe. Ihrer Meinung nach sollte Zusammengehörigkeit nicht mehr aus einer weiblichen Natur oder einem allen Frauen gemeinsamen Ziel abgeleitet werden, sondern in Bündnissen immer wieder neu ausgehandelt werden. Solche Bündnisse wären dann nur noch «provisorische Einheiten», die «im Kontext der konkreten Aktionen entstehen». (Judith Butler 1991: 36) Sie wären nicht mehr auf Langfristigkeit angelegt, sondern könnten nach Erreichen des Zieles auseinanderfallen. Analog dazu propagiert sie fluktuierende Identitäten, die «wechselweise entstehen und sich auch wieder auflösen». (Judith Butler 1991: 36) Denn nach Butler drückt sich Herrschaft gerade in der Annahme einer festen, geschlossenen Identität aus, die über Ausschlüsse nach innen und außen erst hergestellt wird.

Die Frauenbewegung habe diese Herrschaft affirmiert, indem sie von einem ontologischen Subjekt Frau ausgegangen sei und geglaubt habe, alle Frauen zu repräsentieren. Dadurch mache man sich jedoch der Macht und dem Gesetz gleich, produziere das bürgerliche Subjekt, von dem man sich doch eigentlich emanzipieren wolle, und verschleiere diesen Produktionsprozess durch Naturalisierung.

Demgegenüber, so die Forderung Butlers, solle die Frauenbewegung erkennen, dass eine einheitliche, naturgegebene Geschlechtsidentität ein Diskurseffekt sei, hervorgebracht durch den regulierenden Apparat der Heterosexualität. Dieser Apparat sei freilich kein Subjekt, sondern müsse als eine Art strukturierende Matrix gedacht werden, die ihre Macht durch das ständige Zitieren von Normen entfalte: Erst die ständige Wiederholung verleiht dem Zitat seine Macht und der kohärenten Geschlechtsidentität ihre Stabilität. Butler spricht hier von performativen Sprechakten: Sätze wie «Es ist ein Mädchen» oder «Hiermit erkläre ich euch zu Mann und Frau» seien Formen des autoritativen Sprechens, die einen allgemeinverbindlichen Charakter annähmen. Es ist also nicht die Autorität des Richter als Vertreter des Gesetzes, die den Sprechakten ihre objektive Gültigkeit verleiht, sondern die bloße gesellschaftliche Konvention. Und dennoch sind Geschlechtsidentitäten nicht beliebig verhandelbar, sondern die Annahme des Geschlechts ist von vornherein unfrei.

Nach Butler ist Geschlechtsidentität eng mit der personalen Identität verbunden, deren wesentlichen Merkmale Kohärenz und Kontinuität sind. Nur solche Identitäten werden gesellschaftlich anerkannt, die dieser Bedingung entsprechen. Die Kohärenz der Geschlechtsidentität ist für eine funktionierende personale Identität wesentlich; als kohärent gelten dabei nur solche, die sich als eindeutig weibliche oder männliche soziale Geschlechtsidentitäten aus dem anatomischen Geschlecht herleiten und mit einer heterosexuellen Begehrensstruktur verbinden. Heraus fallen Geschlechtsidentitäten, in denen diese Kohärenz fehlt: Lesbische, schwule oder transsexuelle Identitäten etwa. Aufgebaut ist die kohärente Geschlechtsidentität auf einem binären System von männlich und weiblich, das sich durch Ausschluss konstituiert, und zwar nicht nur nach außen, sondern auch durch einen Abgrenzungsprozess nach innen: Für eine gelungene Geschlechtsidentität muss nicht nur das homoerotische Begehren verleugnet werden, sondern auch alle gegengeschlechtlichen Anteile, sei es im psychischen Apparat, sei es auf körperlicher Ebene.

In dieser Bildung der Geschlechtsidentität, und hier rekurriert Butler auf die psychoanalytische Figur des Ödipuskomplexes, wird das Gleichgeschlechtliche als mögliches Objekt der Liebe ausgeschlossen. Dieser Verlust wird nie betrauert und bleibt deshalb latent wirksam. Das ständige Nachdrängen gleichgeschlechtlicher Liebesbedürfnisse bedarf als Gegenbesetzung einer Verstärkung der Identifizierung mit dem Gleichgeschlechtlichen sowie eine auf Eindeutigkeit bedachte Darstellung der eigenen Geschlechtsidentität. Somit materialisiert sich die soziale Geschlechtsidentität gerade immer durch ausgeschlossene Identifizierungen und durch Vereinheitlichungen, die als naturgegeben erscheinen. (Judith Butler 1995: 293-322)

Die Stärke der Butlerschen Theorie besteht darin, auf die Gewaltförmigkeit der Identitätsbildung hingewiesen zu haben. Jedoch gibt es bei ihr für die Ausschließung des homosexuellen Begehrens keinen anderen Grund als die «Macht», die immer wieder einheitliche, naturalisierende Subjekte hervorbringe. Dies liegt auch daran, dass Butler die heterosexuelle Matrix und die daraus folgende Zwangsidentität als überhistorische, zeitlose sprachliche Struktur betrachtet. Doch schon Foucault hatte herausgearbeitet, dass die Formierung der Homosexualität als Identitätskategorie eine relativ neue Erscheinung ist und erst im letzten Jahrhundert entstanden ist. War Sodomie[48] bis dahin eine verbotene Handlung, so wurde aus dem Homosexuellen des 19. Jahrhunderts eine Persönlichkeit, deren Vergangenheit und Kindheit plötzlich von Bedeutung waren. Der Homosexuelle wurde zum Perversen, von dessen Negativbild sich der Heterosexuelle abgrenzen konnte. In der ständigen Sorge um sich selbst bildete sich, wie schon beschrieben, das bürgerliche Subjekt heraus. Dies verweist sowohl auf die Disziplinierung der Körper als auch auf Regulierungstechniken, durch die sich die auf Fortpflanzung zentrierte Heterosexualität von der Homosexualität absetzt. (Foucault 1976) Foucault gelingt es somit, die Bildung bürgerlicher Subjektivität sowohl in ihren bürgerlichen Kontext zu stellen, als auch die Gründe dafür zu benennen.

Bei Butler werden dagegen allein Kohärenz und Naturalisierung kritisiert. Dies hat zur Folge, dass sie nicht Identitätskategorien an sich angreift – deren grundsätzliche Infragestellung sie schlichtweg für unmöglich hält – sondern lediglich deren Bedingtheit reflektiert wissen will: Durch welche Ausschlüsse und Verleugnungen wird die eigene Identität gebildet? Auch minoritäre oder diskriminierte Identitätsformen, wie die Lesbe oder die Migrantin, sollen nicht per se hochgehalten werden, da natürlich auch diese Identitätsbildung zugleich Ausschlüsse impliziert: «Eine Lesbe, die absolut gegen Heterosexualität ist, könnte sich mehr in deren Macht befinden, als eine heterosexuelle oder eine bisexuelle Frau, die um ihre konstitutive Instabilität weiß.» (Judith Butler 1995; 158) Es könne weder darum gehen, alle Ausschlüsse wieder ins Subjekt hineinzuholen, da dies auf eine Art von Imperialismus hinauslaufe, der sich alles Äußerliche einverleiben will. Noch soll das Subjekt einfach als «Pluralität von Identifizierungen» (Butler) angesehen werden. Das Subjekt ist also nicht Frau, Lesbe, Weiße und aus der Mittelschicht, sondern soll ähnlich wie bei den FeMigras als Knotenpunkt begriffen werden, in dem die Kategorien als uneinlösbare Forderungen der verschiedenen Zuschreibungen sich miteinander verbinden. Zuschreibungen wie «Frau» oder «Migrantin» würden oft als sich gegenseitig ausschließend erfahren werden und als gewaltförmige Akte erlebt, denn hier müssten die verschiedenen Anteile des Selbst verleugnet werden. In der Identitätspolitik der Frauen- oder Migrantinnenpolitik würden diese dann noch einmal reproduziert.

Butler will vor allem, dass die Bedingungen und Verwerfungen reflektiert werden, die die eigene Identität konstituieren – und zwar nicht nur die Geschlechtsidentität, sondern die vielfältigen Identitäten in ihren jeweiligen besonderen Verknüpfungen. So soll herausgefunden werden, wie zum Beispiel eine Lesbe ihr Chicana-Sein erfährt. Ein Überwinden der Identitätskategorien liegt außerhalb ihrer Vorstellungskraft und jeder Versuch der Transzendenz wird als Anmaßung denunziert, die nur gewaltförmig sein könne:

«Nichts von alledem ist so gemeint, daß Identität geleugnet, überwunden oder ausgelöscht werden soll. Niemand kann der Forderung Überwinde dich selbst ganz entsprechen. Die Forderung, die konstitutiven Zwänge, mit denen die kulturelle Lebenstüchtigkeit zustande gebracht wird, radikal zu überwinden, wäre eine eigene Form der Gewalt. Wenn allerdings eben diese Lebenstüchtigkeit die Folge einer Verwerfung, einer Unterordnung oder eines Ausbeutungsverhältnisses ist, dann wird die Aushandlung zunehmend komplex. Diese Analyse will deutlich machen, daß eine Ökonomie der Differenz Berechtigung hat, in der die Matrizen, die Knotenpunkte, an denen unterschiedlichste Identifikationen gebildet und verschoben werden, ein Revidieren jener Logik des ausgeschlossenen Widerspruchs erzwingen, nach der die eine Identifizierung immer nur auf Kosten einer anderen erkauft wird. In Anbetracht der komplexen Vektoren der Macht, die den Personenkreis irgendeiner auf Identitätsbasis operierender politischer Gruppe konstituieren, erzeugt eine Koalitionspolitik, die eine Identifizierung auf Kosten einer anderen erforderlich macht, zwangsläufig einen gewaltsamen Riß, einen Dissens, der darauf hinauslaufen wird, die durch Gewalt der Ausschließung hervorgebrachte Identität auseinander zu reißen» (Judith Butler 1995:161)

Hatte das sich als autonom denkende bürgerliche Subjekt, nicht auf die Bedingungen seiner Entstehung reflektiert, so reflektiert das Ideal des postmodernen Subjekts diese Bedingungen von Identität, jedoch nur um sich dem Zwang von Identität vollkommen zu unterwerfen.

Das bürgerliche Subjekt gab sich der Illusion von Autonomie und Freiheit hin, die jedoch – und da hat Judith Butler ganz Recht – tatsächlich nur auf Grund von niemals reflektierten Abspaltungen und Ausgrenzungen zu haben waren. Denn wie schon beschrieben, hatte das bürgerliche männliche Subjekt seine Befreiung aus dem als unmittelbar gedachten Naturzusammenhang durch die Abspaltung der eigenen Triebe erkauft. Diese wurden nicht nur auf Frauen, sondern auch auf die dadurch zu Homosexuellen und Schwarzen Gemachten projiziert.

Butler selbst beschreibt zwar in ihrem Rekurs auf die Psychoanalyse den psychischen Prozess dieser Ausschließungen, ohne jedoch auf die konkreten gesellschaftlichen und historischen Aspekte einzugehen. Stattdessen macht sie die verhängnisvolle Macht einer heterosexuellen Matrix für die Ausschlüsse verantwortlich, wo die Gründe doch viel eher in den Idealen von bürgerlicher Freiheit und Gleichheit selbst zu suchen sind. Denn Gleichheit und Freiheit, die doch Autonomie versprachen, waren notwendig verbunden mit dem Ausschluss derjenigen, die nicht zu den Freien und Gleichen gezählt wurden. Butler, so die Ironie der Geschichte, will jetzt auch denjenigen die vollen Staatsbürgerrechte geben, sie also zu Freien und Gleichen machen, die davon bis jetzt ausgeschlossen waren, und festigt somit das Prinzip, das zum Ausschluss führt.

Denn das politisch relevante Subjekt, der Mensch, wie er im Grundgesetz erscheint und wie er sich in der Idee der Menschenrechte seit der Aufklärung manifestiert, entspricht nicht dem empirischen Menschen, sondern dem von all seinen Besonderheiten und seiner Natur befreiten Menschen, dem abstrakten Menschen. Für die Aufklärung wird mittels einer solchen Abstraktion im Individuum ein Kern erkennbar, der allen Menschen gleich ist: die Vernunftbegabung. Hat der Mensch demnach erst einmal die Fesseln der Unfreiheit gesprengt, ist er in all seinen Erkenntnissen und moralischen Urteilen nur sich selbst, d.h. seiner Vernunft, verantwortlich; und da alle Menschen vernunftbegabt sind, besitzen diese Erkenntnisse und moralischen Urteile objektive Gültigkeit. (Vgl. Georg Simmel 1995: 273-282)

Die bürgerliche Vorstellung von Freiheit und Gleichheit beinhaltet also auch ein Ideal von Selbstständigkeit und Autonomie. Diese Autonomie bleibt jedoch in der bürgerlichen Gesellschaft immer Schein, der keine wirkliche Unabhängigkeit bedeutet, sondern nur die Unterwerfung unter das gesellschaftliche herrschende Allgemeine, das heißt die den Staat repräsentierende Vernunft, die die Identität des bürgerlichen Subjektes ausmachte. Mit dieser Abstraktion, durch die man erst zum vernünftigen Staatsbürger wird, verhält sich das Subjekt zum wirklichen Menschen wie der Tauschwert zum Gebrauchswert, als Realabstraktaktion.

Gleichheit ist eben nur zu haben durch die Ausgrenzung all dessen, was im Subjekt nicht im Sinne der Vergleichbarkeit als Arbeitskraft und Staatsbürger aufgeht, und das als unkontrollierbare Natur erscheint. Der Zwang diese im Sinne der Verwertbarkeit zu disziplinieren, führt zu dem Hass auf alle diejenigen, die angeblich das leben können, was man sich selbst versagen muss, auf die vermeintliche Faulheit der Schwarzen, die angeblich ausschweifende Sexualität der Homosexuellen, die vermutete Anhäufung von Geld ohne Arbeit bei den Juden und die angenommene sexuelle Macht der Frauen über die Männer. Diese Zweiteilung macht die bürgerliche Subjektivität unter der herrschenden Konkurrenz so prekär, und die oft wahrgemachten Bilder über die Anderen funktionieren oft als Negativfolie für das, was passieren kann, wenn die eigene Natur nicht mehr diszipliniert werden kann. (Joachim Bruhn 1994: 77-108)

Dass Gleichheit und Diskriminierung sich gegenseitig bedingen, meint auch die postmoderne Theoretikerin Andrea Maihofer in ihrer Kritik an Gleichheitsfeministinnen. Freilich denkt sie sich diesen Zusammenhang nur als rein ideologischen, als ein Diskursphänomen. Es sei eine Übereinkunft von Männern gewesen, Frauen aus diesem Gleichheitsdiskurs herauszuhalten, und als Legitimation für den Ausschluss habe die als qualitativ vollkommen verschiedene Natur der Frau herhalten müssen. In der Tat: Wann immer jemand durch Selbst- oder Fremdzuschreibung als verschieden erklärt wird, besteht die Gefahr der Ausgrenzung und Unterdrückung. Umgekehrt haben nur diejenigen den Anspruch auf gleiche Rechte, die ihre Verschiedenheit als sekundär setzen oder sie gänzlich bestreiten. So konnten sich die Juden zwar in Deutschland assimilieren, aber als Juden leben konnten sie nicht, oder wie es bei Adorno/Horkheimer heißt:

«Aufklärung zersetzt das Unrecht der alten Ungleichheit, das unvermittelte Herrentum, verewigt es aber zugleich in der universalen Vermittlung, dem Beziehen jeglichen Seiendes auf jegliches [...]: sie schneidet das Inkommensurable weg. Nicht bloß werden im Gedanken die Qualitäten aufgelöst, sondern die Menschen zur realen Konformität gezwungen.» (Adorno/Horkheimer 1996: 35)

Maihofers sich aus ihrer Kritik an der bürgerlichen Gleichheit ergebende Forderung lautet: Gleichberechtigung in der Differenz. Weil sie nicht erkennt, dass der Widerspruch nicht die Schuld eines spezifischen Gleichheitsdiskurses, sondern notwendige Bedingung der abstrakten Gleichheit ist, tritt sie für den Kampf um eine Verschiebung dieses Diskurses und die Erweiterung der Forderung nach Gleichberechtigung ein. Gleichheit im Sinne der Menschenrechte und Anerkennung der Staatsbürgerrechte bleiben ihrer Meinung nach notwendige Vorraussetzungen, zusätzlich soll Frauen aber auch noch die Gleichberechtigung als «Frau» garantiert werden, wobei zugleich den Differenzen zwischen Frauen Rechnung zu tragen sei. Auf diese Weise sollen Frauen als ganz spezifische, als weibliche Subjekte anerkannt werden, die in den Zuschreibungen und Selbststilisierungen eine geschlechtspezifische Existenzweise entwickelt hätten. (Andrea Maihofer 1995: 156-173)

Dies ist eine für die Postmoderne sehr wohl typische Forderung. Sie realisiert durchaus, dass Frauen historisch erst zu Frauen gemacht wurden und die mit Gewalt durchgesetzten geschlechtsspezifischen Zuschreibungen zu Zwangsidentifizierungen geführt haben, die die Frau als defizitär setzen und diskriminieren. Daraus ziehen die postmodernen Theoretikerinnen jedoch nicht den naheliegenden Schluss, dass der Identitätszwang abzuschaffen sei, sondern entscheiden sich für Realpolitik und wollen die verschiedenen Identitätsformen anerkannt wissen. Zudem soll der Einzelne nicht mehr auf eine dieser Identitäten festgelegt sein, sondern zwischen verschiedenen hin- und herwechseln können. Doch gleichzeitig ist er vollkommen auf diese, wenn auch vielfältigen Zuschreibungen festgelegt. Eine Differenz zwischen der individuellen Person und den komplexen, vielfältigen Zuschreibungen gibt es nicht mehr.

Die Kritische Theorie hat mit Recht darauf hingewiesen, dass sich die postulierte Handlungsfähigkeit des autonomen Subjekts an seiner realen Beherrschung durch das Allgemeine immer wieder aufs Neue blamiert. Dass also Handlungsfähigkeit nur durch die Unterordnung unter dieses Allgemeine zu erreichen ist und das Individuum erst durch die Identifizierung zum Subjekt werden kann, wird in postmodernen Theorien durchaus erkannt, jedoch als unveränderliche Notwendigkeit hingenommen, die es lediglich zu reflektieren und bewusst zu machen gelte:

«In dem Maße, wie das Benennen des Mädchens transitiv ist, das heißt den Prozeß initiiert, mit dem ein bestimmtes Zum Mädchen werden erzwungen wird, regiert der Begriff oder vielmehr dessen symbolische Macht die Formierung einer körperlich gesetzten Weiblichkeit, die die Norm niemals ganz erreicht. Dabei handelt es sich jedoch um ein Mädchen, das gezwungen wird, die Norm zu zitieren, um sich als lebensfähiges Subjekt zu qualifizieren und ein solches zu bleiben. Weiblichkeit ist deshalb nicht das Ergebnis einer Wahl, sondern das zwangsweise Zitieren einer Norm, einer Norm, deren komplizierte Geschichtlichkeit untrennbar ist von den Verhältnissen, der Disziplin, der Regulierung, des Strafens. Tatsächlich gibt es kein jemand, die oder der eine geschlechtliche Norm aufnimmt. Diese Zitierung der geschlechtlichen Norm ist vielmehr notwendig, um als jemand lebensfähig zu werden, wobei die Subjektbildung abhängig ist von dem früheren Vorgang der Legitimierung geschlechtlicher Normen.» (Judith Butler 1995: 306)

Die prinzipiell bejahte Unterwerfung unter das Allgemeine scheint hier noch viel umfassender zu sein, als man sie sich zur Zeit der bürgerlichen Aufklärung dachte. Um freier Bürger zu werden, der in der Privatssphäre nur sein eigenes Interesse verfolgt, muss der Mensch für die Aufklärer zugleich sein natürliches

Recht auf den Kampf um Selbsterhaltung aufgeben und sich dem Staat unterwerfen; er muss sich in Staatsbürger und freien Produzenten aufspalten. Auf diese Weise soll Wohlstand für alle erreicht werden. Freiheit ist hier freilich bloßer Schein, ist doch auch der bürgerliche Fabrikbesitzer bei Strafe seines Untergangs dem Kapitalgesetz unterworfen. Was im Denken der Aufklärung die Identität des Subjekts ausmachte, war seine Vernunft, die den Staat repräsentierte und sowohl die objektive Erkenntnisfähigkeit verbürgte als auch seine Natur zu disziplinieren hatte. Der Identitätsbegriff dagegen, wie er in der Postmoderne üblich geworden ist, beinhaltet nicht nur die allen Menschen potenziell gegebene Vernunft, sondern den ganzen Menschen, der durch seine Unterwerfung unter die Verknüpfung verschiedener Zuschreibungen eine individuelle Identität mit je spezifischen Denk-, Fühl-, Handlungs- und Körperpraktiken und Existenzweisen hervorbringt. «Gleichberechtigung in der Differenz» ist die neueste Variante des Versuchs, als Minderheit Anerkennung als Staatsbürger zu gewinnen. Damit machen die Verfechterinnen des Konzepts den gleichen Fehler wie alle anderen Gruppierungen mit demselben Ziel vor ihnen und durchschauen den konstitutiven Zusammenhang von abstrakter Gleichheit, Unterwerfung und Ausgrenzung nur halb. Mehr noch: Indem die postmoderne Theorie eine neue Variante der schlechten Aufhebung der Trennung von Subjekt und Objekt propagiert und so dem kraftlos gewordenen Versprechen der Aufklärung neues Leben einhaucht, betreibt sie eine Modernisierung jener kapitalistischen Verhältnisse, in denen eine solche Versöhnung prinzipiell unmöglich ist.

Die romantische Antwort auf die abstrakte Gleichheit der Menschenrechte im Denken der Aufklärung war der Begriff der Individualität, in dem jedem Menschen eine einzigartige Persönlichkeit zugesprochen wurde. Aus der Kritik an der inhaltslosen und abstrakten Gleichheit der Menschenrechte betonte die Romantik die Verschiedenheit der Menschen, die in ihrer je individuellen Natur ihren Ursprung habe. Diese Kritik liegt nach Georg Simmel schon in der Widersprüchlichkeit von Gleichheit und Freiheit selbst begründet. Denn an diesen universalistischen Idealen konnte sich der Widerspruch der Ausgeschlossenen schnell entzünden: Der zu Ende gedachte Freiheitsbegriff müsste auch die Menschen aus den klassischen Ungleichheiten von Klasse, Rasse und Geschlecht befreien – und dies würde gerade nicht zur Gleichheit führen, sondern zur Entfaltung der individuellen Persönlichkeit des Menschen. Nur so könnte die Verschiedenheit der menschlichen Natur zu Tage treten. Die Ideologie der bürgerlichen Aufklärung versuchte, die reale Ungleichheit der Menschen, die der postulierten allgemeinen Gleichheit widersprach, aus den unterschiedlichen Willen abzuleiten. Demgegenüber sah die Romantik die faktische Differenz in der Natur und im Sein begründet. (Georg Simmel 1995: 49-56) Der anfängliche Gedanke einer zu entfaltenden je individuellen Natur verschob jedoch sich zusehends hin zur Behauptung von unveränderlichen Eigenschaften, die bestimmten Gruppen auf Grund ihrer Natur zukommen sollten. In der Kritik an diesen als natürlich dargestellten Zuschreibungen, entwickelte die Postmoderne den Gedanken der sozialen Konstruiertheit von Identitäten. Ähnlich dem romantischen Verständnis wird der Einzelne wieder ganz verschieden, aber nicht mehr die zu entfaltende Natur ist der Bezugspunkt, sondern die gesellschaftliche Zuschreibung.

In der Postmoderne wird die Unterordnung unter das gesellschaftlich herrschende Allgemeine, d.h. unter den Staat, die Nation, die Geschlechterhierarchie, die Heterosexualität und die kapitalistische Ökonomie, mit ein bisschen Zähneknirschen als Notwendigkeit akzeptiert. Und dabei versteht sie sich selbst auch noch als subversiv, weil sie doch gegen die Zwänge der Naturalisierung für flexiblere und entnaturalisierte Identitätsformen eintritt, die die Einzelnen zu sich ständig wandel- und veränderbaren Subjekten machen. Unterschlagen wird der eigene subjektive Wille zum Mitmachen, zur Selbsterzeugung als ein funktionierendes Mitglied dieser Gesellschaft. Der Zwang zur Disziplinierung erfolgt nach wie vor von einem Außen, von der Allgemeinheit, die jedoch nun als Sprache daherkommt und nicht mehr in Gestalt des Staates oder der Vernunft als seiner Repräsentantin. So sind mit dem «Ende des Subjektes», wie es die Postmodernen ausgerufen haben, auch all jene bislang nicht eingelösten Versprechen über Bord geworfen worden, an denen Aufklärung und Romantik noch festhielten: Der subjektive Wille und die Autonomie ebenso wie die je individuelle Natur, die noch zu entfalten sei. Geblieben dagegen ist im Konzept der «Gleichberechtigung in der Differenz» das herrschaftsförmige Allgemeine in Form der Sprache, durch die das Wesen des Einzelnen bis in seine privatesten Bereiche hervorgebracht werde. Der Einzelne wird zum programmierten Computer, zum verarbeitenden System, das die Daten umformt.

5.2.1. Arbeits- und Lebensformen in postmodernen Zeiten

Während postmoderne TheoretikerInnen alles für eine Ausgeburt der Macht halten außer ihrer eigenen Theorie[49], soll hier der Versuch unternommen werden, das von Judith Butler verfochtene Konzept flexibilisierter Identitätsformen selbst auf seine soziale Bedingtheit zu befragen und als Antwort auf einen ökonomischen Umbruch zu interpretieren, der sich seit Anfang der siebziger Jahre immer stärker abzeichnet: Den Übergang vom Fordismus zum Postfordismus, wie ihn Joachim Hirsch beschreibt.

Nach Hirsch ist der Fordismus dadurch an seine Grenzen gelangt, dass die für ihn charakteristischen Produktionstechniken und Arbeitsorganisationsformen zu unflexibel waren. Durch die standardisierte Massenproduktion konnte zwar sehr billig produziert, aber nicht den Marktanforderungen nach immer neuen Produkten entsprochen werden. Denn das Risiko, immer wieder neue Maschinen zu kaufen, wäre zu groß gewesen, da es keine Gewähr gibt, dass die neuen Produkte auch real abgesetzt werden können. Die Entwicklung des Mikrochips schaffte hier eine Lösung für das in die Krise gekommene System. Der Vorteil des Mikroprozessors sowie der Informationsverarbeitungs-, Kommunikations- und Steuerungstechniken ist, dass die Prozessinformationen in der Maschine nicht mehr vergegenständlicht sein müssen, das heißt eine Maschine war für viele verschiedene Arbeitsvorgänge ausgelegt. Dies ermöglicht eine rasche Umstellung der Fertigungsabläufe auch schon für kleine Stückzahlen.

Die auf Mikroelektronik beruhende Umwälzung der Produktionstechnik erfordert eine radikale Flexibilisierung der Arbeitskräfte. Nicht mehr der standardisierte Fließbandarbeiter und der Büroangestellte sind die Prototypen dieser Produktionsweise, sondern der flexibel einsetzbare, zur Teamfähigkeit taugliche und selbstständige Arbeiter, der in der Lage ist, die höchst störanfälligen Anlagen zu kontrollieren. Zusätzliche Rationalisierungsmöglichkeiten liegen im kontinuierlichen Betrieb rund um die Uhr, was eine Zunahme von Schichtdienst und Gleitzeitmodellen zur Folge hat, die wiederum Leih- und Zeitarbeit sowie kapazitätsorientierte variable Arbeitszeiten nach sich ziehen. Diese neuen Konzepte beschränken sich nicht auf die Produktionssphäre, sondern dienen mittlerweile auch der Verwaltung und im Kulturbereich als Vorbilder. Selbst Institutionen wie Theater und Museen versuchen zunehmend, nur noch mit einer kleiner werdenden Stammbelegschaft zu arbeiten und den übrigen Arbeitskräftebedarf durch Honorarkräfte und befristete Arbeitsverhältnisse zu decken.

So verschwindet der tayloristische Massenarbeiter nicht etwa, sondern wird lediglich umgeformt und neu zusammengesetzt: Er wird mobiler, flexibel einsetzbar und «individualisiert». Dies gilt auch für die Arbeitsbedingungen: Sie werden nicht mehr durch einen allgemeinen Tarifvertrag, sondern immer öfter durch individuelle und gruppenspezifische Tarifabkommen geregelt. Damit verbunden sind «entregulierte» Arbeitsschutzbestimmung wie gelockerter Kündigungsschutz und Abstriche beim Krankengeld. Immer neue soziale Spaltungen sind die Folge. Hatte der Fordismus zu einer Steigerung der Reallöhne und zur Herausbildung einer breiten Mittelschicht geführt, so entspricht dem Postfordismus eine erhebliche Heterogenisierung der Gesellschaftsstruktur, der Arbeitsverhältnisse und der sozialen Lage; keine Polarisierung mehr zwischen Bourgeoisie und Proletariat wie in vor-tayloristischen Zeiten, sondern eine Aufspaltungen in verschiedene Gruppen und Communities. (Joachim Hirsch/Roland Roth 1986: 104-168) Das Politikkonzept der fragmentierten Identitäten von Butler vollzieht unbewusst genau diese Entwicklung nach. Was Butler als neuestes politisches Konzept verkauft, die Entnaturalisierung, hat der ökonomische Prozess schon längst vollzogen. Denn in eine Arbeitsposition gelangt man heute nicht mehr durch soziale Mechanismen, die einen sozusagen «qua Natur» in diese Position «hineinwachsen» lassen und dort ein Leben lang fixieren (wie es im Feudalismus «natürlich» war, dass der Sohn des Handwerkers den Beruf seines Vaters übernehmen wird); es gibt keine Sicherheit, den einmal erreichten Status zu halten. Wechselnde Projekte und Eigeninitiative bestimmen dagegen den Arbeitsalltag. Hier finden wir die wechselnden und flexibilisierten Identitätszugehörigkeiten wieder, die Butler beschreibt. Ihre Kritik an der Vorstellung von einheitlichen politischen Subjekten erweist sich als eine Antwort auf veränderte gesellschaftliche Verhältnisse, in denen nicht nur der Mittelstand auseinander bricht, sondern sich alle festen sozialen Zugehörigkeiten und Rollen auflösen. Die neue Bündnispolitik, die Butler anstrebt, ist eben nicht allein eine Reaktion auf feministische Debatten, die Kritik von Migrantinnen oder Erfahrungen mit den AIDS-Aktivisten[50], sondern mehr noch ein Reflex auf die Entwicklung hin zur fragmentierten Gesellschaft, in der die Einzelnen auch real keine gemeinsamen Interessen mehr haben. Realpolitisch gesehen sind wechselnde Koalitionen von Bündnissen in dieser Situation die beste und einzige Lösung – wenn man sich denn auf das realpolitisch Mögliche und den bloßen Nachvollzug dessen beschränken will, was sich unverstanden hinter dem Rücken der Menschen ohnehin durchsetzt, und dies auch noch als kritisch-subversives Projekt verkaufen möchte.

Auch die Tendenzen zur Flexibilisierung der Familie, wie sie seit einigen Jahren festgestellt werden, entsprechen den veränderten gesellschaftlichen Bedingungen.[51] Denn die auf Dauer angelegte Kleinfamilie, in der die Frau als Hausfrau die Reproduktionsarbeit für Mann und Kinder erledigt, passt nicht mehr so recht zu den mobilisierten und flexibilisierten Arbeitsverhältnissen, die jetzt selbstverständlich auch Frauen offen stehen. Dass der Partner oder die Partnerin zu Hause bleibt, ist meistens schon aus finanziellen Gründen keine Option, könnte doch das Konsumniveau bei stagnierendem oder gar sinkendem Realeinkommen kaum gehalten werden. Da zugleich die Reproduktionsaufgaben nicht weniger, sondern tendenziell wieder mehr geworden sind, löst sich die Familie auch nicht auf, sondern flexibilisiert sich lediglich.

Der allgegenwärtige Flexibilisierungsdruck führt zu sich ständig verändernden Lebenssituationen, die auch das Bedürfnis nach einer/m neuen Lebenspartner/in aufkommen lassen können. Am offensichtlichsten wird das in der aktuellen Diskussion um Fernbeziehungen, die sich aus der beruflichen Situation der Partner/innen ergeben. Doch nicht nur der räumlich vollzogene Umzug, sondern auch der Eintritt in einen neuen Lebensabschnitt führt häufig zur Entfremdung zwischen den Partnern oder gar zur Trennung. Anders als 1968 propagiert, hat sich auch nicht die freie Liebe durchgesetzt, sondern eine Art «serielle Monogamie» sich ablösender «Lebensabschnittspartner». Dass sich dies häufig auch nicht ändert, wenn Kinder da sind, führt zu den berühmten «Patchworkfamilien», mit deren Problemen sich nicht nur die einschlägige Fachpresse von «Spiegel» bis «Brigitte» herumschlägt. Dies ist jedoch nicht nur durch die Flexibilisierung der Ware Arbeitskraft zu erklären, sondern vor allem der vermehrten Freisetzung der Frau auf den Arbeitsmarkt geschuldet. Zog die Frau früher mit, wenn der

Mann eine bessere Stelle bekam oder aus anderen Gründen umziehen musste, so haben Frauen nun selbst eine berufliche Perspektive und ihren eigenen Freundeskreis. Zum einen setzt dies die Bedeutung der Partnerschaft insgesamt herab und zum anderen müssen jetzt unterschiedliche Bedürfnisse miteinander abgesprochen und ausgehandelt werden, wobei es viel leichter zu diametral entgegengesetzten Vorstellungen und letztlich zur Trennung kommen kann. (Vgl. auch Ulrich Beck; Elisabeth Beck-Gernsheim 1990)

Trotz alledem bleibt auch weiterhin die Frau schwerpunktmäßig für die Reproduktion der Familienmitglieder verantwortlich. Dadurch verschlechtert sich wiederum ihre Situation auf dem Arbeitsmarkt, zum Beispiel durch den Ausfall der Zeiten, die sie für die Kinderbetreuung aufbringt. Letztendlich sind deshalb Frauen weitaus häufiger in prekären Arbeitsverhältnissen anzutreffen als Männer, die den Großteil der Kernbelegschaften in den Betrieben und in der Verwaltung ausmachen – was umgekehrt die Neigung von Frauen erhöht, ihre Berufstätigkeit zugunsten der Familie zu unterbrechen. Gerade der geringere Verdienst von Frauen ist ein häufiger Grund, warum für gewöhnlich die Frau in den Erziehungsurlaub geht. Das heißt freilich auch, dass der typische weibliche Lebenslauf dem postmodernen Ideal von Flexibilität und Mobilität viel näher kommt als der von Männern.

Postmoderne Theoretikerinnen wie Butler idealisieren diese Flexibilität als Abkehr von starren, einheitlichen Identitäten, ohne zu realisieren, dass diese Entwicklung ein Ausdruck veränderter gesellschaftlicher Bedingungen ist und keineswegs nur Vorteile mit sich bringt. So werden die zunehmende Deregulierung der Arbeitsschutzbestimmungen und der Abbau von Sozialleistungen häufig als Indiz für einen Bedeutungsverlust des Staates gesehen. Tatsächlich kann jedoch viel eher von einer neuen Form der Regulierung und Kontrolle gesprochen werden, denn etwa die Sozialleistungen werden ja keineswegs vollständig abgeschafft, sondern lediglich einer Flexibilisierung der Vergabekriterien unterworfen. So soll zum Beispiel Arbeitslosengeld nur noch ausgezahlt werden, wenn der Arbeitslose «Bewerbungsbemühungen» nachweist. Zudem gibt es Überlegungen, Sozialhilfe nach amerikanischem Vorbild nur noch eine bestimmte Zeit zu bezahlen und das BaFöG als Bankdarlehen auszuzahlen.

Weitere Überlegungen zielen darauf, für den Unterhalt nicht mehr nur die Eltern und EhepartnerInnen heranzuziehen, sondern – den veränderten Verhältnissen entsprechend – den «Lebensabschnittspartner» oder die Wohngemeinschaft. Hat der Gesetzgeber die Nicht-Ehelichen-Lebensgemeinschaften bereits den ehelichen fast gleichgestellt, so konnte das bei WGs oder dem Freundeskreis noch nicht durchgesetzt werden.

In vorauseilendem Gehorsam hat die Queer-Theorie das Modell der Familie, die traditionell die Reproduktionsleistungen übernimmt, auf den Freundeskreis ausgedehnt. Ein treffendes Beispiel hierfür ist Judith Butlers Rezeption von Jenni Livingstons Film «Paris is burning». Der Film erzählt von Bällen, die in Harlem Ende der 80er-Jahre von schwulen Chicana-Männern organisiert wurden. Die ausgegrenzten, oft verarmten Männer gehören alle zu bestimmten «Häusern», die als «Familien» funktionieren. Gewiss können sie durch den Zusammenhalt in der «Häuser»-Gemeinschaft ihre prekäre Lage besser aushalten und sich so, wie es eben für Familien üblich ist, vor Vertreibung, Armut und Obdachlosigkeit besser schützen. Doch ist das noch lange kein Grund, dieses Familienmodell wie Butler als «neue Ausarbeitung von Verwandtschaft» zu feiern – und nicht die Verhältnisse anzugreifen, die Menschen in eine Lage bringen, in der sie auf dieses «Verwandtschaftsgeflecht» angewiesen sind. Denn auch diese Zusammengehörigkeit wird aus Zwang und Notwendigkeit geboren und keineswegs freiwillig eingegangen. Mit ihrer unkritischen Zustimmung verbreitet Butler schönfärberische Sozialromantik. Nur zu offensichtlich ist ihr Wunsch, dass auch Nicht-Heterosexuelle an dem idealisierten Familienmodell teilhaben können. Doch dieser Wunsch ist schon mehr Realität geworden als die ständige Rede von der «Zwangsheterosexualität» als alles bestimmender Matrix glauben machen will. Denn seit August 2001 ist es auch in Deutschland homosexuellen Paaren möglich, sich als Lebensgemeinschaft eintragen zu lassen. Schließlich können die sozialen Funktionen, die herkömmliche Verwandtschaftsverhältnisse und Familienbildungen haben, auch ihre homosexuellen Spielarten erfüllen. Selbst das Kinderkriegen scheint sich für homosexuelle Paare mit Hilfe von In-vitro-Fertilisation realisieren zu lassen – und ansonsten bleibt ja noch die Adoption...

5.4. Natur als diskursiver Effekt: Judith Butler und die Gentechnologie

In Deutschland hat Judith Butler neben ihrer Analyse von Identitätsbildung und -politik vor allem mit ihrer These Aufmerksamkeit erregt, dass auch das biologische Geschlecht sozial konstruiert und keine feststehende (Natur-) Tatsache sei. Schon häufig ist bemerkt worden, dass es kein Zufall sein kann, wenn die Natur zu genau dem Zeitpunkt aus dem feministischen Diskurs herausfällt, in dem in der gen- und biotechnologischen Medizin etwa durch In-vitro-Fertilisation und andere Verfahren an der Ersetzung der Frau im Reproduktionsprozess gearbeitet wird. (Vgl. z.B. Andrea Maihofer 1995) Dabei wird zumeist befürchtet, dass der Staat durch die Reproduktionstechnologien eine viel effektivere Möglichkeit für seine bevölkerungspolitischen Praktiken bekäme, weil nun die Vermittlung über die Frau wegfiele. Gegen die These, dass die Frau durch die Reproduktionstechnologien überflüssig wird, möchte ich einwenden, dass bis auf weiteres Kinder nicht ohne einen weiblichen Körper hervorgebracht werden können und die Angebote in der Pränatal- und Präimplantationsdiagnostik (PNA und PID)[52] freiwillig sind. Zudem stellt sich die Frage, ob sich die Kritik wirklich an diesem Punkt festbeißen sollte, denn reduziert nicht die These vom Verschwinden der Frau diese wieder auf ihre Reproduktionsfähigkeit? Falls Reproduktionstechnologien wirklich die Frau ersetzen könnten, wie es die Phantasien der KritikerInnen behaupten, so wäre doch das allerkleinste Problem daran, dass die Frau nicht mehr gebären müsste. Wesentlich schwerwiegender müssten doch die Möglichkeiten der gentechnologischen Selektion wiegen, von der die Frauen im Rahmen ihres Selbstbestimmungsrechts liebend gerne Gebrauch machen würden. Nicht das endgültige Verschwinden der Frau als Mutter ist es also, was von der Gentechnologie droht, sondern die endgültige Durchsetzung des weiblichen Selbstbestimmungsrechts.

Nicht ganz zu Unrecht verkauft sich die Gentechnologie als Retterin weiblicher Wünsche: Sie verspricht nicht nur, den Kinderwunsch für kinderlos gebliebene Paare erfüllen zu können, sondern gilt auch als Garantin dafür, dass die unvermeidliche Frage nach der Gesundheit des gewünschten Kindes auf jeden Fall positiv beantwortet werden kann. Im Gegensatz zur Maßlosigkeit vieler allzu ambitionierter Eltern setzen jedoch professionelle GentechnologiebefürworterInnen wenigstens eine Grenze für die Anwendung gentechnologischer Verfahren, mag diese auch noch so willkürlich erscheinen: Gentechnologie soll nur angewandt werden, um «Behinderungen» und «Krankheiten» zu vermeiden und nicht etwa, um den Elternwunsch nach einer Mischung aus Albert Einstein und Claudia Schiffer zu erfüllen. Mit solchen Anforderungen entsprechen die Eltern jedoch nach Elisabeth Beck-Gernsheim nur der schlichten gesellschaftlichen Notwendigkeit, dass das Kind «optimale Chancen» haben muss, um im Konkurrenzkampf zu bestehen. Um die perfekten Bedingungen für ein Kind zu schaffen, müssten Eltern das Kinderkriegen schon bisher von langer Hand vorbereiten und seien nun gezwungen, diese Planung auch noch auf die pränatale Zeit auszuweiten. Krankheiten und Behinderungen, die bis jetzt Schicksal waren, werden der Planung und rationalen Entscheidung der Eltern überantwortet. (Elisabeth Beck-Gernsheim 1998).

Die Angebote der pränatalen Diagnostik sind bisher freiwillig und bauen gerade auf die Autonomie und die Entscheidungsfähigkeit des Einzelnen oder der Familie. Das «Lexikon der Bioethik» feiert dies als einen Paradigmenwechsel zur früheren eugenischen Praxis:

«Genetische Beratung ist ein kommunikativer Prozess, der im Rahmen eines Arzt-Patienten-Verhältnisses zwischen einem Berater und einem Rat Suchenden stattfindet. Demgegenüber sind in der Beratung diejenigen Standards in Anwendung zu bringen, die in der ärztlichen Standesethik festgeschrieben sind. Dazu gehört ausgehend von der Achtung vor der Würde des einzelnen Menschen dessen Selbstbestimmung (Autonomie), die Vertraulichkeit. (...) Im Mittelpunkt der Beratung steht der einzelne Patient oder/und seine Familie. Die Ausrichtung der Beratung auf das Wohl des Einzelnen in Freiheit und Selbstbestimmung im Gegensatz zu einer die Autonomie des Patienten missachtenden Beeinflussung im Dienst eugenischer, kollektiv orientierter Zielsetzungen, die noch in der ersten Hälfte dieses Jahrhunderts die Humangenetik dominierten, bestimmt den Beratungsprozess. Der einzelne Rat Suchende soll durch die Beratung in die Lage versetzt werden, die Bedeutung und die Folgen, die eine genetische Diagnostik bzw. genetische bedingte Erkrankung für sich und seine Familie haben, einzuschätzen und eine Entscheidung zu treffen, die er als sittliche Persönlichkeit ein

Leben lang durchzutragen vermag.» (Christiane Woopen 1998: 33)

Dies belegt, dass es nicht mehr darum geht, dass der Staat zwangsweise eugenische Selektion durchführt, sondern dass der Einzelne als «sittliche Person» die Entscheidung, den als potenziell behindert diagnostizierten Embryo abzutreiben, selber fällen muss. Der alte eugenische Zwang wird individualisiert und in eigener Regie durchgeführt.

Nur vereinzelt, wie etwa von Elisabeth Beck-Gernsheim, wird darauf hingewiesen, dass diese angeblich individuellen Bedürfnisse gesellschaftlich vermittelt sind. Denn nicht zuletzt zeugen Eltern, die immer nur das Beste für ihr Kind wollen, von der schaurigen gesellschaftlichen Realität, dass das Leben mit und für behinderte Kinder in dieser Gesellschaft den Betroffenen nicht gerade erleichtert wird – was sich noch verschärfen dürfte, wenn die Geburt eines behinderten Kindes nicht mehr wie bisher als «Schicksalsschlag», sondern als selbstverschuldet begriffen wird. Zu erwähnen wäre etwa die in den Niederlanden schon seit längerem geführte Diskussion, ob behinderte Kinder aus der Krankenversicherung herausfallen sollten.

Bioethikkommissionen dagegen sehen die Bedürfnisse der Einzelnen als unmittelbar gegeben, wobei Institutionen wie die staatlich geförderten genetischen Beratungsstellen als reine Dienstleistungsunternehmen erscheinen, die lediglich die angeblich unmittelbar einsichtigen Wünsche der KlientInnen bedienten. Die wenigen linken und/oder feministischen KritikerInnen sind dagegen auf den äußeren staatlichen Zwang, der die Frauen angeblich überflüssig machen wolle, fixiert und übersehen dabei, dass Reproduktionstechnologien gerade auf Selbstbestimmung setzen. Dabei wird die große Nachfrage von Frauen nach Reproduktionstechnologien ausgeblendet und die Forderung der Bioethikkommissionen nach Selbstbestimmung als bloße Ideologie abgetan. Doch in einem sind sich BefürworterInnen und GegnerInnen einig: Alle, auch Elisabeth Beck-Gernsheim, halten die genetische Diagnostik für machbar und wollen Chancen und Risiken der Gentechnologie abwägen. Das ohnehin Unvermeidliche (die Gentechnologie) soll lediglich durch ein «Recht auf Nichtwissen» oder ein «Recht auf Unvollkommenheit» abgefedert werden. (Lexikon der Bioethik, Elisabeth Beck-Gernsheim)

Während die Verheißungen der Gentherapie, wie auch Gentechniker zugeben, bis heute noch nicht realisierbar sind, werden die Möglichkeiten der genetischen Beratung selten angezweifelt. Dabei sind deren Anwendungen äußerst beschränkt: Die allein durch einen einzigen «Gendefekt» entstehenden Krankheiten (monogene Krankheiten) bestimmen auch nach dem Kenntnisstand der Genetik nur einen Bruchteil aller möglichen Krankheiten und selbst diese können nicht mit Sicherheit, sondern nur mit Wahrscheinlichkeit vorhergesagt werden. (Peter Propping 1998: 250-251) Das wird vor allem für die «präkonzeptionelle Beratung», die von Paaren schon vor der Schwangerschaft in Anspruch genommen werden soll, auch zugegeben. Hier können Paare feststellen lassen, mit welcher Wahrscheinlichkeit sie Krankheiten, die auf einem genetischen Defekt beruhen sollen, an ihre Kinder weitergeben werden. (Erwin Deutsch 1998: 32)

Trotz der Unsicherheiten, die schon bei monogenen Krankheiten vorherrschen, wird vollmundig sogar die Heilung der sogenannten «Volkskrankheiten» wie Krebs oder Herz- und Kreislaufkrankheiten versprochen. Das «Lexikon der Bioethik» vermutet hier noch viel Potenzial, wenngleich die Autoren wissen, dass die Gendisposition nur wenig darüber aussagt, ob die Krankheit tatsächlich ausbricht, spielen doch umwelt- und gesellschaftlich bedingte Einflüsse eine weitaus größere Rolle. Man verspricht sich jedoch auch hier Heilungschancen, wenn erst einmal eine Isolierung des verursachenden Gens vorgenommen werde – und landet so durch die Hintertür doch wieder beim gentechnologischen Determinismus. Auch die durch das Human Genom Projekt (Hugo) herausgefundene geringe Genanzahl des Menschen – er hat nur ein Drittel mehr Gene als ein Fadenwurm, nämlich insgesamt nur 40.000 – hat nicht dazu geführt, die Genetik insgesamt in Frage zu stellen, sondern lediglich das Interesse von den Genen hin zu codierten Proteinen verschoben. Jetzt sollen also die Genprodukte, d.h. die Proteine ausschlaggebend für den Phänotyp sein.

Schaut man sich freilich an, wie die gentechnologische Diagnostik vorgeht, ist der Glaube an Gene oder Proteine kaum mehr aufrechtzuerhalten, springt doch bei der Kartierung einer Gendatei für einen Menschen der Gendefekt keineswegs unmittelbar ins Auge. Vielmehr ist es so, wie die Genetikerin Silja Salerski berichtet, dass mit Hilfe der Schilderung der Krankheitsfamiliengeschichte, also der Erzählung einer Patientin, eine Krankheitswahrscheinlichkeit ausgerechnet wird, die daraufhin einer genetischen Abweichung zugeordnet wird. Die kurzschlüssige Interpretation dieses Vorgangs lautet: Diese Abweichung hat oder wird eine spezifische Krankheit hervorbringen. (Vgl. Viola Balz und Roman Janda 2001: 26) Bei diesem Verfahren sollte es kaum verwundern, dass der Fehlerquotient hoch ist: Als behindert geltende Kinder kommen auch trotz der pränatalen Diagnostik noch zur Welt und von den abgetriebenen wird niemand erfahren, ob sie real eine Behinderung gehabt hätten oder nicht.

Das Problematische an der Gentechnologie ist also nicht die Möglichkeit einer realen Welt ohne Krankheit und Behinderung, also das immer wieder beschworene Horrorszenario einer Welt voller perfekter Menschen. Die wirkliche Gefahr liegt eher darin, dass die Diskriminierung behinderter oder kranker Menschen durch den Glauben an die Gentechnologie noch zunimmt, weil unterstellt wird, dass diese Menschen hätten «vermieden» werden können – mit der Folge eines dem individuellen Gentest angemessenen Krankenversicherungsbeitrages oder eines gänzlichen Ausschlusses aus der Krankenversicherung.

Falsch wäre es jedoch, die gentechnologische Entwicklung mit all ihren Implikationen als ein rein staatliches, von staatlichen Institutionen hervorgebrachtes Projekt zu begreifen, oder gar als von Kapitalisten verbreitete Ideologie. Denn dies übersieht das Streben des postmodernen Subjekts nach Identifikation mit dem Staat und seinen Zwecken. Äußerte sich dieses Bedürfnis früher als unmittelbarer Wunsch nach Einheit im nationalen Kollektiv, das den staatlichen Zwang ausführte, so erscheint dieser Wunsch heute als individualisierter und selbstbestimmter, indem etwa das potenziell behinderte Kind gar nicht erst gewünscht wird. Zuweilen eilen Eltern dann sogar der staatlichen Gesetzgebung voraus: Nachdem Eltern, die trotz pränataler Diagnostik ein behindertes Kind bekommen hatten, die behandelnden Ärzte verklagten, wurde die von den Eltern als fatal angesehene Rechtslage geändert: Der Arzt ist nun zu Unterhaltszahlungen verpflichtet, wenn das Kind nicht den Erwartungen der Eltern entspricht. (Erwin Deutsch 1998: 33)

5.5. Natur als Diskurseffekt und genetischer Determinismus

Wurde schon dargestellt, dass in den postmodernen Theorien der eigene Anteil an der Herstellung der Identität und der Disziplinierung der menschlichen Natur ausgeblendet wird, so gilt Ähnliches für die gesellschaftliche Praxis der Gentechnologie. Auffällig ist zunächst einmal, wie ähnlich sich beide Theorien sind: Die Vorstellungen von Natur als Diskurseffekt und der genetischen Determiniertheit von Natur scheinen sich nicht wirklich zu widersprechen.

Judith Butlers Theorie von der sozialen Konstruktion auch des biologischen Geschlechts[53] ist oft in dem Sinne missverstanden worden[54], dass die Geschlechtsidentität ihrer Ansicht nach eine Frage der freien Wahl sei. Gegen diese Lesart hat sie sich gewehrt und darauf bestanden, dass die Geschlechtsidentität durch äußeren Zwang erzeugt werde. Mit Lacan nimmt Butler an, dass der Einzelne in eine symbolische Ordnung hineingeboren wird, die nach dem Gesetz des Vaters strukturiert ist, das die Gesellschaft konstituiert und prägt, ein Ordnungssystem, das durch die Sprache strukturiert wird. Dieses Ordnungsprinzip hat, und hier setzt sich Butler von Lacan ab, als konstituierendes Moment die Zwangsheterosexualität[55]. Nur innerhalb dieser sprachlich-symbolischen Ordnung ist unser Körper als geschlechtlicher wahrnehmbar, und mehr noch: Erst durch sie wird die Vorstellung eines so spezifischen Körpers und einer als ontologisch gedachten Materialität überhaupt hervorgebracht und dabei verschleiert, dass es sich hierbei um diskursive Effekte handelt. Die symbolische Ordnung, die bei Judith Butler also als heterosexuelle Matrix gedacht wird, ist das immer schon Da-Seiende, mit dem man sich unter Strafandrohung zu identifizieren hat. Nicht mehr die Natur, also die Gebärfähigkeit, ist somit bei Butler das, was die Frauen auf ihr Weiblichsein festlegt, sondern die Sprache, die dem Geist zugerechnet wird.

Für Butler beginnt der gewaltsame, eine Materialisierung erzwingende Konstitutionsprozess von Identität mit dem Auftreten des Gesetzes, das heißt sobald man sich in der symbolischen Ordnung befindet – also sofort nach dem ärztlichen Ausruf «Es ist ein Mädchen». Der verinnerlichte Zwang zur Identifizierung und das notwendige Scheitern dieses Unterfangens führen zu einem Schuldbewusstsein, das als eine Art neurotische Krankheit den Körper überzieht und Körperoberflächen produziert. Durch diesen psychischen Schmerz gewinnen wir über eine psychische Projektion eine Vorstellung von unserem Körper, der durch Vereinheitlichung und Ausschluss ein spezifisch geschlechtlicher mit einem heterosexuellen Begehren wird.

«Wenn aber die Beschreibung des Körpers in einem und durch ein imaginäres Schema erfolgt, wenn diese Beschreibungen also psychisch und phantasmatisch besetzt sind, gibt es dann noch etwas, was wir den Körper schlechthin nennen könnten, was also dieser Schematisierung entgeht? Auf diese Frage können zumindest zwei Antworten gegeben werden. Erstens, die psychische Projektion verleiht dem Körper Grenzen und demzufolge Einheit, so daß gerade die Umrisse des Körpers Orte sind, die zwischen dem Psychischen und dem Materiellen schwanken. Körperumrisse und Morphologien sind nicht bloß in einer unverminderten Spannung zwischen dem Psychischen und dem Materiellen, sie sind die Spannung. Daher ist die Psyche kein Raster, durch das ein zuvor gegebener Körper erscheint. Diese Formulierung würde den Körper als ein ontologisches An-sich darstellen, das nur über die Psyche verfügbar wird, die dessen Erscheinungsweise als ein Erkenntnisobjekt etabliert. Die Psyche wäre demnach ein epistemisches Raster, durch das der Körper erkannt wird, aber der Sinn, in dem die Psyche für die Morphologie formierend, das heißt somatisierend ist, wäre verlorengegangen.» (Judith Butler 1995: 97)

Weil die Identifikation mit der symbolischen Ordnung niemals vollständig gelingt, entsteht ein Schuldbewusstsein, das einen ständigen Zwang zur Wiederholung schafft. Das «Geschlecht» wird so in der unentwegten Wiederholung vorherrschender Normen hergestellt – und zwar durch zitatförmige Praktiken, die ihre Autorität aus der unerlässlichen Wiederholung beziehen. Immer ist die hegemoniale Heterosexualität selbst ein andauernder und wiederholter Versuch, die eigenen Idealisierungen zu imitieren, ohne dass diese Imitationen als solche bewusst werden, da die hegemonialen Subjektpositionen sich vor allem dadurch auszeichnen, dass sie dem Effekt der Naturalisierung entsprechen und zugleich als Ideal und Norm funktionieren. Am Beispiel der Travestie kann gezeigt werden, wie solche Imitationen funktionieren, nämlich durch die Angleichung an ein Ideal, dessen Echtheit daran gemessen wird, wie natürlich es wirkt. (Judith Butler 1995)

Ein Entkommen aus diesem Zwangszusammenhang und damit auch aus der Zweigeschlechtlichkeit ist nach Butler nicht möglich. Das Einzige, was möglich ist, ist den kulturellen Charakter der Anrufung sichtbar zu machen und eine Neuartikulation hervorzubringen, welche die hegemoniale Kraft des Gesetzes in Frage stellen könnte. Da die Subjekte sich immer nur über Ausschlüsse bilden, ist das Subjekt niemals mit sich selbst identisch. Das zwangsläufige Scheitern der Identifizierung beinhaltet so die Möglichkeit der Verschiebung und Veränderung der Signifikanten. So ist zum Beispiel die Subjektposition Frau durch den Signifikanten Frau nie unverrückbar festgelegt. Denn dieser Signifikant beschreibt keinen vorher existierenden Personenkreis, sondern ist Teil einer Formulierung dieses Personenkreises, der im Verhältnis zu anderen Signifikanten immer wieder neu ausgehandelt werden muss. Dies geschieht ständig und zufällig, kann jedoch auch durch bewusste subversive Akte provoziert werden, wie zum Beispiel, bei aller Kritik, durch Travestie oder im Ringen um Begriffe wie zum Beispiel «Queer». Dieses ehemalige Schimpfwort für Homosexuelle wandte sich nach Butler als Selbstbezeichnung gegen dessen konstitutive Geschichtlichkeit und somit gegen die dadurch hervorgebrachten heterosexuellen Ausschließungen. Nun müssen jedoch auch bei der Verwendung der Identitätskategorie «Queer» die Ausschließungen reflektiert werden, die dieser nunmehr gewendete Begriff hervorbringt. (Judith Butler 1995)

Die Ähnlichkeit der Theorie Butlers mit den Vorstellungen der Gentechnologie sind offenkundig. Das Genom, das als quasi sprachlich existierender Code gedacht wird und daher keine unveränderliche Natur mehr ist, sondern ein sich in jedem Menschen neu zusammensetzender Informationsträger, gibt an ein Protein den Befehl zur Ausbildung einer individuellen Physiognomie, einer Krankheit oder einem der beiden Geschlechter, das sich dann im jeweiligen Körper materialisiert.[56] Die Gene stehen für die Vererbungsstabilität. So kann auf Grund zufälliger Mutation eine Veränderung erreicht werden, wobei die Gentechnologie hier so etwas darstellt wie die Subversion in der Butlerschen Theorie, nämlich den Versuch einer gezielten Veränderung des sprachlichen Codes.

Durch gentechnische Verfahren sollen Krankheiten minimiert und der richtige Spender für eine künstliche Befruchtung aus einer Samenbank ermittelt werden, um so das gesunde, ja das perfekte Kind zu erzeugen, das sich im Konkurrenzkampf am besten durchsetzen kann. Damit dies gelingt, bedarf es freilich auch weiterhin der Disziplinierung des Nachwuchses; schließlich wird selbst das Kind von Steffi Graf und Andre Agassi nicht auf Grund seiner Erbanlagen später ein Tennisstar oder berühmter Fußballspieler, sondern nur dadurch, dass es schon mit zwei Jahren einen Tennisschläger in die Hand gedrückt bekommt.

Bei den Zielvorstellungen hören sicherlich die Gemeinsamkeiten auf, denn Judith Butler geht es nicht um das perfekte Kind, sondern um die flexibilisierte Staatsbürgerin, die ihre politischen Interessen durchsetzten kann, ohne auf feste Identitätskonzepte setzen zu müssen. Doch ähnlich wie in den gentechnologischen Visionen wird auch in der Queer-Theorie das Moment der Disziplinierung und Selbstdisziplinierung, das das Kind erst zum perfekten Kind, zum Mädchen oder zum Deutschen macht, ausgeblendet. Der genetische Code übermittelt die Information ähnlich wie die im performativen Sprechakt sich immer wiederherstellende Norm, die der Einzelne zitieren muss, um ein handlungsfähiges Subjekt zu werden. Norm wie genetischer Code werden als sprachliche Codes aufgefasst, als Informationen, die den Körper auf jeweils spezifische Weise programmieren. Zwar weiß Butler, dass das Herstellen der Identität die Unterwerfung braucht, doch benutzt sie den Begriff «Subjekt» ausschließlich im Sinne von «sich unterwerfen». Von dem eigenen Antrieb zur Unterwerfung unter die Norm weiß sie nichts.

Judith Butler vollzieht mit ihrer Theorie der Performativität der Geschlechtsidentität die Vorstellungen der Gentechnologie nach, ohne dies bewusst zu reflektieren. Beiden gemeinsam ist die fehlende Reflektion auf die Selbstdisziplinierung, die in der Vorstellung von Identitätsbildung als der notwendigen Erfüllung eines sprachlichen Codes nicht mehr gedacht werden kann. Dies macht die Ähnlichkeit zwischen Gentechnologie und postmoderner Theorie aus – und nicht das vermeintliche Verschwinden der Frau. Denn ganz im Gegenteil ist sie, der Selbstbestimmung sei Dank, wieder wichtiger geworden. Die inhaltsleere Selbstbestimmung will nichts anderes als der gesellschaftliche Trend auch: Ein bis zwei gesunde, qualitativ wertvolle Kinder, die die leeren Renten- und Krankenkassen füllen und flexibel genug sind, die Jobs in der New Economy zu machen.

6. Zum Schluss

«Man sollte nun glauben, daß Jungen dieser Art es leicht hätten, mit der Partnerin, zu der sie sich hingezogen fühlen, zu harmonieren, nachdem wir ja wissen, daß unschuldige Mädchen von sich aus gar nicht zur körperlichen Verbindung hindrängen.» (Dr.Vollmer; «Bravo» 1966)

«Aber sind Männer denn von Natur aus treu? Nein, sie sind es nicht. Ein Mann kann ein Mädchen heiß begehren, in das er nicht verliebt ist. Er kann auch dann ein Mädchen begehren, wenn er eine andere liebt – wenn er entsprechend gereizt wird, kann er sich körperlich mit einem Mädchen verbinden, obwohl er eine andere liebt.

Manche werden es erst, wenn sie gelernt haben, sich zu beherrschen. Das lernen sie aber nur mit Hilfe ihrer Eltern, die ihnen Vorbild sein sollten.

Sie können es lernen, wenn sie sich in ein anständiges Mädchen verlieben, das ihnen hilft, ein wirklicher Mann zu werden, ein Mann, der weiß, daß er eine Verantwortung trägt.

Oft bekomme ich Briefe, in denen es heißt wir können frühestens in zwei Jahren heiraten. Kann ich denn verlangen, daß sich mein Freund solange zurückhält? – oder Mädchen schreiben mir: Aber jetzt will mich mein Freund ganz besitzen. Er sagt: Er hält es einfach nicht länger aus!

Es liegt an Euch, Mädchen, die Männer zur Beherrschung ihres körperlichen Triebes und damit zur Treue zu erziehen. Denkt immer daran: Ohne Treue und Vertrauen kann es keine wirkliche Liebe geben.» (Dr. Vollmer; «Bravo» 1966)

Eine Menge scheint passiert zu sein, seitdem Dr. Vollmer den «Bravo»-Knigge verfasste. Nicht nur, dass er mittlerweile vom «Dr. Sommer-Team» abgelöst wurde. 1966, zu Zeiten Vollmers, galt der Junge noch von Natur aus als triebhaft. Er musste lernen, sich selbst zu beherrschen, um ein verantwortungsvoller und treuer Ehemann zu werden. Diese Erziehungsaufgabe oblag neben den Eltern vor allem dem Mädchen. Dieses solle ihn durch ihr Nichtnachgeben zügeln, was ihr eigentlich ja auch nicht schwerfalle, spüre sie selbst doch keinen drängenden Trieb. Dennoch, so wurde beklagt, gäben Mädchen den Jungen allzu oft nach, entweder aus Angst, ihn sonst zu verlieren – so die gutmeinende, wenn auch naive Variante – oder als hinterhältige Verführerin, die den Jungen ins Verderben stürzen will. Das Nein der jungen Frauen war notwendig, um ihren gesellschaftlichen Marktwert zu erhalten: Geheiratet wurden nur die «anständigen» Mädchen. Vor allem war die Notwendigkeit der Verweigerung aber auf den Mann bezogen, um diesen zur Selbstbeherrschung anzuhalten. Die Unterordnung unter diesen Zweck implizierte auch eine Zurückstellung der eigenen Bedürfnisse des Mädchens, sofern ihr diese – wie die sexuellen – nicht sowieso abgesprochen wurden, denn nur so würde es einen treusorgenden Ehemann bekommen.

Das heutige Nein der Mädchen ist dagegen ein selbstbestimmtes, viel weniger rigides: Heute muss niemand mehr bis zur Hochzeit warten, um sexuelle Bedürfnisse ausleben zu dürfen, die jetzt auch Mädchen zugestanden werden, was in jeder x-beliebigen «Bravo» nachgelesen werden kann. Als Beispiel hier die Antwort des «Dr.-Sommer-Teams» auf den Brief eines Mädchens, das dem Drängen ihres Freundes nicht nachgegeben hatte:

«Ein Glück, dass Du das Muttermal hast, Verena! Es hat Dich nämlich sehr gut davor geschützt, Dich auf den Jungen einzulassen. Du hast es einfach verschoben, wenn das auch nur in Deinem Kopf stattgefunden hat. Und das ist wirklich super so! [...] Es war einfach noch zu früh und zu schnell, wie Du ja selbst schreibst. Total verständlich und gut, dass Du da nicht mitgemacht hast. In Zukunft wirst Du Dein Muttermal nicht mehr brauchen, um Nein zu sagen, weil es den Jungen, der Dich lieb hat, nicht im geringsten stören wird. Und wenn Du ihn länger kennst, nett findest und Dich wohl fühlst mit ihm, dann wird Dich auch Dein Muttermal nicht davon abhalten, mit ihm zu schmusen oder irgendwann mit ihm zu schlafen.» (Dr.-Sommer-Team 2001)

Wie 1966 Dr. Vollmer ist auch das «Dr.-Sommer-Team» davon überzeugt, dass «wahre Liebe» wartet und der wirklich verliebte «Boy» das Mädchen nicht drängt. Allerdings sind die Gründe dafür, warum dem Mädchen angeraten wird, dem Jungen ein nun selbstbewusstes Nein entgegenzuschleudern, jetzt vollkommen andere: Sex soll sie erst dann haben, wenn sie auch wirklich will. Aber wann soll dieser Zeitpunkt sein? Die simple Antwort lautet, dass sie das schon merken werde. In der Praxis ist das freilich längst nicht so einfach und eindeutig: Um den richtigen Moment herauszubekommen, muss das Mädchen sich ständig selbst befragen, sie muss in sich hineinhorchen und nach ihren wirklichen Bedürfnissen forschen. Mit solchen Ratschlägen propagieren die «Bravo»-Kummerberater eine selbstbestimmte Sexualität, in der die «authentischen» Bedürfnisse erkannt werden sollen, um dementsprechend ausgelebt zu werden. Die Botschaft der Frauenbewegung, inklusive sexuelle Revolution, scheint auch in den Schreibstuben der «Bravo» Gehör gefunden zu haben.

Jedoch ist die vermeintlich verständnisvolle Sexualerziehung der Gegenwart, deren Ideale von Selbstbestimmung und partieller Bedürfnisbefriedigung bis in die Wortwahl an die Frauen- und Studentenbewegung erinnern, nicht viel emanzipatorischer als ihre offen autoritäre Variante in den Sechzigern. Das in der Pubertät zu erlernende Ziel der Selbstbeherrschung wird nicht mehr offen ausgesprochen, sondern als das Bedürfnis des Mädchens verkauft. Jetzt muss sie selbst abschätzen, in welchem Alter und in welcher Phase der Liebesbeziehung sie wann und mit wie vielen Jungen welche sexuellen Spielarten ausleben will – und darf dabei natürlich die Verhütungsmittel nicht vergessen. Damit hat sie gegenüber früher zwar einerseits formal mehr sexuelle Freiheiten, muss sich andererseits aber ständig befragen, inwieweit ihr Verhalten den nicht mehr offen ausgesprochenen, aber nichtsdestotrotz immer noch gültigen gesellschaftlichen Normen entspricht. Das Muster ist immer das Gleiche: Alles ist in Maßen erlaubt. Maßstäbe hierfür sind sowohl die Sympathien der peer-group als auch, und zwar zuallererst, der eigene Wille. Soziale Normen werden nicht mehr durch äußeren Druck einer repressiven Gesellschaft durchgesetzt, sondern erscheinen als das ureigene Bedürfnis. Doch diese als unmittelbar gedachten Bedürfnisse entstehen erst in der Auseinandersetzung mit der «Bravo» und deren Normvorstellungen. Sicherlich sind diese Normen nicht beliebig, aber mit welcher sexuellen Frage man sich persönlich gerade herumschlägt, ist von keiner besonderen Bedeutung. Es ist nicht von Belang, ob man sich jetzt gerade fragt, inwieweit das homosexuelle Erlebnis auf der Klassenfahrt nur ein Übergangsphänomen ist oder sich darin eine manifeste Homosexualität andeutet oder ob man sich mit Zweifeln herumschlägt, inwieweit man in den Jungen, der sich für einen interessiert, wirklich verliebt ist. Wichtiger scheint zu sein, dass in der Pubertät ein spezifisches Selbstverhältnis als eigenverantwortliches Subjekt errichtet wird, das die Voraussetzung der eigenen Disziplinierung im Sinne unausgesprochener gesellschaftlicher Zwänge ist. Dies gilt jetzt nicht mehr nur für Jungs, sondern ebenso sehr für Mädchen. Man mag sich darüber freuen, dass die Frauenbewegung mit dazu beigetragen hat, dass sich Mädchen und Jungs wenigstens in diesem Punkt angeglichen haben.

Viele Befürchtungen, die schon in der Studentenbewegung ausgesprochen wurden, scheinen sich indes bewahrheitet zu haben. Die partielle Auflockerung der Triebunterdrückung hat nicht etwa zu einer wahrhaft emanzipatorischen Gesellschaft geführt, sondern war ein notwendiges Resultat jenes sozialen Modernisierungsprozesses hin zur postfordistischen Konsumgesellschaft der Gegenwart, die sich damals bereits abgezeichnet hatte. Schon Ende der 60er-Jahre war erkennbar, dass die sexuellen Bedürfnisse gesellschaftlich produziert werden, um einerseits als sublimierte Arbeitskraft zur Produktivkraft zu werden und andererseits durch ihre Projektion auf Waren, die nun sexuell besetzt werden, Kaufkraft für die expandierende Konsumsphäre zu erzeugen. Die «Bravo» ist dafür ein gutes Beispiel: Ihre Fixierung auf idealisierte Popstars, deren Leben angeblich voller «fun» und sexueller Befriedigung ist, erzeugt bzw. verstärkt die hedonistischen und sexuellen Bedürfnisse ihrer pubertierenden Leserschaft. Zugleich werden Wege zur vermeintlichen Befriedigung dieser aufgestachelten Regungen angeboten: Diese sollen sich durch den Kauf von Produkten der Kulturindustrie und eine an der herrschenden Norm orientierte Sexualität erfüllen, die kontrolliert im Sinne von vernünftig und selbstbestimmt ausgeübt werden soll.

Freilich hatten, wie gesehen, weder die Studenten- noch die Frauenbewegung dieser sich schon damals abzeichnenden Entwicklung viel entgegenzusetzen. Vielmehr forcierten sie den Prozess der Subjektivierung sogar: Gerade das Gerede über die Unterdrückung der Sexualität bot immer wieder neuen Anreiz, über Sexualität zu reden, und stachelte somit die Diskursivierung weiter an. Denn Sexualität in der bürgerlichen Gesellschaft wird nie einfach nur unterdrückt, sondern immer erst diskursiv hergestellt, um dann kontrolliert zu werden – und zwar sowohl zur Selbstdisziplinierung als Arbeitskraft als auch zur Regulierung der Bevölkerung. Stets wird zunächst eine als Natur gedachte Sexualität konstituiert, um sie dann gemäß diesen Erfordernissen bändigen zu können. Der Diskursivierungsschub Anfang der Siebziger war jedoch nicht einfach eine weitere Variante dieses Prozesses, sondern leitete einen Paradigmenwechsel ein, der mit einer Normverschiebung verbunden war. Erziehungsziel ist nun nicht mehr die Abgrenzung gegenüber Perversionen und die Beherrschung der eigenen, kaum zu bändigenden Sexualität, um aus dem Jungen einen treuen und verantwortungsvollen Ehemann zu machen, wie noch in der «Bravo»-Ausgabe von 1966 verfochten. Dieses Ideal wurde vielmehr abgelöst von der neuen, für beide Geschlechter geltenden Norm des individuellen Befriedigtseins, wobei seit Kinsey der Orgasmus im Mittelpunkt steht – eine Normverschiebung, die von der Studentenbewegung mit ihrem Primat der genitalen Sexualität und ihrer Betonung des Lustprinzips ohne lästiges Eheversprechen nachvollzogen wurde. Dass dieses Glücksversprechen einer orgastischen Befriedigung von den Studenten noch auf den Rücken der Frauen ausgetragen wurde, war einer der Punkte, die zur Bildung der Frauenbewegung führten. Die Frauen kritisierten jedoch keineswegs die neue Norm des Primats des Orgasmus, sondern propagierten eine spezifisch weibliche sexuelle Befreiung: Die Entkoppelung von Sexualität und Fortpflanzung. Die Lüste, die in der Klitoris verortet wurden, waren für die Frauen männlich konnotiert, die Fortpflanzungsfunktion dagegen weiblich. Diese Aufteilung kann als eine Grundvoraussetzung für die Bildung einer spezifisch weiblichen Subjektivität gesehen werden: Der Geschlechtsunterschied sollte weitestgehend wegfallen: das Weibliche wurde auf den Kern der Gebärmutter reduziert, während alles übrige als allgemein menschlich, worunter jedoch männlich verstanden wurde, galt. Um ein allgemeiner Mensch zu werden, wurde vor allem die klitorale Lust als zu erreichendes Ziel für alle Frauen propagiert. Und wenn es stimmt, dass die Disziplinierung zur Arbeitskraft jetzt über die Disziplinierung der erst angestachelten Lust erfolgt, so forderten sie auf diese weise, mehr oder weniger bewusst, die Durchsetzung des bis dahin männlichen Leistungsprinzips auch für Frauen. Gleichfalls war die Aufteilung eine Notwendigkeit zur Isolierung der weiblichen Fortpflanzungsfähigkeit, deren Kontrolle so möglich wurde. Einher ging das bezeichnenderweise sowohl mit der Propagierung der Berufstätigkeit, trotz der vielfachen Beschwörung der Doppelbelastung, als auch mit der Forderung nach Selbstbestimmung über die eigene Gebärfähigkeit. Bei der die «Kinderfrage» individualistisch durch die Kontrolle der eigenen Natur gelöst werden sollte, statt durch

Vergesellschaftung. Auch bei Simone de Beauvoir war diese für den Feminismus so bedeutsame Zweiteilung schon angelegt. Die Natur der Frau war bei ihr aufgeteilt in eine männlich positive, die mit Aktivität und Überschreitung gleichgesetzt war, was bei ihr nicht viel mehr hieß als arbeitsfähig zu sein, und einer weiblichen parasitären Natur, die ihren Schrecken nur durch die Kontrolle der Gebärfähigkeit verliert.

Die Suche nach weiblicher Identität entpuppt sich bei näherer Betrachtung als Prozess der Konstituierung einer als unmittelbar und ursprünglich gedachten Sexualität der Frau, die erst durch die Praxis der Selbsthilfe- und Selbstuntersuchungsgruppen hergestellt wurde. Dort erst, zum Beispiel beim täglichen Temperaturmessen, entstand eine «authentische» Sexualität, die als natürlich aufgefasst wurde und gemäß bevölkerungspolitischen Normen und den Anforderungen der Lohnarbeit selbstbestimmt zu kontrollieren war. Der eigene Anteil an der Konstruktion einer spezifisch weiblichen Natur hat die Frauenbewegung nicht durchschaut, und so konnte sich eine neue, strukturelle Form von Herrschaft etablieren, die als solche nicht mehr unmittelbar erkannt wird, weil sie nicht mehr in Gestalt einer äußeren Autorität auftritt. Dies änderte sich auch nicht durch die postmodernen Einflüsse. Zwar wurde hier die gesellschaftliche Konstruiertheit einer weiblichen Natur erkannt, aber nur um sich dieser allzu schnell unterzuordnen, das Moment des Willens und der Selbstdisziplinierung, die es notwendigerweise zur Subjektbildung bedarf blieben weiterhin undurchschaut. Dies sicherlich auch, weil die Queer-Theorie sich gar nichts anderes mehr vorstellen kann als eine Staatsbürgerinnen-Existenz.

Möglicherweise gehört in diesen Komplex auch der Anti-Gewalt-Diskurs der Frauenbewegung, denn auch dieser zeichnet sich durch permanente Selbstbefragung aus: Was möchte ich? Wie weit soll ich gehen? Überschreitet der andere hiermit meine Grenzen oder nicht? Ich halte es daher durchaus noch nicht für entschieden, ob es in der Debatte über Gewalt tatsächlich allein um den Schutz der Frauen vor sexistischer Gewalt geht oder ob dieser Diskurs nicht auch seinen Anteil am beschriebenen Subjektivierungsprozess hat. Für Letzteres spräche die propagierte Norm der antipatriarchalen Sexualität, an der man sich zu orientieren habe und derzufolge in jedem Sexualakt neu gefragt werden muss, ob ich mich hier als Frau zu passiv oder als Mann zu aggressiv verhalte. Häufig wird sogar die Forderung erhoben, dass vor jedem neuen Schritt die Erlaubnis einzuholen sei, was neben dem positiven Aspekt der Vermeidung von Übergriffen eben auch zu einer Art von Verhandlungssex und einer ständigen Kontrolle des eigenen Handelns führt. Dieses Handeln scheint in einer repressiven Herrschaft zu gründen, in der offizielle Verbote abgeschafft, jedoch notwendigerweise durch eine innere Herrschaftsstruktur ersetzt werden mussten. Das mag erklären, warum die Auseinandersetzungen über Sexualität nicht abreißen, auch wenn sie heute wesentlich seltener unter dem Label der sexuellen Befreiung geführt und viel eher unter den Schlagworten «sexuelle Gewalt» oder «sexuelle Übergriffe» ausgetragen werden.

Der Versuch einer individuellen Aufhebung dieser inneren Herrschaftsstruktur jedoch liefe nur auf ein Revival der sexuellen Befreiung hinaus, und wohin das geführt hat, ist hier ausführlich dargestellt worden: zur Freisetzung gesellschaftlich produzierter und mühsam durch Moral und Konvention zurückgehaltener Triebe, die in einer patriarchalen Gesellschaft doch nur wieder geschlechtsspezifische Verhaltensweisen, Aggression und Gewalt bei Männern, Selbstaufgabe und Aufopferung bei Frauen hervorbringen. Keine der beiden Positionen kann sich moralisch auf der richtigen Seite fühlen, denn das Problem ist gar keine Frage der Moral; es kann nicht individuell, sondern nur kollektiv gelöst werden durch die Aufhebung einer Gesellschaft, die die Bedürfnisse der Menschen in einer Weise strukturiert, dass ihre Beherrschung überhaupt notwendig ist.

Eine feministische Theorie und Praxis, die darum wüsste, hätte zumindest eine Ahnung davon, dass sämtliche Forderungen nach Selbstbestimmung, sei es in der Arbeit, sei es in der Sexualität oder beim Kinderwunsch, in dieser Gesellschaft doch nur zur Internalisierung von Herrschaft führen. Mit dem bloßen Wissen um diese Mechanismen sind freilich weder die ihnen zugrunde liegenden Zwänge abgeschafft, noch können praktische Handlungsanweisungen und Verhaltensregeln erwartet werden. Das ist nicht das Geschäft der Kritik. Nicht gesagt werden soll mit dieser Arbeit deshalb, dass die Frauen jetzt alle die Pille absetzen oder darauf verzichten sollen, Wissen über ihre fruchtbaren Tage zu gewinnen; es geht nicht darum, die Aufhebung der Geburtenkontrolle zu propagieren oder die Nutzung der pränatalen Diagnostik zu verurteilen. Die darauf folgende Abtreibung ist genauso wenig unmoralisch wie irgendeine andere Abtreibung, aus was für Gründen auch immer: Zellklumpen bleibt Zellklumpen.

Nicht um Ethik und Moral also geht es, sondern um Kritik daran, dass selbst die KritikerInnen einer eugenischen Praxis ihrer Ablehnung mit demselben Ideal begründen, das dieser Praxis zugrunde liegt: das Selbstbestimmungsrecht der Frau – ohne offenbar mitzukriegen, dass Frauen die eugenischen Sortierung heute ganz selbstbestimmt ausführen, ohne von irgend jemandem dazu gezwungen zu werden. Ein Zurück zu alten Zeiten ist freilich weder möglich noch wünschenswert. Der Unterschied besteht lediglich darin, dass früher ein wenn auch noch so diffuses Gefühl der eigenen Unterdrückung und Unterwerfung unter eine Autorität vorhanden war, während heute der Glaube vorherrscht, dieser Herrschaft mit Hilfe der Selbstbestimmung ein Schnippchen zu schlagen, um sich dabei doch nur umso tiefer in diese zu verstricken. Diese Verinnerlichung der patriarchalen Herrschaft und die damit einhergehende Subjektwerdung der Frau werden oft als das Ende des Patriarchats missverstanden. Ein Ende patriarchaler Herrschaft wird es jedoch erst in einer Gesellschaft geben, in der Selbstdisziplinierung und -kontrolle, auf die Subjektivität heute reduziert ist, nicht mehr notwendig sind. Eine feministische Theorie und Praxis, die nicht der Anpassung der Frauen an die neuesten Herrschaftsmechanismen dienen will, sollte sich zumindest ein Bewusstsein davon bewahren, dass wahre Selbstbestimmung erst in einer wahrhaft freien Gesellschaft möglich ist.

Literatur

Für die Verfassung dieses Buches besonders wichtige und auch zum Weiterlesen empfohlene Literatur ist kenntlichgemacht: ✪✪✪

Adorno, Theodor W.: Minima Moralia. Frankfurt a.M. 1991 (1951)

Adorno, Theodor W.: Zum Problem der Familie. In: Vermischte Schriften 1. Frankfurt a.M. 1997

Adorno, Theodor; Horkheimer, Max: Die Dialektik der Aufklärung. Frankfurt a.M. 1996 (1948) ✪✪✪

Ahrendt-Schulte, Ingrid: Weise Frauen – Böse Weiber. Freiburg 1994

Allen, Pamala: Der Freiraum. In: Arbeitskollektiv der sozialistischen Frauen Frankfurt a.M. (Hg.). Texte und Materialien des Woman's Liberation Movement in den USA. Frankfurt a.M. 1972, S. 63-69

Angela und Uli: Gärtnerinnenarbeit; Naturideologie und Landlesbenprojekt. In: Garen, Antje; Hagemann, Marion; Pause, Gundula; Volling; Doris: Frauenjahrbuch '79. Naumburg/Elbenberg 1980, S. 74-102 ✪✪✪

Apostolidou, Natascha: Quotierung für Migrantinnen. In: Eichhorn, Cornelia; Grimm, Sabine: Gender Killer – Texte zu Feminismus und Politik. Berlin 1994, S. 65-68

Balz, Viola; Janda, Roman: Hilf und herrsche. In: Jungle World, Nr.29, 2001

Beauvoir, Simone de: Das andere Geschlecht. Reinbek b. Hamburg 1983 (1949) ✪✪✪

Beck, Lutwin; Heywinke, Elisabeth: Geschlechtsumwandlung. In: Beck, Lutwin; Korff, Wilhelm; Mikat, Paul (Hg.): Lexikon der Bioethik. Gütersloh 1998, S. 104-105

Beck, Ulrich; Beck-Gernsheim, Elisabeth: Das ganz normale Chaos der Liebe. Frankfurt a.M. 1990 ✪✪✪

Becker, Gabriele; Brackert, Helmut; Brauner, Sigrid; Tümmler, Angelika: Zum kulturellen Bild und zur realen Situation der Frau im Mittelalter und in der frühen Neuzeit. In: Becker, Gabriele; Bovenschen, Silvia; Brackert, Helmut u. a.: Aus der Zeit der Verzweiflung. Zur Genese und Aktualität des Hexenbildes. Frankfurt am Main 1977, S. 11-129 ✪✪✪

Beck-Gernsheim, Elisabeth: Die Kinderfrage. Frauen zwischen Kinderwunsch und Unabhängigkeit. 3., durchgesehene und erweiterte Auflage: München 1997, Erstauflage München 1988

Beck-Gernsheim, Elisabeth: Was kommt nach der Familie. Einblicke in neue Lebensformen. München 1998

Béjin, André: Die Macht der Sexologen und die sexuelle Demokratie. In: Ariès, Phillippe; Béjin, André: Die Masken des Begehrens und die Metamorphosen der Sinnlichkeit. Frankfurt a. M. 1982

Beyer, Susanne; Wellershoff, Marianne: Comeback der Mutter. In: Der Spiegel, Nr. 29, 2001

Bindseil, Ilse: Das Elend der Weiblichkeit, die Zukunft der Frauen. Freiburg 1991

Böckelmann, Frank: Die schlechte Aufhebung der autoritären Persönlichkeit. Freiburg 1987 (1966) ✪✪✪

Böckelmann, Volker: Anti-Baby-Pille – Befreiung der Sexualität? (1964) In: Böckelmann, Frank; Nagel, Herbert: Subversive Aktion. Der Sinn der Organisation und ihr Scheitern. Frankfurt a. M. 1976, S. 226-228

Bovenschen, Silvia: Die aktuelle Hexe, die historische Hexe und der Hexenmythos. Die Hexe: Subjekt der Naturaneignung und Objekt der Naturbeherrschung. In: Becker, Gabriele; Bovenschen, Silvia; Brackert, Helmut u.a.: Aus der Zeit der Verzweiflung. Zur Genese und Aktualität des Hexenbildes. Frankfurt am Main 1977, S.259-313 ✪✪✪

Brackert, Helmut (zusammengestellt): Daten und Materialien zur Hexenverfolgung. In: Becker, Gabriele; Bovenschen, Sylvia; Brackert, Helmut: Aus der Zeit der Verzweiflung. Zur Genese und Aktualität des Hexenbildes. Frankfurt am Main 1977, S. 313-440

Brot und Rosen: Frauenhandbuch Nr.1, überarbeitete und erweiterte Auflage. Berlin 1974 ✪✪✪

Bruhn, Joachim: Unmensch und Übermensch. Über Rassismus und Antisemitismus. In: Bruhn, Joachim: Was deutsch ist. Zur kritischen Theorie der Nation. Freiburg 1994, S. 77-110 ✪✪✪

Buchmann, Sabeth: Formkontrollen – Über Biotechnologie. In: Eichhorn, Cornelia; Grimm, Sabine: Gender Killer – Texte zu Feminismus und Politik. Berlin 1994, S. 39-48

Buhmann Inga: Frankfurt, der SDS und vieles was weh tut. In: Seibold, Carsten: Der 68er. Das Fest der Rebellion. München 1988, S. 310-314

Bührmann, Andrea: Das authentische Geschlecht. Die Sexualitätsdebatte in der Neuen Frauenbewegung und die Foucaultsche Machtanalyse. Münster 1995 ✪✪✪

Butler, Judith: Das Unbehagen der Geschlechter. Frankfurt a.M. 1991 ✪✪✪

Butler, Judith: Körper von Gewicht. Die diskursiven Grenzen des Geschlechts. Berlin 1995 ✪✪✪

Dahlmann, Manfred: Das Rätsel der Macht. In: Bahamas Nr. 26. 1998, S. 43-50

Daiber, Birgit: Kommentare 10 Jahre später. In: Subversive Aktion. Der Sinn der Organisation und ihr Scheitern. Frankfurt a.M. 1976, S. 460-463 ✪✪✪

Dannecker, Martin: Homosexualität. In: Beck, Lutwin; Korff, Wilhelm; Mikat, Paul (Hg.): Lexikon der Bioethik. Gütersloh 1998, S. 224-227

Deutsch, Erwin: Genomanalyse. In: Back, Lutwin; Korff, Wilhelm; Miket, Paul (Hg.): Lexikon der Bioethik. Gütersloh 1998, S. 41-43

Diotima, Philosophinnengruppe aus Verona: Der Mensch ist zwei. Das Denken der Geschlechterdifferenz. Wien 1989. (1987)

DJ. Bükatz: §218 Drei Jahre Kompromiß: Vom Nein zum institutionalisierten Jein. In: Tendenz. Zeitung der JungdemokratInnen/Junge Linke 1998

Doormann, Lottemie: Die neue Frauenbewegung: Zur Entwicklung seit 1968. Hervé, Florence (Hg.): Geschichte der deutschen Frauenbewegung. Köln 1982, S. 237-272

Dr. Vollmer: Wer ist ehrlich verliebt. Alles über Sie und Ihn, sagt Dr.Vollmer im Bravo-Knigge. Lerne richtig zu lieben. In: Bravo, 28. März 1966

Dr.-Sommer-Team: Ich mache immer einen Rückzieher. Du bist keinem Jungen ausgeliefert. Bravo, Nr. 32, 2001

Dreyfus, Hubert; Rabinow, Paul: Michel Foucault. Jenseits von Strukturalismus und Hermeneutik. Frankfurt a.M. 1987

Duden, Barbara: Die Frau ohne Unterleib: Zu Judith Butlers Entkörperung. Ein Zeitdokument. In: Feministischen Studien. Weinheim 1993, S. 24-33

Eagelton, Terry: Die Illusion der Postmoderne. Stuttgart 1997

Eichhorn, Cornelia: Im Dienste des Gemeinwohls – Frauenbewegung und Nationalstaat. In: Eichhorn, Cornelia; Grimm, Sabine: Gender Killer – Texte zu Feminismus und Politik. Berlin 1994, S. 77-92

Eine Frau aus Berlin: Ich will Kind, Mann und Frauensolidarität. In: Frankfurter Frauen (Hg.) Frauen. Frauenjahrbuch '75. Frankfurt a.M. 1975, S.80-93

Eine Frau aus Frankfurt: Geschichte des Frankfurter Weiberrats. In: Frankfurter Frauen (Hg.): Frauen. Frauenjahrbuch '75. Frankfurt a.M. 1975, S. 19-48

Eine Selbsthilfegruppe: Erfahrungen einer Selbsthilfegruppe. In: Jahrbuchgruppe des Münchner Frauenzentrums (Hg.): Frauenjahrbuch '76. München 1976, S. 135-150

Ewert, Christiane; Karstens, Gaby; Schultz, Dagmar (Hg.): Hexengeflüster: 2. Frauen greifen zur Selbsthilfe. Berlin 1976

FeMigra: Wir, die Seiltänzerinnen – Politische Strategien von Migrantinnen gegen Ethnisierung und Assimilation. In: Eichhorn, Cornelia; Grimm, Sabine: Gender Killer – Texte zu Feminismus und Politik. Berlin 1994, S. 49-64 ✪✪✪

Fink-Eitel, Heinrich: Foucault zur Einführung. Hamburg 1992

Firestone, Shulamith. Frauenbefreiung und sexuelle Revolution. Frankfurt a. M. 1975

Foucault, Michel: Der Gebrauch der Lüste. Sexualität und Wahrheit 2. Bd.. Frankfurt a.M. 1986 ✪✪✪

Foucault, Michel: Der Wille zum Wissen. Sexualität und Wahrheit 1. Bd. Frankfurt a.M. 1977 ✪✪✪

Foucault, Michel: Leben machen und sterben lassen: Die Geburt des Rassismus. In: Reinfeldt, Sebastian; Schwarz, Richard; Foucault, Michel: Bio-Macht. Duisburg 1993 ✪✪✪

Foucault, Michel: Überwachen und Strafen. Die Geburt des Gefängnisses. Frankfurt a.M. 1976

Fox-Keller, Evelyn: Das Jahrhundert des Gens. Frankfurt a.M. 2001

Fox-Keller, Evelyn: Liebe Macht Erkenntnis. München 1986 ✪✪✪

Frankfurter Frauen (Hg.): Frauenjahrbuch '75. Frankfurt a.M.1975

Frauenjahrbuch '82: An meinen Träumen halte ich fest. Münster 1981

Freud, Sigmund: Drei Abhandlungen zur Sexualtheorie. Frankfurt a.M. 2000

Frevert, Ulrike: Frauen-Geschichte. Zwischen bürgerlicher Verbesserung und Neuer Weiblichkeit. Frankfurt a.M. 1986

Garen, Antje u.a. (Hg.) Frauenjahrbuch '79. Münster 1980

Genschel, Corinna; Lay, Caren; Wagenknecht, Peter; Woltersdorff, Volker: Vorwort. In: Jagose, Annamaria: Queer Theory – Eine Einführung. Berlin 2001, S. 9-12

Genschel, Corinna; Lay, Caren; Wagenknecht, Peter; Woltersdorff, Volker: Anschlüsse. In: Jagose, Annamaria: Queer Theory – Eine Einführung. Berlin 2001, S. 167-194

Ghirmazion, Asgedeth; Herkenrath, Rita: Schuldgefühle will ich nicht oder Anstiften zur Verantwortung. In: Anneke, Ute; Beträge zur feministischen Theorie und Praxis, Heft 27, Geteilter Feminismus. Wiesbaden 1990, S. 67-76

Gildemeister, Regine: Die soziale Konstruktion von Geschlechtlichkeit. In: Ostner, Ilona; Lichtblau, Klaus: Feministische Vernunftkritik. Ansätze und Traditionen. Frankfurt/New York 1992, S. 220-239

Goede, Sabine: Kommentare 10 Jahre später. In: Subversive Aktion. Der Sinn der Organisation und ihr Scheitern. Frankfurt a.M. 1976, S. 465-472

Greer, Germaine: Der weibliche Eunuch. Aufruf zur Befreiung der Frau. Frankfurt a.M. 1974

Grimm, Sabine: Über feministische Intellektuelle. In: Eichhorn, Cornelia; Grimm, Sabine: Gender Killer – Texte zu Feminismus und Politik. Berlin 1994, S. 153-166

Guillebaud, Jean-Claude: Die Tyrannei der Lust – Sexualität und Gesellschaft. München 1999

Hagel, Antje; Schuhmann, Antje: Aufstieg und Fall der Frauenbewegung. In: Eichhorn, Cornelia; Grimm, Sabine: Gender Killer – Texte zu Feminismus und Politik. Berlin 1994, S. 69-76

Haraway, Donna: Das situierte Wissen. In: Die Neuerfindung der Natur. Frankfurt a.M. 1995, S. 33-72

Hark, Sabine: Queer Interventionen. In: Feministische Studien. Weinheim 1993, S. 103-109

Hartung, Klaus: Fehler der antiautoritären Bewegung. In: Michel, Karl Markus; Wieser, Harald (Hg.): Kursbuch 48. Berlin 1977. S. 14-43

Heeg, Susanne: Flexibilisierte Frauen – Historische und aktuelle Veränderungen auf dem Arbeitsmarkt. In: Eichhorn, Cornelia; Grimm, Sabine: Gender Killer – Texte zu Feminismus und Politik. Berlin 1994, S. 115-128

Hegener, Wolfgang: Das Mannequin. Vom sexuellen Subjekt zum geschlechtslosen Selbst. Tübingen 1992

Hellmich, Andrea: Frauen zwischen Beruf und Familie. Eine Untersuchung über Voraussetzungen und Nutzen einer Berufskontaktpflege von Frauen in der Familienphase. Stuttgart 1986

Herkenrath, Rita: Dilemma in der BRD. In: Beiträge zur feministischen Theorie und Praxis, Heft 27; Geteilter Feminismus. Wiesbaden 1990, S. 72

Hobbes, Thomas: Leviathan. Stuttgart 2000

Holland-Cunz, Barbara: Soziales Subjekt Natur. Frankfurt a.M. 1994 hooks, bell: Schwesterlichkeit: Politische Solidarität unter Frauen. In: Beiträge zur feministischen Theorie und Praxis, Heft 27; Geteilter Feminismus. Wiesbaden 1990, S. 77-92 ✪✪✪

Horkheimer, Max: Autorität und Familie in der Gegenwart. In: Zur Kritik der instrumentellen Vernunft. Frankfurt a.M. 1997 (1947), S. 269-287

Horkheimer, Max: Zum Begriff des Menschen. In: Zur Kritik der instrumentellen Vernunft. Frankfurt a.M. 1997 (1947), S. 177-203

Horkheimer, Max: Zur Kritik der instrumentellen Vernunft. In: Zur Kritik der instrumentellen Vernunft. Frankfurt a.M. 1997 (1947), S. 11-176

Houellebecq, Michel: Elementarteilchen. Berlin 2001 ✪✪✪

Irigaray, Luce: Ethik der sexuellen Differenz. Frankfurt a.M. 1994

Irigaray, Luce: Genealogie der Geschlechter. Freiburg 1989.

Jacoby, Jessica; Magiriba Lwanga, Gotlinde: Was «sie» schon immer über Antisemitismus wissen wollte, aber nie zu denken wagte. In: Beiträge zur feministischen Theorie und Praxis, Heft 27; Geteilter Feminismus. Wiesbaden 1990, S. 95-105 ✪✪✪

Jagose, Annamaria: Queer Theory – Eine Einführung. Berlin 2001

Johanna, Sozialarbeiterin: Meine Abtreibung. In: Jahrbuchgruppe des Münchner Frauenzentrums (Hg.): Frauenjahrbuch '76. München 1976, S.158-167

Kinsey, Alfred C.; Pomeroy, Wardell B.; Martin,Clyde E.; Gebhard, Paul H.: Das sexuelle Verhalten der Frau. Frankfurt a.M. 1954

Kinsey, Alfred C.; Pomeroy, Wardell B.; Martin; Clyde E.; Gebhard, Paul: Das sexuelle Verhalten des Mannes. Frankfurt a.M. 1955

Knapp, Gudrun-Axeli: Postmoderne Theorie oder Theorie der Postmoderne? Anmerkungen aus feministischer Sicht. In: Kurskorrekturen: Feminismus zwischen Kritischer Theorie und Postmoderne. Frankfurt a.M. 1998, S. 25-83

Knäpper, Marie-Theres: Feminismus-Autonomie-Subjektivität. Tendenzen und Widersprüche in der neuen deutschen Frauenbewegung. Bochum 1984 ✪✪✪

Konnertz, Ursula: Simone de Beauvoir. Der Entwurf einer feministischen Ethik – ein gescheitertes Experiment. In: Conrad, Judith; Konnertz, Ursula: Weiblichkeit in der Moderne. Ansätze feministischer Vernunftkritik. Tübingen 1986, S.115-138

Krahl, Hans-Jürgen: Angaben zur Person. In: Seibold, Carsten: Die 68er. München 1988, S. 187-203

Kraushaar, Wolfgang: Kinder einer abenteuerlichen Dialektik. In: Böckelmann, Frank; Nagel, Herbert: Subversive Aktion. Der Sinn der Organisation und ihr Scheitern. Frankfurt a. M. 1976, S. 9-32

Krug, Uli; Kunstreich, Tjark: Dekonstruktion heißt Domestizierung. In: Bahamas Nr. 26. 1998, S. 35-42 ✪✪✪

Kunzelmann, Dieter: Busenfrei als Symptom der Unfreiheit (1964). In: Böckelmann, Frank; Nagel, Herbert: Subversive Aktion. Der Sinn der Organisation und ihr Scheitern. Frankfurt a.M. 1976, S. 185-186

Laqueur, Thomas: Auf den Leib geschrieben. Die Inszenierung der Geschlechter von der Antike bis Freud. Frankfurt a. M./New York 1992 ✪✪✪

Lau, Mariam: Die neuen Sexfronten. Vom Schicksal einer Revolution. Berlin 2000.
Liberia delle donna di Milano: Wie weibliche Freiheit entsteht. Eine neu politische Praxis. Berlin 1991
Linnhoff, Ursula: Die neue Frauenbewegung USA-Europa seit 1968. Köln 1974
Lippe, Rudolf zur: Bürgerliche Subjektivität: Autonomie als Selbstzerstörung. Frankfurt a.M. 1975 ✪✪✪
Maihofer, Andrea: Geschlecht als Existenzweise. Frankfurt a.M. 1995 ✪✪✪
Man, Iris: Die Kraft geht von den Kindern aus. In: Stahmer, Anne u.a. Frauenjahrbuch 1977. München 1977, S. 45-53
Marcuse, Herbert: Kultur und Gesellschaft 2. Frankfurt a.M. 1970
Marx, Karl: Das Kapital – Kritik der politischen Ökonomie. Erster Band. Berlin 1993 (1962)
Masters, William H.; Johnson, Virginia E.: Die sexuelle Revolution. Frankfurt a.M. 1967
Miermeister, Jürgen; Staadt, Jochen: Provokationen. Die Studenten- und Jugendrevolte in ihren Flugblättern 1965-1971. Darmstadt 1980
Millett, Kate: Sexus und Herrschaft. Reinbek b. Hamburg 1985
Mitchell, Juliet: Frauenbewegung-Frauenbefreiung. Münster 1978
Mitchell, Juliet: Psychoanalyse und Feminismus: Freud, Reich, Laing und die Frauenbewegung. Frankfurt a.M.1985
Mosler, Kathrin: Mit Kindern. In: Stahmer, Anne u.a.: Frauenjahrbuch 1977. München 1977, S. 40-44
Mosler, Peter: Was wir wollten, was wir wurden: Studentenrevolte – zehn Jahre danach. Hamburg 1970
Nave-Herz, Rosemarie: Die Geschichte der Frauenbewegung in Deutschland. Hannover 1993 (1981)
Pohrt, Wolfgang: Theorie des Gebrauchswerts. Berlin 1995
Prokop, Ulrike: Weiblicher Lebenszusammenhang. Frankfurt a.M. 1976 ✪✪✪
Propping; Peter: Humangenetik. In: Beck, Lutwin; Korff, Wilhelm; Mikat, Paul (Hg.): Lexikon der Bioethik. Gütersloh 1998, S. 146-259
Quadfasel, Lars: Die Deutschen, ihr gutes Gewissen und ihr nationales Ruhekissen. Tendenz. Zeitung der Jungen Linken. 1999
Quaestio (HG.): Queering Demokratie – Sexuelle Politiken. Berlin 2000
Rebentisch, Juliane: Zurück in die Zukunft – §218, Nationalstaat und Biopolitik. In: Eichhorn, Cornelia; Grimm, Sabine: Gender Killer – Texte zu Feminismus und Politik. Berlin 1994 S. 25-38
Reich, Wilhelm: Die sexuelle Revolution. Frankfurt a.M.1974 (1936)
Reich, Wilhelm: Die Massenpsychologie des Faschismus. Köln 1971
Reiche, Reimut: Sexualität und Klassenkampf. Frankfurt a. M. 1968. ✪✪✪
Rensmann, Lars: Kritische Theorie über den Antisemitismus. Berlin; Hamburg 1998
Rodriguez, Encarnación Gutiérre: Frau ist nicht gleich Frau... Über die Notwendigkeit einer kritischen Dekonstruktion in der feministischen Forschung. In: Fischer, Ute Luise u.a. (Hg.): Kategorie: Ge-

schlecht? Empirische Analysen und feministische Theorien. Opladen 1996, S. 163-189
Rommelspacher, Birgit: Schuldlos-Schuldig? Wie sich junge Frauen mit dem Antisemitismus auseinandersetzen. Hamburg 1995 ✪✪✪
Roundtable-Gespräch: «Mittäterschaft und Sozialcharakter». In: Studienschwerpunkt «Frauenforschung» am Institut für Sozialpädagogik der TU-Berlin (Hg.): Mittäterschaft und Entdeckungslust. Berlin 1990, S.173-199
Rousseau, Jean-Jacques: Über den Ursprung und der Ungleichheit unter den Menschen (1755). In: Rousseau, Jean-Jacques: Schriften zur Kulturkritik. Hamburg 1995, S. 62-269 ✪✪✪
Rousseau, Jean-Jacques: Emile. 1910
Ruddick, Sue: Die Flintstones aufknacken – Zur Neuordnung der modernen Familie. In: Eichhorn, Cornelia; Grimm, Sabine: Gender Killer – Texte zu Feminismus und Politik. Berlin 1994, S. 129-138
Sadoun, Katja; Schmidt, Valeria; Schultz, Eberhard: Berliner Kinderläden. Antiautoritäre Erziehung und sozialistischer Kampf. Köln 1970 ✪✪✪
Sander, Helke; Rede des «Aktionsrates zur Befreiung der Frauen». In: Anders, Ann (Hg.): Schlüsseltexte der neuen Frauenbewegung seit 1968. Frankfurt a.M. 1988, S.39-47 ✪✪✪
Sander, Helke: Der Seele ist das Gemeinsame eigen, das sich mehrt. In: Heinrich-Böll-Stiftung und Feministisches Institut (Hg.): Wie weit flog die Tomate? Berlin 1999, S. 43-56
Scheich, Elvira: Naturbeherrschung und Weiblichkeit. Pfaffenweiler 1993 ✪✪✪
Scheidt, Gerhard: Demokratischer Rassismus. In: Krisis 2000
Schenk, Herrad: Die feministische Herausforderung. 150 Jahre Frauenbewegung in Deutschland. Berlin 4. Aufl. 1988 (1980)
Schneider, Helmut J.: Naturerfahrung und Idylle in der deutschen Aufklärung. In: Pütz, Peter (Hg.): Erforschung der deutschen Aufklärung. Königstein 1980, S. 289-316
Scholz, Roswitha: Der Wert ist der Mann. In: Krisis 1992 ✪✪✪
Schrader-Klebert, Karin: Die kulturelle Revolution der Frau. In: Kursbuch 17: Frau, Familie, Gesellschaft. Frankfurt a. M. 1969, S.1-46 ✪✪✪
Schultz, Susanne: Feministische Bevölkerungspolitik? Zur internationalen Debatte um Selbstbestimmung. In: Eichhorn, Cornelia; Grimm, Sabine: Gender Killer – Texte zu Feminismus und Politik. Berlin 1994, S. 11-24 ✪✪✪
Schulz, Dagmar: Unterschiede zwischen Frauen – ein kritischer Blick auf den Umgang mit «den Anderen» in der feministischen Forschung weißer Frauen. In: Annecke, Ute; Beiträge zur feministischen Theorie und Praxis, Heft 27, Geteilter Feminismus. Wiesbaden 1990, S. 45-57
Schunter-Kleemann, Susanne: Femmage an Sigrid Damm-Rüger. In: Heinrich-Böll-Stiftung und Feministisches Institut (Hg.): Wie weit flog die Tomate? Eine 68er Gala der Reflexion. Berlin 1999, S. 30-42
Schwarzer, Alice: Vom kleinen zum großen Unterschied. Frankfurt a.M. 2000 ✪✪✪

Schwarzer, Alice: Der Kleine Unterschied und seine großen Folgen. Frankfurt a.M. 1975

Schwarzer, Alice: So fing es an. München 1981

SDS Tübingen: An die Tübinger Bürger. Tübingen 1966. In: Miermeister, Jürgen; Staadt, Jochen: Provokationen. Die Studenten- und Jugendrevolte in ihren Flugblättern. Darmstadt 1980, S. 115-116

Shorter, Edward: Der weibliche Körper als Schicksal. Zur Sozialgeschichte der Frau. München 1984 ✪✪✪

Simmel, Georg: Die beiden Formen des Individualismus (1901-1908). In: Simmel, Georg: Gesamtausgabe. Frankfurt a.M. 1995, S. 49-56 ✪✪✪

Simmel, Georg: Kant und der Individualismus (1901-1908). In: Simmel, Georg: Gesamtausgabe. Frankfurt a. M. 1995, S. 273-282

Stahmer, Anne u.a.: Frauenjahrbuch '77. München 1977

Stahmer, Anne: Frauenprojekte und Frauengeschäfte. In: Stahmer, Anne u. a. Frauenjahrbuch 1977. München 1977, S.124-143

Stark, Eva-Maria: Feministinnen und Kinder. In: Stahmer, Anne u.a. Frauenjahrbuch 1977. München 1977, S. 54-59

Stefan, Verena: Häutungen. Autobiographische Aufzeichnungen, Gedichte, Träume, Analysen. München 1975

Thürmer-Rohr, Christina: Frauen in Gewaltverhältnissen. Zur Generalisierung des Opferbegriffs. In: Studienschwerpunkt «Frauenforschung» Am Institut für Sozialpädagogik der TU-Berlin (Hg.): Mittäterschaft und Entdeckungslust. Berlin 1990b, S. 87-103 ✪✪✪

Thürmer-Rohr, Christina: Vagabundinnen. Feministische Essays. Berlin 1976

Tiepl, Ludwig: Geschichte der Ökologie vom 17. Jahrhundert bis zur Gegenwart. Frankfurt a.M. 1987

Treusch-Dieter, Gerburg: Von der sexuellen Befreiung zur Gen- und Reproduktionstechnologie. Tübingen 1990 ✪✪✪

Treusch-Dieter, Gerburg: Die Genomwürde des Menschen und die Menschenwürde des Genoms. In: Ästhetik und Kommunikation. 1994 ✪✪✪

Trumann, Andrea: Das «Superweib» – 30 Jahre Frauenbewegung. In: Tendenz. Zeitung der JungdemokratInnen/Junge Linke 1998

Trumann, Andrea: Das Private ist politisch. In: Tendenz. Zeitung der JungdemokratInnen/Junge Linke, Sonderausgabe 1, 1999

Vera: Feministische Tendenzen. In: Jahrbuchgruppe des Münchner Frauenzentrums: Frauenjahrbuch 1976. München 1976, S. 63-106

Wagner, Hedwig: Theoretische Verkörperungen. Judith Butlers Feministische Subversion der Theorie. Frankfurt a.M. 1998

Waldschmidt, Anne: Das Subjekt in der Humangenetik. Münster 1996

Weiberrat der Gruppe Frankfurt: Rechenschaftsbericht. Flugblatt. In: Schwarzer, Alice: So fing es an. Köln 1981

Wiggershaus, Renate: Geschichte der Frauen und der Frauenbewegung. Wuppertal 1979

Willing Natascha: Patriarchat als Auslaufmodell. In: Bahamas. Berlin Herbst 2000, S. 48-52

Willutzki, Jutta: Die Antiquiertheit des Begriffes «Patriarchat». In: Bindseil, Ilse; Noll, Monika: Mit Foucault und Fantasie. Freiburg 1995, S. 59-74

Wunderle, Michaela (Hg.): Politik der Subjektivität. Texte der italienischen Frauenbewegung. Frankfurt a.M. 1977

Anmerkungen

1 Ich übernehme hier den Begriff «uneigentlicher» Beginn der Frauenbewegung von Gerburg Treusch-Dieter. Damit soll ausgedrückt werden, dass zu diesem Zeitpunkt zwar schon einige Ansätze zur Entwicklung einer Frauenbewegung existierten, diese aber noch nicht auf einer Massenbasis fußte. Diese Einschätzung teilt die einschlägige Literatur zur Geschichte der neuen deutschen Frauenbewegung. Wenn auch als Grund dafür Unterschiedliches angeben wird. Treusch-Dieter meint den Grund dafür darin zu sehen, dass eine gesellschaftliche relevante Bedeutung der Frauenbewegung nur von der Entkopplung der weiblichen Sexualität von ihrer Fortpflanzungsfunktion ausgehen konnte. Eine Diskussion dieser These findet im zweiten Kapitel statt.

2 Birgit Daiber war eine der drei Frauen, die bei der «Subversiven Aktion», Sektion München, mitgemacht haben.

3 Vgl. Katia Sadoun, Valeria Schmidt, Eberhardt Schulz 1970; 74

4 Meinte1964 zumindest Volker Böckelmann von der «Subversiven Aktion» in seinem Aufsatz zur Anti-Baby-Pille. Er versucht hier darzulegen, warum sexuelle Befreiung in einer unfreien Gesellschaft nicht möglich ist und die Pille in der jetzigen Situation nur ein Instrument der Verschleierung davon ist, dass sexuelle Frustration gesellschaftliche Ursachen hat und keine persönlichen. Das einzige, was er der Pille an positiven Nebenwirkungen zuspricht, ist eben die hier erwähnte «politische Mündigkeit», die daher kommen soll, dass die Frauen keine Angst mehr vor einer ungewollten Schwangerschaft haben müssen. Es bleibt dabei vollkommen unklar, warum schon allein diese Angst die Frauen in der Unmündigkeit halten soll, und auch warum Männer, deren potenzielle Vaterschaft wahrscheinlich auch Volker Böckelmann nicht abstreiten würde, trotz der Angst Vater zu werden, keine Angst haben mussten (vgl. Volker Böckelmann 1976, S.228).

5 Im Januar 2001 wurde eine neue Diskussion über die Studentenbewegung entfacht. Ausschlaggebend war die Vergangenheit des Grünen Außenministers Joschka Fischer, der ehemals bei den Frankfurter Spontis auch militante Aktionen befürwortete und selbst auch daran beteiligt war. Birgit Breul, die Tochter der 1976 in Stammheim umgekommenen Ulrike Meinhof, hatte Fotos von Joschka Fischer aufgetan, der einen Polizisten prügelte. Einige, darunter auch einst in die Bewegung eingebundene Journalisten, übertrumpften sich jetzt gegenseitig in schlechter Totalitarismustheorie und setzten die Studentenbewegung mit den Nationalsozialisten in eins, als ob der Mord an sechs Millionen Juden mit einer militanten Demonstration um besetzte Häuser oder gegen die Militärintervention der Amerikaner in Vietnam zu vergleichen wäre. (Vgl. Götz Aly, Thomas Schmid)

6 Im Kapitel zur sexuellen Befreiung wird die ansonsten doch weitgehend chronologische Herangehensweise unterbrochen, um den thematischen Zusammenhang beibehalten zu können. Denn

die sexuelle Befreiung der Frauen erfolgte erst ein paar Jahre nach der der Männer.

7 Ich werde bei dem Begriff Studentenbewegung (nicht etwa StudentInnen u.ä.) die männliche Form benutzen. Dies beinhaltet zwar die Gefahr, die sicherlich breite Beteiligung der Frauen zu schmälern, erscheint mir aber dennoch am sinnvollsten, da ich die Studentenbewegung vom Inhalt und ihrer Praxis her als männlich einstufe. Dies zu belegen soll Ziel des Kapitels sein.

8 Dieter Kunzelmann war Anfang der 60er-Jahre Mitglied der Situationistischen Internationale, später dann bei der «Subversiven Aktion», in der Kommune 1 sowie in den 70er-Jahren im Palästinenser-Lager und bei der RAF aktiv und schließlich KPD-Funktionär. Kunzelmann hat gleich der «Subversiven Aktion» überhaupt die Wandlung der Studentenbewegung von antiautoritär in proletarisch schon Mitte der 60er vollzogen. Kritisierte er bei der Gründung der «Subversiven Aktion» 1961 vor allem Konsum und Kulturindustrie sowie die Unterdrückung und Domestizierung von Wünschen und Bedürfnissen, so verlangte er 1965 den vermehrten Bezug auf die Arbeiterklasse – er wollte die Gesamtgruppe an eine Betriebsgruppe anschließen – was zum Ausschluss aus der Münchner Sektion führte. Die Berliner Sektion mit Rabehl und Dutschke, die schon immer traditionalistischere, an den Marxismus-Leninismus angelehnte Positionen vertreten hatte, fanden diesen Rausschmiss ungerechtfertigt und so trennte sich die «Subversive Aktion». Eine der profiliertesten Gruppierungen der Studentenbewegung zerbrach innerhalb weniger Wochen (Frank Böckelmann 1976: 24-28).

9 Bei einem Treffen der Viva-Maria-Gruppe, die sich auch aus Mitgliedern der «Subversiven Aktion» zusammensetzte, trafen sich 14 Frauen und Männer sowie zwei Kinder in Bayern, um den Aufbau von Kommunen zu besprechen. Auch hier machten sich verschiedene Fraktionen bemerkbar: Dutschke, Rabehl u.a., die zwar Kommunen wollten, ihnen aber eine deutlich untergeordnete Rolle im Gegensatz zur politischen Organisation zuwiesen, und Kunzelmann, Langhans und Teufel, die die Kommune als notwendige Bedingung einer revolutionären Praxis sahen, da erst hier die Aufhebung bürgerlicher Individualitäten zu bewerkstelligen sei (vgl. Jürgen Miermeister und Jochen Staat 1980, 18-22).

10 Die Kommune 1 wurde im Mai 1967 aus dem SDS ausgeschlossen, und zwar aus dem aktuellen Anlass ein Flugblatt mit SDS unterschrieben zu haben, das gegen die Teilnahme an einer Urabstimmung agitierte, zu der der SDS aufgerufen hatte. Dieses Flugblatt, das sich gegen den Akademismus und das Funktionärswesen des SDS wandte, war jedoch, ebenso wie vier bereits zuvor produzierte Flugblätter, auch als Provokation gegen die anderen Strömungen im SDS gedacht. In dem von Wolfgang Levebre gehaltenen Referat, in dem er den Antrag auf Ausschluss begründete, ging er nicht nur auf den aktuellen Anlass ein, sondern bemängelte auch die Sprach- und Theorielosigkeit der Kommunarden sowie Realitätsflucht, voluntaristische Praktiken und falsche Unmittelbarkeit. Die Kommune wurde mit knapper Mehrheit rausgeschmissen. (Vgl. Jürgen Miermeister und Jochen Staadt 1980: 23-25)

11 Die Kritik Reimut Reiches beschränkt sich nicht nur auf diesen Punkt. Die weiteren Kritikpunkte werden im Kapitel zur sexuellen Befreiung diskutiert.

12 Der Text erschien 1969 im Kursbuch 17 und hat wohl sehr viel Aufsehen erregt. Karin Schrader-Klebert war selbst Mitglied im SDS und eine von vielen, die nach der Delegiertenkonferenz im September '68 einen Weiberrat in ihrer Stadt gründete. (Alice Schwarzer 1981: 121)

13 Und man mag hinzufügen, auch der Unternehmer kann nur bei der Strafe seines Untergangs sich dagegen entscheiden, weiterhin Kapital zu akkumulieren.

14 Ausführlicher dazu im fünften Kapitel, in dem die Kritik von Migrantinnen an der Frauenbewegung behandelt wird.

15 Dazu auch im fünften Kapitel: Judith Butler und ihre Kritik am Subjektbegriff.

16 Das Ergebnis einer 1968 von Studenten durchgeführten Analyse der Bildzeitung zeigte, dass der Manipulationsbegriff revidiert werden müsste: Es wäre nicht so, dass die Presse in die Hirne der Menschen eingreift und diese wie Marionetten zappeln läßt, sondern die Unterdrückung der Massen wäre nicht mehr ohne deren Einverständnis denkbar. Die Springerpresse wäre eine angebotene Möglichkeit, in Gewalttätigkeit und Unterdrückung nicht unterzugehen, sondern sich stattdessen mit Gewalttätigkeit und Unterdrückung einverstanden zu erklären. (Vgl. Katia Sadoun, Valeria Schmidt, Eberhard Schulz: 1970, 183)

17 Vgl. Volker Böckelmann

18 Die hier bei Foucault gewonnenen Einsichten über bürgerliche Subjektkonstitution und Bevölkerungspolitik, können nicht darüber hinwegtäuschen, dass Foucault keine materialistische Begründung für seine Theorie liefert, sondern hier einen metaphysischen Machtbegriff einführt, der die Macht zum Subjekt der Geschichte werden lässt.
Diese drückt sich in einzelnen personalen und lokalen Machtbeziehungen aus, die ganz individuell rational und interessengeleitet auf die Machterweiterung aus sind, aber keine große gesellschaftliche Intention verfolgen. Es ist vielmehr so, dass in bestimmten historischen Situationen sich die lokalen Praktiken «verketten, einander hervorrufen und ausbreiten, anderswo ihre Stütze und Bedingung finden, und schließlich zu Gesamtdispositiven führen.» (Foucault 1977: 116). Abgesehen davon, dass der so verwendete Begriff eigentlich keine Erklärung dafür liefert, warum sich zu welchem Zeitpunkt welche Praktiken durchsetzen und wie er es nennt, zu Gesamtdispositiven werden, ist er affirmativ, indem er die Macht für unüberwindbar hält. Es wäre also notwendig für eine kritische Theorie des Subjekts, diesen Machtbegriff kritisch zu hinterfragen. Dies ist jedoch im Rahmen dieser Arbeit nur ansatzweise leistbar.

19 Harmlos im Vergleich zum Faschismus, in dem die plötzliche staatliche Erlaubnis der Bedürfnisse zu den bekannten unsäglichen Verbrechen geführt hatten.

20 Auf der SDS-Bundesdelegiertenkonferenz in Hannover im März 1969 verteilten die Weiberratsfrauen ein bitterböses Flugblatt «Nieder mit den bürgerlichen Schwänzen», auf dem eine alte

Frau mit Beil zu sehen war sowie eine Rangordnung von Männern von Reimut Reiche über Bernd Rabehl, Marx und Lenin.

21 Haight-Ashbury ist ein heute etwas heruntergekommener Stadtteil von San Francisco, in dem hängengebliebene Hippies immer noch Bewusstseinserweiterung ausprobieren. In den 60er-Jahren galt San Francisco insgesamt und Haight-Ashbury im Besonderen als Hochburg und Fluchtpunkt für Hippies und Blumenkinder aus der ganzen Welt.

22 Dies ist an dieser Stelle etwas verkürzt wiedergegeben. An anderer Stelle spricht Foucault auch davon, dass das Sexualitätsdispositiv das Allianzsystem (die gesetzliche Regelung der ehelichen Beziehungen) als wichtigste bevölkerungspolitische Regelung zwar abgelöst, aber es nicht aufgehoben hätte. Vielmehr hätte das Sexualitätsdispositiv das Allianzdispositiv überlagert. Dass heisst, das die Sexualität den bevorzugten Ort in der Familie gehabt hätte, und hier «bemüht und abgewehrt, gefürchtet und herbeigerufen» (Foucault 1977; 131) würde. Jedoch spricht auch hier Foucault nur davon, dass in der Familie die Perversionen erzeugt würden. Sie werden seiner Meinung nach «psychologisiert» und «psychiatrisiert». Die Veränderung des Sexualitätsdispositives, um in seinen Worten zu bleiben, hin zur Norm der Bedürfnisbefriedigung ab Mitte des 20. Jahrhunderts hat er jedoch auch hier nicht reflektiert. (Vgl. auch Heinrich Fink-Eitel 1980)
Ohne eine richtige Begründung lehnt Foucault eine Periodisierung des Sexualitätsdispositiv ab. Er möchte auf gar keinen Fall die Unterdrückung der Sexualität mit der Ökonomie gekoppelt sehen. Dies bleibt jedoch eine reine Feststellung und keine wirkliche Auseinandersetzung mit dem Konzept der «repressiven Entsublimierung» von Marcuse.

23 Damit soll nicht gesagt werden, dass Frauen generell keine hohen Posten oder wichtige Funktionen im SDS gehabt hätten. Damit würden die real existierenden Frauen nur wieder durchgestrichen werden. So war die Frau, die die Tomate nach der Rede von Helke Sander warf, eine von den Frauen, die innerhalb der Bewegung wichtig waren. Sie machte hauptsächlich Hochschulpolitik an der FU Berlin, arbeitete dort in verschiedenen Gremien mit und hatte deshalb immer die neuesten Informationen über die hochschulpolitischen Pläne an der FU. Diese gab sie auf Vollversammlungen häufig an ihre Kommilitoninnen weiter und war so als häufige Rednerin recht bekannt geworden. Als Helke Sander zum Berliner SDS ging, um sich für die Konferenz delegieren zu lassen, hatte sie es Sigrid Rüger zu verdanken, dass die wenig begeisterten Männer umgestimmt werden konnten. Sie drohte einfach, mit Buttersäure anzurücken, wenn der Aktionsrat zur Befreiung der Frau keine Stimme bekäme. Diese solidarische Geste wiederholte sich auf der Bundesdelegiertenkonferenz. Als auf die Rede von Helke Sander keine Reaktion folgte und die geforderte Diskussion somit ausblieb, bewarf Sigrid Rüger den nachfolgenden Redner Hans-Jürgen Krahl.
Umstritten ist wohl auch, ob es wirklich keine Frau im Vorstand gegeben hat. (Helke Sander 1999: 43-56)

24 Diese Behauptung stützt sich nicht auf wissenschaftliche Untersuchungen, sondern entspricht meiner subjektiven Wahrnehmung.

In meinem Bekanntenkreis fehlt das Buch in fast keiner Privatbibliothek und zumindest am Anfang ihrer Auseinandersetzung mit der Thematik haben es die meisten auch teilweise gelesen. In der akademischen Auseinandersetzung hat es dagegen kaum noch eine Bedeutung. Es schwebt eher als «graue Eminenz» im Hintergrund.

25 Dabei muss beachtet werden, dass das Buch in den 40er-Jahren geschrieben wurde und die Subjektkritik, wie sie seitdem gerade in Abgrenzung gegen den Existenzialismus von der poststrukturalistischen Theorie, etwa von Foucault, entwickelt worden ist, noch nicht existierte. Allerdings zeigt bereits die «Dialektik der Aufklärung» von Horkheimer und Adorno, dass gerade die Erfahrung des Nationalsozialismus zwingend zur Kritik des Subjekts führt, anstatt dieses auch in seinem Niedergang noch weiter zu hypostasieren. Gerade dies kritisierte auch Adorno in seiner Auseinandersetzung mit dem Existenzialismus.

26 Auf den Begriff des Glücks möchte sich Simone de Beauvoir nicht beziehen, da dieser als Kriterium zu schwammig ist und dazu benutzt werden kann, Menschen eine Situation als glücklich einzureden, wenn sie gesellschaftlich so gewollt ist. Nicht denken kann sie sich aber, dass auch die Begriffe des Individuums und der Freiheit, auf die sie sich stattdessen bezieht, sich auf Grund bestimmter gesellschaftlicher Bedingungen hergestellt haben und in diesen eine bestimmte Rolle spielen. Hier zeigt sich erneut, dass bei ihr die Reflektion immer auf halber Strecke stehen bleibt. (Simone de Beauvoir 1994: 25)

27 Brot und Rosen war eine der bekanntesten Frauengruppen Deutschlands. Sie beschäftigte sich theoretisch mit einer Kritik an Bevölkerungspolitik, Verhütungsmitteln, Sexualität, Wissenschaftskritik und Medizin. Ihre Praxisschwerpunkte lagen in der Beratung von Frauen, die abtreiben oder Informationen zu Verhütungsmitteln haben wollten. Sie organisierten auch Abtreibungsfahrten nach Holland und erstellten eben das in der Frauenbewegung breit rezipierte «Frauenhandbuch 1».

28 Er macht hier keinen großen Unterschied zwischen den realsozialistischen Staaten und den kapitalistischen. (Michel Foucault 1993: 48)

29 So gehört in einem Seminar über Gentechnologie und Wissenschaftskritik bei Herrn Quitzow im Wintersemester 1999/2000 an der TU-Berlin im Fachbereich 2 / Erziehungswissenschaften. Auf meine Kritik an ihrem Selbstbestimmungsrecht, das nichts von gesellschaftlicher Vermittlung wissen wolle, wurde die Autorin als die Autoritäre hingestellt, die den Frauen ihr lang erkämpftes Recht auf selbstbestimmte Schwangerschaften nehmen wolle. Vgl. dazu auch Susanne Schultz: In ihrem Aufsatz «Feministische Bevölkerungspolitik?» kritisiert sie den Selbstbestimmungsbegriff der westlichen Feministinnen als verkürzt. Emanzipation mit einer möglichst großen Planbarkeit von Zahl und Zeitpunkt der Geburten gleichzusetzen, sei für die Lebensentwürfe vieler Frauen vor allem in der «Dritten Welt» irrelevant und gehe an deren Wünschen und Bedürfnissen vorbei. Zudem könne ein solch verkürzter Begriff von Selbstbestimmung als Naturbeherrschung leicht von der institutionalisierten, d.h. staatlichen Bevölkerungspolitik

in ihrem Kampf gegen zu viele Kinder im Trikont und für eugenische Maßnahmen genutzt werden. Nur dass die westlichen Normen den Frauen der 3. Welt aufgedrückt werden, möchte sie angreifen, nicht das Konzept der Selbstbestimmung insgesamt, denn das würde ihrer Meinung nach gesellschaftliche Konsequenzen, die zur Entscheidung der Frau geführt haben, zu sehr betonen. Als wenn das ein großer Unterschied wäre und die Entscheidung der Frau von den gesellschaftlich Bedingungen nicht vollkommen durchdrungen wäre. Sie geht immer noch davon aus, dass Bevölkerungspolitik eine rein staatliche Praxis ist, die nur unterschiedliche Techniken anwendet, um auf die Subjekte zu wirken, von denen die Subjekte nur etwas aufnehmen, wenn sie staatliche Bevölkerungspolitik zu wenig reflektieren. Ein Verständnis von der Gesellschaftlichkeit der Subjekte hat sie in einem unfassenderen Ausmaß nicht und kann die Wirkungsweise so auch höchstens als Manipulation beschreiben.

30 Siehe Kapitel 3.3..

31 In der Frauenbewegung wurden Hebammen und Hexen gleichgesetzt. Es herrschte die Vorstellung, dass die Hebammen wegen ihres Wissens als Hexen diffamiert und vernichtet worden wären.

32 Als Beispiel kann hier die «Mollersche» angeführt werden. Dabei handelte es sich um eine magiebegabte und heilkundige Frau, die die Ursachen für Krankheiten vor allem in bösen Kräften sah, die durch Arzneimittel, magische Sprüche und christlichen Segen ausgetrieben werden müssten. Diese Krankheitserreger nannte sie «die guten Holler», Geister, die unter den Holunderbüschen hausten und in die Körper der Menschen fuhren. Ob ein Mensch die «Hollern» hatte, konnte sie durch die allgemein verbreitete Harnschau feststellen. Sie verwendete die zur Zeit üblichen Heilpflanzen und betrieb nebenher noch Rituale. Sie beschwor die Geister, zu ihr heraufzukommen und sich ihr zu zeigen. Dann trieb sie Abwehrzauber und verbrannte die bösen «Geister». Dies waren übliche Praktiken, an denen ihre Umgebung erst Anstoß nahm, als ein Patient starb. Im darauffolgenden Prozess sagten dann viele ehemalige Kunden gegen sie aus, weil sie sich betrogen fühlten: Sie waren trotz hoher Bezahlung nicht gesundet. (Ingrid Ahrendt-Schulte 1994: 86-91)

33 Naturerkenntnis gab es auch schon vorher. Bereits in der Antike waren viele mathematische Grundlagen geschaffen worden. Jedoch unterschied sich die alte Form der Erkenntnis von der neuzeitlichen Naturwissenschaft im Wesentlichen durch die Nichtanwendbarkeit ihrer Erkenntnisse. Streng geschieden war die philosophische Naturerkenntnis von der Produktionssphäre. Die Bearbeitung von Natur, wie sie zum Beispiel Zimmerleute und Baumeister leisteten, wurde als ein Überlisten angesehen und nicht wie später als ein Anwenden der in der Natur selbst erkannten Gesetze. Naturwissenschaft war abstrakte Mathematik und fand ihre Anwendung im Handel: beim Tausch von Waren. Und tatsächlich wird bei der Ermittlung des Tauschwerts ähnlich vorgegangen wie in der Naturwissenschaft. Um den Wert der Ware zu ermitteln, muss von der sinnlich konkreten Ware, wie sie im Gebrauchswert erscheint, abgesehen werden. Allein das Vergleichbare der Ware, ihr quantitativer, von allem Qualitativen gereinig-

ter Anteil, das ist die zu ihrer Herstellung durchschnittlich erforderliche Arbeitszeit, drückt sich im Wert aus. Genauso wird auch in der von Galilei, Descartes und Bacon begründeten Naturwissenschaft vorgegangen.

34 Für dieses Bild zeichnet hauptsächlich Luther verantwortlich.

35 Ein kleine Gruppe, für die Helene Stöcker steht, hatte freilich schon die Forderungen der Neuen Frauenbewegung antizipiert: eigenes Recht der Frauen auf Sexualität, Abschaffung des §218, freie Beziehungen als Alternative zur Ehe und ein Ende der Stigmatisierung unehelicher Kinder.

36 Rousseau benutzt hier seine Wahrnehmung von der Tierwelt, um die Natürlichkeit des Mitleids nahe zu legen. An einer anderen Stelle im Diskurs spricht er davon, dass die Zärtlichkeit gegenüber den Jungen zuerst das Bedürfnis der Mutter zum Ziele hätte und erst in der Gewohnheit die Kinder um ihrer selbst willen geliebt würden. Das wiederum entspricht seiner Vorstellung, dass im Naturzustand die Menschen einzeln wären und keine Geselligkeit pflegen würden. In einem Entgegnungsschreiben auf einen Kritiker geht er nochmals auf die Stelle ein, und bekräftigt hier die Aussage, dass es sich um selbstlose Liebe handeln würde, wiederum mit einem Beispiel aus der Tierwelt. (Rousseau 1995, 283)

37 Doch auch diese sind bei Rousseau nicht eindeutig positiv besetzt. Im Diskurs «Über Kunst und Wissenschaft» (1995) gibt er auch dem falschen, unnützen Gebrauch von Kunst und Wissenschaften die Schuld am Verfall der Sitten und der fehlenden Disziplin.

38 Auch der «neue Mann» kümmert sich in der Regel nur um die Freizeitgestaltung des Kindes und überlässt die Pflege-, Erziehungs- und Organisationsfragen der Frau. (Vgl. Elisabeth-Beck-Gernsheim 1997: 98-102)

39 «Queer» hat im Amerikanischen vielfältige Bedeutungen: Es kann «schräg», «fragwürdig» oder «Falschgeld» bedeuten, wird jedoch meistens als Schimpfwort für Menschen und soziale Gruppen benutzt, die den Normen geschlechtlicher und sexueller Identifikation nicht entsprechen. Im Laufe der 90er-Jahre eigneten sich die solchermaßen Diskriminierten schließlich den Begriff als Selbstbezeichnung an. Was sich zunächst in den USA vollzog, ist mittlerweile auch in Deutschland üblich geworden. An dieser umstandslosen Übernahme ins Deutsche wird jedoch häufig kritisiert, dass der Begriff dadurch seine politische Kraft verloren habe, weil die ihm ursprünglich eingeschriebenen Kränkungen und Verletzungen auf der Strecke geblieben seien. «Queer» gilt oftmals nur noch als Synonym für hip und trendy. (Genschel 2001)
Queer-Theorie wird sowohl als Sammelbegriff für schwul-lesbische Studien benutzt, kann aber auch die festen Identitätsformen der ehemaligen Frauen- oder schwul-lesbischen Forschung in Frage stellen.

40 Jessica Jacoby und Gotlinde Magiriba Lwanga waren Teil des lesbisch-feministischen «Schappeskreis", der vom Winter 1984 bis Herbst 1989 aktiv war. Jüdische und nicht-jüdische Frauen arbeiteten zunächst primär zum Thema Antisemitismus in der Frauenbewegung, später auch zu Jüdinnen in der Geschichte. Aktionsfeld waren verschiedenste Veranstaltungen, eigene und solche, an denen sie sich erwünscht und unerwünscht beteiligten.

41 Birgit Rommelspacher hat ihre Theorie anhand von Interviews entwickelt, die sie Anfang der 90er-Jahre mit jungen Frauen führte. (Birgit Rommelspacher 1994)

42 War vor dem Ende des Realsozialismus Auschwitz ein Hindernis dafür, deutsche Soldaten außerhalb des deutschen bzw. NATO-Territoriums einzusetzen, so ist es jetzt umgekehrt: Mit den vorgeblichen Lehren, die Deutschland aus seiner Vergangenheit gezogen habe, und der angeblich «besonderen Verantwortung», die es gerade wegen seiner Geschichte habe, werden jetzt – wie etwa im Jugoslawienkrieg geschehen – deutsche Kriegseinsätze im Ausland legitimiert.

43 Eine Mitstreiterin der FeMigras

44 Das war der Vorschlag der FeMigra: «Die BürgerInnenrechte sollte – so der Vorschlag – schon bei einer ständigen Aufenthaltsdauer von z.B. zwei Jahren erteilt werden, ohne zuvor Deutsche oder Deutscher werden zu müssen. Damit wäre die Definition deutsch obsolet und es hätten mehr Menschen einen leichteren Zugang zur politischen und gesellschaftlichen Mitbestimmung.» (FeMigra 1994: 59)

45 Wie zu zeigen sein wird, hat Judith Butler ganz ähnliche Konzepte. Doch scheint auch die poststrukturalistische Theorie nicht davor gefeit zu sein, einen «eurozentristischen», «weißen» Standpunkt einzunehmen. Auch in der Theorie Butlers wird nämlich die Identitätsbildung als weiße Frau nur sekundär berücksichtigt, da es ihr in erster Linie um die Konstitution der Frau als solche geht, die sich über den Ausschluss männlicher, vor allem aber homosexueller Anteile bilde. Zur Hauptunterdrückungsinstanz wird bei Butler die «heterosexuelle Matrix», die bei ihr die Vorstellung eines allgegenwärtigen Patriarchats ablöst. Klasse und Rasse werden zwar erwähnt und sollen nicht einfach additiv, sondern als Knotenpunkte von Identität begriffen werden. In der Beschreibung und Analyse der Identitätsbildung spielen diese Punkte jedoch keine Rolle. Das mag neben der von «bell hooks» festgestellten Bedeutungslosigkeit von schwarzen Feministinnen in der Frauenbewegung auch an Butlers politischer Verortung in der Schwulen-Lesben-Bewegung liegen, deren bekannteste Theoretikerin sie ist und durch die auch der Begriff «Queer» geprägt wurde.

46 Die Rezeption der Bücher Judith Butlers und der Queer-Theorie insgesamt verlief jedoch in Deutschland und den USA unterschiedlich. Auffallend war, dass die Zwangshetersosexualität, an der sich Butlers Kritik wesentlich entzündet hatte, in Deutschland wenigstens zu Beginn kaum thematisiert und somit auch die für die amerikanische Debatte zentrale Auseinandersetzung mit der Queer-Bewegung kaum stattfand. In Deutschland wurde die Debatte hauptsächlich um Butlers These von der sozialen Konstruktion des biologischen Geschlechts (sex) geführt. Blieb die Rezeption in Deutschland zunächst rein universitär, so ist sie mittlerweile auch in den Resten der autonomen Frauenbewegung sowie im etablierten Feminismus als poststrukturalistisches Gedankengut angekommen.

47 Wenn Butler behauptet, dass die feministische Theorie zum größten Teil von der Existenz einer vorgegebenen Identität «Frauen» ausgegangen sei, so ist das falsch: Denn es wurde ganz im

Gegenteil gerade nicht angenommen, dass es eine gemeinsame Identität von Frauen gäbe, diese sollte vielmehr erst durch Bewusstwerdung hergestellt werden. Ähnlich wie nach marxistischer Vorstellung das Proletariat erst durch das Klassenbewusstsein von einer Klasse an sich zur Klasse für sich wird, sollte sich auch in den Selbsthilfegruppen das Subjekt Frau erst konstituieren, eben gerade durch Abstraktion. Dass in diesem Prozess der Identitätsbildung auf eine weibliche Natur rekurriert wurde, war der zweite jedoch nicht im strengen Sinne notwendige Schritt.

48 Der Begriff der Sodomie erfasste nicht nur wie heute Sex mit Tieren, sondern jegliches abweichende Verhalten, worunter auch gleichgeschlechtliche Praktiken fielen.

49 So behaupten sie zwar, dass Wahrheit eine metaphysische Angelegenheit sei und es nur «Politiken der Wahrheit» o.ä. als «Spiele der Macht» gebe; aber dass es sich genauso verhalte, wird als wahr gesetzt.

50 Als wichtiger Auslöser für die Entwicklung der Queer-Bewegung werden oft die Erfahrungen in der sogenannten AIDS-Krise in den 80er-Jahren gesehen. Der Kampf gegen Homophobie und für eine bessere soziale und gesundheitliche Versorgung der AIDS-Kranken hatte nicht mehr eine homogene Gruppenidentität zur Grundlage, sondern entstand aus einem heterogenen Bündnis, waren doch von AIDS längst nicht nur Homosexuelle aus den communities betroffen. Aus dem Wissen heraus, dass sich die Krankheit durch bestimmte Verhaltensweisen vermeiden ließ, standen sexuelle Praktiken auf einmal mehr im Mittelpunkt als die vorher so wichtigen Identitätskategorien.

51 Von einigen Autorinnen ist angemerkt worden, dass es natürlich auch schon früher andere Familienkonstellationen als die der traditionellen Kleinfamilie gegeben hat. Zum Beispiel waren nach dem Zweiten Weltkrieg kriegsbedingt viele Familien ohne Vater. Auch gab es schon zumindest seit den zwanziger Jahren immer wieder Subkulturen, die das Kleinfamilienideal angriffen und andere Lebensformen ausprobierten, wie zum Beispiel die Kibbuzbewegung. Neu sind also nicht die real gelebten anderen Familienformen, wenngleich es hier große Veränderungen gegeben hat, sondern neu ist deren Bewertung. Früher verpönte familiäre Konstellationen, wie die alleinerziehende Mutter oder die geschiedene Familie, werden mehr und mehr gesellschaftliche Normalität, auch wenn sich diese Werteverschiebung vor allem für alleinerziehende Mütter ökonomisch nicht bemerkbar macht.

52 Die Pränataldiagnostik ist nach dem «Lexikon der Bioethik» ein Hilfsmittel der genetischen Beratung. Mit Hilfe einer Fruchtwasseruntersuchung wird eine Proteinbestimmung vorgenommen und eine Ultraschalluntersuchung gemacht, um so die als genetisch bedingt definierten Krankheiten frühzeitig entdecken zu können. Allgemein wird zu dieser Untersuchung Frauen ab 35 Jahren und all jenen geraten, in deren Familie als genetisch determiniert geltende Krankheiten aufgetaucht sind. Präimplantationsdiagnostik richtet sich an Paare, die In-vitro-Fertilisation anwenden wollen und bei denen eine genetische Untersuchung gemacht werden soll, bevor der Embryo in die Gebärmutter eingesetzt wird. PID ist bisher (Juli 2001) in Deutschland noch verboten.

53 Butler setzt sich hier von Varianten des Konstruktivismus ab, in denen der Körper als ein vorgängiges leeres Blatt fungiert und auch von solchen, in denen der «biologische Körper» reine Fiktion ist. Ihr geht es um einen neuen Begriff von Konstruktion, der den Prozess der Materialisierung meint. (Judith Butler 1995; 24-35)

54 Boshaft wird immer wieder behauptet, Butler gehe davon aus, dass man das Geschlecht wie die Kleidung wechseln könne.

55 Eine Geschichte dieser Zweigeschlechtlichkeit ist von Thomas Laqueur geschrieben worden. Dieser ging in seiner Analyse konkret historisch vor, und statt einer überhistorischen heterosexuellen Matrix hat Laqueur die Vorstellung der Zweigeschlechtlichkeit als ein jüngeres Phänomen nachgewiesen, dass sich mit der bürgerlichen Aufklärung und der Entstehung der bürgerlich-kapitalistischen Gesellschaft durchsetzte. Das Zwei-Geschlechter-Modell hat nach Laqueur das Ein-Geschlecht-Modell abgelöst, das seit der Antike das ganze Mittelalter über Bestand hatte. Im Ein-Geschlecht-Modell wurde davon ausgegangen, dass die biologischen Körper strukturell gleich wären, nämlich männlich. Das Zwei-Geschlecht-Modell hätte sich nun durchgesetzt, als die Vorstellung einer vollkommen anderen Natur der Frau sich als nützlich erwies, um sie aus dem Gleichheitsdiskurs auszugrenzen. (Thomas Laqueur 1992)

56 Auch wenn die Genetiker zugeben, dass das Gen nicht die einzige Determinante ist und sich Krankheiten, womit sie sich hauptsächlich beschäftigen, multikausal entwickeln, halten sie zumindest immer an der rechnerischen Wahrscheinlichkeit der genetischen Disposition fest.

Frauenliteratur aus Schwarzafrika im Schmetterling Verlag

Toyin Adewale

Flackernde Kerzen

Zwanzig Geschichten aus dem Nigeria von heute

Die 31jährige Toyin Adewale zählt zu Recht zu den wichtigsten Hoffnungen afrikanischer Literatur zu Beginn diesen Jahrhunderts.

Ihre Geschichten sind präzise und gekonnte Momentaufnahmen der oft unbarmherzigen Realität im bevölkerungsreichsten Land Afrikas, auch und besonders aus weiblichem Blickwinkel.

Adewale läßt in «Flackernde Kerzen» ein überzeugendes Mosaik der nigerianischen Realität entstehen. Mitunter transzendiert sie diese auch und spricht von Solidarität, Träumen und der Stärke der Schwachen.

Hans Hug, Neue Zürcher Zeitung, 22./23.7.'00

120 S., 12.80 Euro, engl. Br., ISBN 3-89657-105-2
Schmetterling Verlag

Amma Darko

Verirrtes Herz

Roman aus Ghana

Irgendwann, irgendwo in Ghana: Kesewas Jugend ist durch Verzicht, Mühsal und Enttäuschungen geprägt. Die Schule muß sie zugunsten ihrer jüngeren Brüder abbrechen, ihre Träume von einer eigenen Familie zerplatzen schnell. Um ihre Zukunft betrogen, wird das Opfer bald zur Täterin, und verhängnisvolle Verwicklungen nehmen ihren Lauf... Zu den Werkzeugen ihrer Rache werden Juju-Männer und eine klapprige Schreibmaschine.

Vor dem Hintergrund von siebzig Prozent Analphabetinnen unter der weiblichen Bevölkerung Afrikas greift Amma Darko in ihrem neuen Roman wieder ein heikles und brandaktuelles Thema auf.

176 Seiten, 15.80 Euro, gebunden, ISBN 3-89657-119-2
Schmetterling Verlag

Frauenliteratur aus Schwarzafrika im Schmetterling Verlag

Amma Darko

Das Hausmädchen

Zwei fast unglaubliche Geschichten aus Ghana

«Wenn du in Ghana als eine Sie auf die Welt kommst, dann lerne am besten gleich zu beten. Und sieh zu, daß du es perfekt beherrscht. Denn du wirst es brauchen, ganz dringend...» Mit den Episoden «Im Überfluß» und «Das Hausmädchen» profiliert sich Amma Darko endgültig als Stimme der einfachen Menschen ihres Landes.

Amma Darkos drittes Buch ist ein mitreißendes Werk über Polygamie in Afrika, Aberglauben und einen geheimnisvollen «Kindesmord», der die Abgründe einer doppelzüngigen und habgierigen Gesellschaft aufdeckt.

180 Seiten, 26.80 DM, englische Broschur, ISBN 3-89657-104-4, Schmetterling Verlag

Amma Darko

Russen unter Accra

Hörkassette

Zwei längere Passagen aus Darkos Meisterwerk Spinnweben und ein Live-Mitschnitt einer Lesung in der Stuttgarter Stadtbücherei, in der viel von der großen Spontanität und Herzlichkeit der ghanaischen Schriftstellerin spürbar wird, machen die denkwürdigen Lesungen der vergangenen Jahre erlebbar.

Frauenschicksale sind also das Thema der Schriftstellerin, ... die im völlig überfüllten Info-Markt die Zuhörer mit breitem Lächeln und großer persönlicher Präsenz bezauberte.

Main-Echo, 20.10.2000

Hörbuch (60 Minuten-Audio-Kassette, deutsche Texte gelesen von Ursula Gessat), 13 Euro, ISBN 3-89657-122-2, Schmetterling Verlag

Bettina Bremme

MOVIE-mientos.

Der lateinamerikanische Film – Streiflichter von unterwegs

*M*OVIE-mientos ist mehr als ein Buch über den lateinamerikanischen Film, sondern die Autorin entführt die Autorin auf eine atemberaubende Reise in die phantastische Welt des Kulturschaffens zwischen Mexiko und Feuerland. Eine Reise durch mehr als vier Jahrzehnte bewegter Kinogeschichte: Von den rebellischen Anfängen des Neuen lateinamerikanischen Kinos in den Sechzigern bis hin zu aktuellen Strömungen und Tendenzen.

«Bremme kreuzt elegant über Ländergrenzen hinweg und über die Jahrzehnte; Motive, Traditionen und ästhetische Strategien werden ganz zwanglos klar und klarer.»

Merten Wortmann in «Die Zeit», 2.8.2001

316 Seiten, geb., Großformat, Kunstdruck, 318 Abb.,
25.80 Euro, ISBN 3-89657-603-8, Schmetterling Verlag

Christine Weiß

Links im Arbeitsmarkt

Lebensentwurf statt Karriereplanung. Ein Ratgeber

*E*ndlich gibt es jetzt einen Ratgeber für alle, die künstliche Hierarchien ablehnen und solidarisches Handeln auch im Arbeitsleben verwirklicht sehen wollen.

Die Bildungsreferentin und Persönlichkeitstrainerin Christine Weiß zeigt z.B., auf, was man bei der Berufswahl achten sollte und wie man aus Brüchen und Wendungen im Lebenslauf ein glaubhaftes Qualifikationsprofil erstellt. Ferner befaßt sie sich mit Anspruch und Anforderungen alternativer Wohn- und Arbeitsprojekt.

132 Seiten, brosch., illustriert, 12.80 Euro,
ISBN 3-89657-007-2, Schmetterling Verlag.